桥梁工程施工

主　编　孙　宇　李　钧　金明辉
副主编　赵　影　孙　勇　宋　颖
　　　　李宝昌　张铁夫　栗海舰
主　审　吕　君

哈爾濱工業大學出版社

内 容 简 介

本书主要内容包括桥梁构造基础知识、桥梁施工准备、桥梁施工基础操作、桥梁下部结构施工、常用桥梁上部结构施工、桥面系及附属工程施工、桥梁施工组织与管理等。本书在每个项目后增加拓展训练内容，以检验、增强学生的学习效果。为体现教材应具有的先进性，本书使用更多的施工现场图片配合文字讲解来体现教材内容，使教材更形象、简明、易读，以适应目前高职院校学生的学习特点。

图书在版编目(CIP)数据

桥梁工程施工/孙宇，李钧，金明辉主编. —哈尔滨：哈尔滨工业大学出版社，2025.3. —ISBN 978－7－5767－1796－9

Ⅰ.U445

中国国家版本馆 CIP 数据核字第 202430VY21 号

策划编辑　闻　竹　常　雨
责任编辑　杨　硕
出版发行　哈尔滨工业大学出版社
社　　址　哈尔滨市南岗区复华四道街 10 号　邮编 150006
传　　真　0451－86414749
网　　址　http://hitpress.hit.edu.cn
印　　刷　哈尔滨起源印务有限公司
开　　本　787mm×1092mm　1/16　印张 12　字数 307 千字
版　　次　2025 年 3 月第 1 版　2025 年 3 月第 1 次印刷
书　　号　ISBN 978－7－5767－1796－9
定　　价　88.00 元

前　言

本书是中国特色高水平专业群市政工程技术专业群规划建设教材，是以适合职业教育的活页式教材为体例，以融合在线课程、文字资料、图片资料、视频资料、思政资料、仿真资料等各种资源为教学服务的立体化教材。

桥梁工程施工具有很强的政策性、经济性、科学性和技术性。从事桥梁工程工作的广大工作人员必须具有扎实的理论知识及较强的实践能力，要学以致用，能解决问题。编者在长期的教学实践中，深感教材作为知识载体的重要。特别是一本简明实用、通俗易懂的教材，将对在校学生及社会上其他初学者起到事半功倍的作用。

本书主要有以下特点：

(1)通过活页任务的布设，引导学习者主动学习；

(2)配合线上资源讲解，直观易懂。

本书由黑龙江建筑职业技术学院孙宇、李钧和黑龙江交通职业技术学院金明辉主编，黑龙江建筑职业技术学院吕君主审。具体编写分工如下：

绪论及教学项目 5 由黑龙江建筑职业技术学院孙宇编写；教学项目 1 由黑龙江交通职业技术学院金明辉编写；教学项目 2 由黑龙江建筑职业技术学院李钧和黑龙江省交通规划设计研究院集团有限公司孙勇编写；教学项目 3 由黑龙江交通职业技术学院赵影和宋颖编写；教学项目 4 由黑龙江建筑职业技术学院李宝昌、张铁夫和栗海舰编写。

本书的编写得到了有关领导和专家的大力支持和帮助，还参考和引用了有关部门、单位和个人的资料，在此一并表示感谢。

由于编者水平有限，书中不足及疏漏之处在所难免，恳请广大读者和专家批评指正。

编　者

2025 年 1 月

目　　录

绪　论

一、学习目标

1. 掌握桥梁通用的施工作业内容、工艺要求及质量控制。

2. 掌握桥梁基础、墩台和上部结构的施工方法、工艺要求及质量控制。

3. 能识读桥梁上、下部结构工程图。

4. 能结合国家法律法规及行业标准规范，独立或协作完成桥梁基础、墩台及上部结构施工方案的编制。

5. 培养学生吃苦耐劳、爱岗敬业的职业素养和参与交通强国建设的成就感。

二、课程设计原则

1. 实施模块式教学。将桥梁施工划分为通用施工作业、桥梁基础施工、桥梁墩台施工、桥梁上部结构施工及安全施工与环境保护等知识单元，通过从通用性到针对性的过渡，实现桥梁施工从工序到工艺、从工艺到方法、从方法到技术的系统化学习。

2. 实施案例式教学。将已建成的典型桥梁施工案例引入课堂，通过图文、视频、动画等形式，将施工过程展现给学生，再现桥梁施工场景，丰富教学手段。

3. 引入行业标准教学。将工程案例引入各知识单元，实现知识的掌握与行业标准、规范相对接；注意行业标准、规范的应用，注重安全生产和环境保护意识的培养，遵守国家工程建设的有关法律法规。

三、典型工作任务描述

本书共设计了 5 个教学项目，即桥梁基础工程施工、桥梁下部工程施工、桥梁上部工程施工、桥梁附属结构施工和桥梁工程进度控制，这些都是学生将来在企业中会遇到的实际的工作情境。本书确定的学习目标体现了对学生综合职业能力的培养。“活页式”教材在注重培养学生专业能力的同时，更注重培养学生的方法能力、社会能力、创新能力以及职业道德、职业精神和职业素养。教材特别强调学生自主分析问题、解决问题的能力以及团队协作能力的重要性，并加大了对这些方面的考核力度。

四、学习组织形式与方法

建议采用小组教学模式，将学生划分小组，每个组就相当于一个工作小组。在小组划分时，应考虑学生个体差异进行组合。教师根据实际工作任务设计教学情境。教师的角色任务是策划、分析、辅导、评估和激励。学生的角色任务是进行主体性学习，应主动思考、自己决定、实际动手操作。学生小组长要引导小组成员制定详细规划，并进行合理有效的分工。

本课程倡导行动导向的教学，通过问题的引导，促进学生进行主动的思考和学习。请根据学习情境所需的工作要求，组建学生学习小组，并让学生在合作中共同完成工作任务。分组时请注意兼顾学生的学习能力、性格和态度等个体差异，以自愿为原则。

五、学业评价

学业评价主要用于教师对学生每个学习任务的完成情况进行评价，可以采用表格的形式进行设计，并标明每一个学习任务在全部课程中的权重等。

学业评价体例如下：

学号	姓名	教学项目 1		教学项目 2		教学项目 3		教学项目 4		教学项目 5		总评
		分值	比例（20%）	分值	比例（20%）	分值	比例（20%）	分值	比例（20%）	分值	比例（20%）	

教学项目1 桥梁基础工程施工

一、目的和要求

1. 教学目标

通过项目教学活动，培养学生具有桥梁基础工程施工现场的基本组织与管理能力，同时培养学生良好的职业道德、自我学习能力、实践动手能力、耐心细致的管理能力和分析处理问题的能力，以及锻炼团队合作、诚实、守信、善于沟通和吃苦耐劳的专业素养，使其胜任桥梁施工现场管理工作。

2. 职业能力目标

(1)能熟练识读桥梁基础工程施工图。

(2)能按照施工图，合理地选择桥梁基础施工方法，理解施工工艺，能够进行桥梁基础工程施工组织。

(3)能独立完成典型基础工程施工组织工作。

3. 知识目标

(1)掌握桥梁基础工程的基本组成。

(2)掌握桥梁基础工程施工内容。

(3)了解桥梁工程文明施工、安全施工的基本知识。

4. 社会和方法能力目标

在教学过程中，注重对学生职业道德的培养；提高学生观察、分析和判断问题的能力；培养学生团队合作精神、严谨的工作作风、实事求是的工作态度；以及诚实、守信、善于沟通合作的优良品质，使其能够胜任桥梁施工员管理工作。

二、任务书

1. 教师根据实际情况进行分组，学生自行填写学生任务分配表，如下。

学生任务分配表

<table>
<tr><td>任务名称</td><td colspan="2"></td><td>指导教师</td><td></td></tr>
<tr><td>班级</td><td colspan="2"></td><td>组别</td><td></td></tr>
<tr><td>姓名</td><td>角色</td><td colspan="3">任务分工</td></tr>
<tr><td></td><td></td><td colspan="3"></td></tr>
<tr><td></td><td></td><td colspan="3"></td></tr>
<tr><td></td><td></td><td colspan="3"></td></tr>
<tr><td></td><td></td><td colspan="3"></td></tr>
<tr><td></td><td></td><td colspan="3"></td></tr>
<tr><td></td><td></td><td colspan="3"></td></tr>
<tr><td colspan="5">备注：</td></tr>
</table>

2. 根据教师提供的图纸和相关资料，请各小组编写一份施工图纸识读与算量实训报告书。

班级：________________ 组别：________________

实训项目：________________

实训时间：________________

实训地点：________________

指导教师：________________

(一)实训内容

____

____

____

____

(二)实训过程描述

____

____

____

____

(三)总结与体会

____

____

____

____

任务1　桥梁基础类型及特征

1.1　桥梁基础的类型

桥梁基础是桥梁结构与地基直接接触的最下部分，是桥梁下部结构的重要组成部分。地基与基础受到各种荷载后，其自身将产生附加的应力和变形。为保证桥梁的正常使用和安全，地基和基础必须具有足够的强度和稳定性，变形也应在允许范围之内。根据地基土的土层变化情况、上部结构要求和荷载特点，桥梁基础可采用不同方案。在方案选择上，应力争做到使用上安全可靠，施工技术上简便可行，经济上合理。同时，桥梁基础均在地面或水面以下，其施工条件和受力状况都和上部结构不同，且完工后属于隐蔽工程，检查和修补都很困难。因此，在设计和施工中对基础进行深入的研究是很有必要的。

在桥梁设计和施工中，地基和基础占有非常重要的地位，对桥梁的安全性、造价及施工工期都有很大影响。因此，正确选择地基基础类型十分重要。基础类型主要取决于地基土的工程性质、水文地质条件、荷载特性、桥梁结构形式及使用要求，以及材料的供应和施工技术等因素。桥梁基础根据埋置深度的不同可分为浅置基础和深置基础两大类。浅置基础是在墩台处直接修建的埋深较浅的基础(埋深一般小于 5 m)，最为简单，也最常用。由于浅层土质不良，有时需把基础埋置于较深的良好地层中，这样的基础称为深置基础(埋深一般大于5 m)。常用的桥梁深置基础有桩基础、挖井基础和沉井基础，特殊桥位也可能采用其他大型基础或组合基础形式。桥梁基础类型如图 1.1 所示。

- 桥梁基础
  - 浅置基础：扩大基础
  - 深置基础
    - 桩及管柱基础
      - 就地成孔灌注桩基础
      - 预制桩基础
      - 管柱基础
    - 沉井基础
      - 开口沉井基础
      - 气压沉箱基础
    - 挖井基础
    - 地下连续墙基础
    - 组合基础

图 1.1　桥梁基础类型

1.1.1 浅置基础的类型

1.浅置基础的分类

浅置基础埋入地层的深度较浅，施工一般采用的是直接敞开挖的方法。明挖基础大多数是浅置基础，其结构形式、构造、施工方法简单，造价低，在地质和水文条件许可的情况下，应优先选用。

浅置基础根据受力条件及构造又可分为刚性基础与柔性基础两类。

(1)刚性基础。

基础在外力(包括基础自重)作用下，基底承受着强度为 σ 的地基反力，基础的悬出部分 $a—a$ 断面左端，相当于承受着强度为 σ 的均布荷载的悬臂梁，在荷载作用下，$a—a$ 断面将产生弯曲拉应力和剪应力。基础圬工具有足够大的截面使得由地基反力产生的弯曲拉应力和剪应力小于圬工材料的容许应力时，$a—a$ 断面不会出现裂缝，基础内不需配置受力钢筋。这种采用抗压强度高，而抗拉、抗剪强度较低的刚性材料制作的基础称为刚性基础，如图 1.2 所示。工业与民用建筑行业称之为无筋扩展基础。刚性基础常见的形式有刚性扩大基础、柱下单独基础、条形基础等。

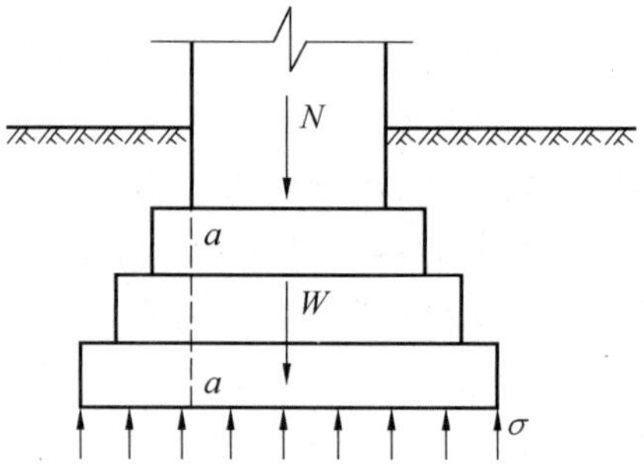

图 1.2 刚性基础

刚性基础的特点是稳定性好，施工简便，能承受较大的荷载，所以只要地基强度能满足要求，它是首选的基础类型。它的主要缺点是自重大，并且当持力层为软弱土时，由于扩大基础面积有一定限制，需要对地基进行处理或加固后才能采用，否则会因所受的荷载压力超过地基强度而影响结构物的正常使用。所以对于荷载大或上部结构对沉降差较敏感的结构物，当持力层的土质较差且又较厚时，刚性基础作为浅置基础是不适宜的。

(2)柔性基础。

基础在基底反力作用下，在 $a—a$ 断面产生的弯曲拉应力和剪应力若超过了基础圬工的强度极限值，为了防止基础在 $a—a$ 断面开裂甚至断裂，必须在混凝土基础中配置足够数量的钢筋，利用钢筋来承受拉应力，使基础底部能够承受较大的弯矩，这种基础称为柔性基础，如图 1.3 所示。柔性基础允许挠曲变形。工业与民用建筑行业称之为扩展基础。柔性基础常见的形式有柱下条形基础、十字形基础、筏板基础、箱形基础。

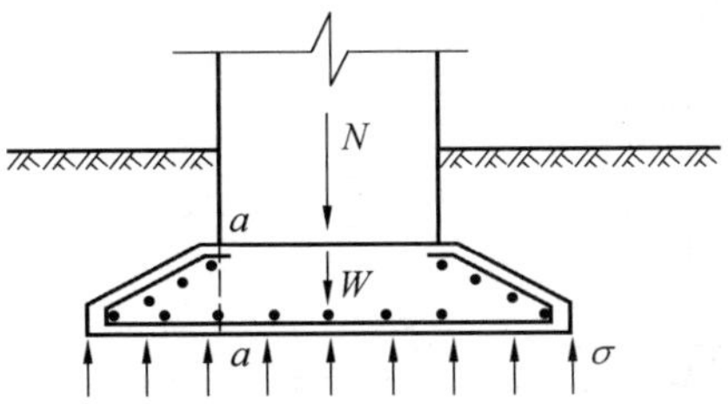

图 1.3　柔性基础

2. 浅置基础的常见形式

桥梁工程中的浅置基础类型主要有刚性扩大基础、单独基础和联合基础及条形基础三类。

(1)刚性扩大基础。

由于地基强度一般较墩台或墙柱圬工的强度低,因而需要将其基础平面尺寸扩大以满足地基强度要求,这种刚性基础又称为刚性扩大基础,如图 1.4 所示。它是桥梁及其他构造物常用的基础形式,其平面形状常为矩形。

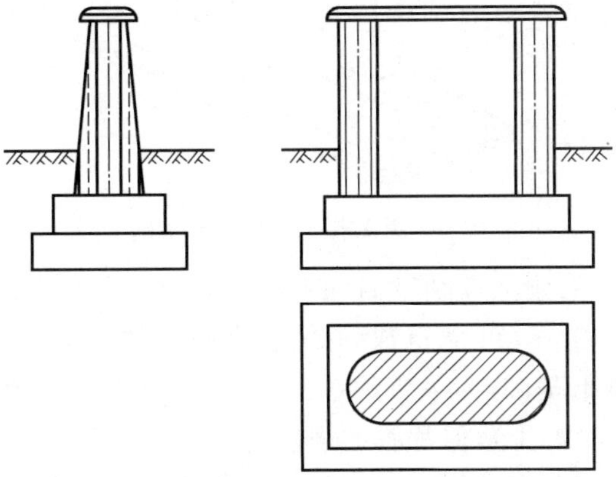

图 1.4　刚性扩大基础

(2)单独基础和联合基础。

单独基础是立柱式桥墩和房屋建筑常用的基础形式之一。它的纵横剖面均可砌筑成台阶式,如图 1.5(a)所示,但柱下单独基础若用石或砖砌筑时,则在柱子与基础之间用混凝土墩连接。个别情况下柱下单独基础用钢筋混凝土浇筑时,其剖面也可浇筑成锥形,如图 1.5(b)所示。当为了满足地基强度要求,必须扩大基础平面尺寸,而扩大结果使相邻的单独基础在平面上相接甚至重叠时,则可将它们连在一起成为联合基础,如图 1.5(c)所示。

(3)条形基础。

条形基础分为墙下条形基础和柱下条形基础。墙下条形基础是挡土墙下或涵洞下常用的基础形式。有时为了增强桥柱下基础的承载能力,将同一排若干个柱的基础联合起来,也可形成柱下条形基础,如图 1.6 所示。

除此之外,还有柱下十字交叉基础、筏形基础和箱形基础等浅置基础类型,都是房屋建筑常用的基础形式。在实践中必须因地制宜地选用基础类型,有时还必须另行设计基础的形式,如在非岩石地基上修筑拱桥桥台基础时,为了增加基底的抗滑能力,可将基底在顺桥方向的剖面做成齿坎状或斜面等。结构物基础在一般情况下均砌筑在土中或水下,因此要

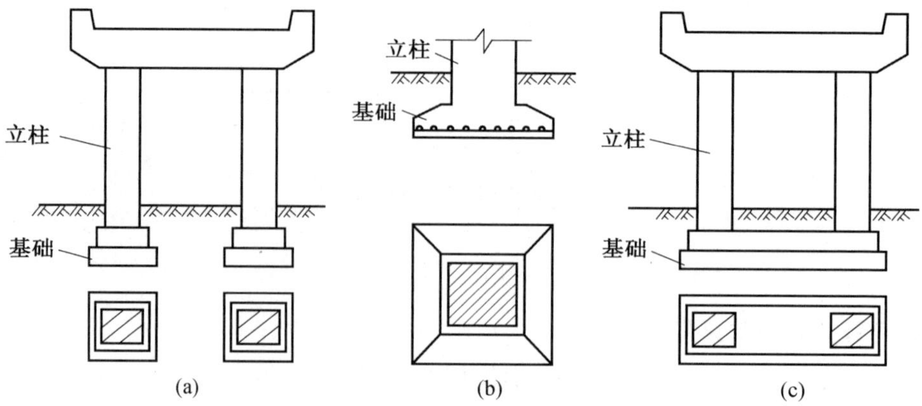

图 1.5　单独基础和联合基础

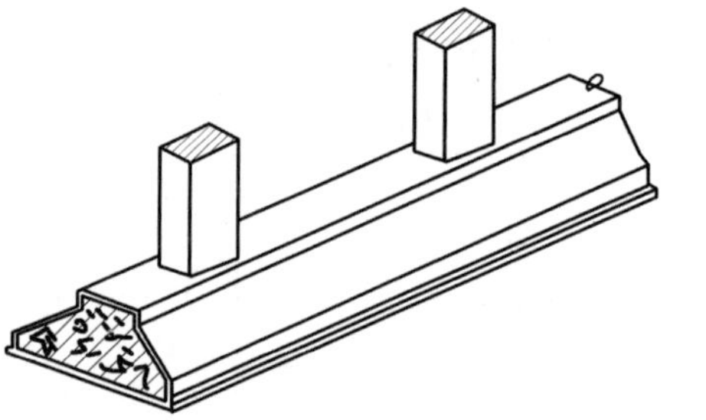

图 1.6　柱下条形基础

求所有材料均具有良好的耐久性和较高的强度。混凝土是修筑基础最常用的材料。它的优点是抗压强度高，耐久性好，可浇筑成任意形状的砌体。混凝土强度等级一般不宜低于 C15。对于大体积混凝土基础，为了节约水泥用量，又不影响强度，可掺入 15%～20%砌体体积的片石（称为片石混凝土），但片石的强度等级应不低于 MU30，也不应低于混凝土强度等级。粗料石、片石或块石也常用作基础材料。石砌基础的石料强度等级应不低于 MU30，水泥砂浆的强度等级应不低于 MU10。

1.1.2　桩基础的类型

当地基浅层土质不良，采用浅置基础无法满足结构物对地基强度、变形和稳定性方面的要求时，往往需要采用深置基础。桩基础是一种常用的深置基础，是由埋于地基土中的若干根桩及将所有桩连成一个整体的承台（或盖梁）两部分组成的一种基础形式。桩基础的作用是将承台（或盖梁）以上结构物传来的外力，通过承台（或盖梁）由桩传到较深的地基持力层中去，如图 1.7 所示。

为了满足结构物的要求，适应地基的特点，随着科学技术的发展，在工程实践中已形成了多种类型的桩基础。学习桩和桩基础的分类及其构造，目的是掌握其特点以便在设计和施工时更好地发挥桩基础的作用。

1. 按施工方法分类

由于施工时采用的机具设备和工艺过程不同，桩的施工方法较多，主要形式为预制桩沉桩和就地灌注桩。

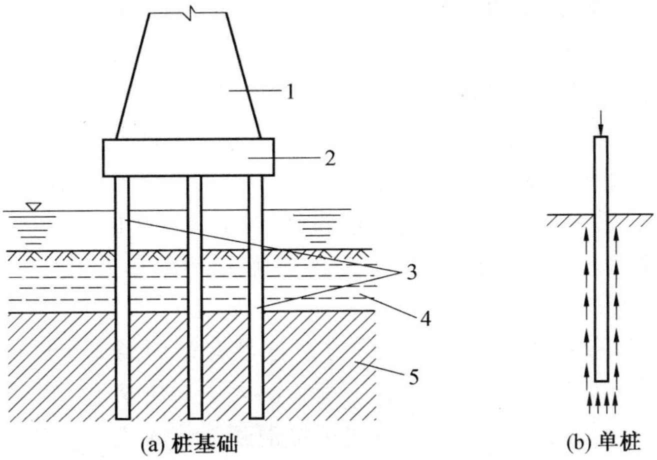

图 1.7 桩基础

1—墩身;2—承台;3—基桩;4—松软土层;5—持力层

(1)预制桩沉桩的施工。

预制桩沉桩的施工方法是将各种预先制备好的桩(主要是钢筋混凝土或预应力混凝土制成的实心桩和管桩,也有钢桩和木桩)以不同的沉桩方式(设备)沉入地基内。预制桩是按设计要求在地面制作的(长桩可在桩端设置钢板、法兰盘等接桩构造分节制作),桩体质量好,可大量工厂化生产,加速施工进度。

①打入桩(锤击桩)。

打入桩是通过锤击(或以高压射水辅助)将各种预先制好的桩(主要是钢筋混凝土实心桩或管桩,也有木桩或钢桩)打入地基内,以达到所需要的深度。这种施工方法适用于桩径较小,地基土质为可塑状黏性土、砂性土、粉土、细砂以及松散的不含大卵石或漂石的碎卵石类土的情况。打入桩伴有较大的振动和噪声,在城市人口密集地区施工时,应考虑对环境的影响。

②振动下沉桩。

振动下沉桩是将大功率的振动打桩机安装在桩顶,一方面利用振动以减小土对桩的阻力,另一方面用向下的振动力使桩沉入土中。振动下沉桩适用于可塑状的黏性土和砂土。用于抗剪强度受振动时有较大降低的砂土等地基和自重不大的钢桩时,其效果更为明显。

③静力压桩。

静力压桩是通过反力系统提供的静反力将预制桩压入土中。这种施工方法适用于较均质的可塑状黏性土地基,对于砂土及其他较坚硬土层,由于压桩阻力大而不宜采用。静力压桩在施工过程中无振动,无噪声,并能避免锤击时桩顶及桩身的损伤。但较长的桩分节压入时受架高度的限制,使接头变多从而影响压桩的效率。

(2)就地灌注桩。

就地灌注桩是先在桩位处造孔,然后就地浇筑钢筋混凝土形成的桩,根据施工方法的不同可分为三种。

①钻(挖)孔灌注桩。

用钻(冲)孔机械在土体中先钻成桩孔,然后在孔内放入钢筋骨架,灌注桩身混凝土而成钻孔灌注桩，最后在桩顶浇筑承台（或盖梁），称为钻孔灌注桩基础。它的特点是施工设备简单，操作方便，适用于各种砂性土、黏性土，也适用于碎、卵石类土层和岩层。但对于淤泥及可能发生流砂或有承压水的地基，施工较为困难，易发生塌孔或埋钻等情况。一般钻孔灌注桩入土深度由几米至上百米。

依靠人工（用部分机械配合）在地基中挖出桩孔，然后与钻孔桩一样灌注混凝土成桩称为挖孔灌注桩。它的特点是不受设备和地形限制，施工简单。但其只适用于无水或渗水量小的地层，对可能发生流砂或含厚的软黏土层的地基施工较困难，需要加强孔壁支撑，确保安全。

②沉管灌注桩。

沉管灌注桩是指采用锤击或振动的方法把带有钢筋混凝土的桩尖或带有活瓣式桩尖（沉管时桩尖闭合，拔管时活瓣张开）的钢套管沉入土层中成孔，然后在套管内放置钢筋，并边注混凝土边拔套管而形成的灌注桩；也可将钢套管打入土中挤土成孔后向套管中灌注混凝土并拔出套管成桩。它适用于黏性土、砂类土地基。由于采用了套管，可以避免钻孔灌注桩施工中可能产生的流砂、坍孔的危害和由泥浆护壁所带来的排渣等弊病。但桩的直径较小，常用的桩径尺寸在 0.6 m 以下，桩长常在 20 m 以内。在软黏土中，沉管的挤压作用对邻桩有挤压影响，且挤压时产生的孔隙水压力易使拔管时出现混凝土桩缩颈现象。

③爆扩桩。

爆扩桩是指就地成孔后，用炸药爆炸扩大孔底，浇灌混凝土而成的桩。这种桩可扩大桩底与地基土的接触面积，提高桩的承载能力。爆扩桩宜用于持力层较浅，易在黏土中成形并支撑在坚硬密实土层上的情况。

(3)管柱基础。

将预制好的大直径（直径 1～5 m）钢筋混凝土或预应力钢筋混凝土管柱（实质上是一种巨型的管桩，每节长度根据施工条件决定，一般采用 4 m、8 m 或 10 m，接头用法兰盘和螺栓连接），用大型的振动沉桩锤，沿导向结构将桩垂直向下振动，下沉到基岩（一般以高压射水和吸泥机配合帮助下沉），然后在管口柱内钻岩成孔，下放钢筋骨架笼，灌注混凝土，将管柱与岩层牢固连接形成管柱基础，如图 1.8 所示。管柱基础可以在深水及各种覆盖层条件下

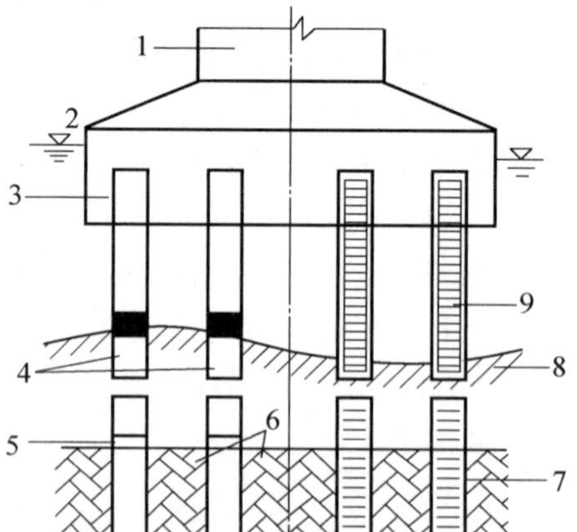

图 1.8　管柱基础

1—墩身；2—低水位；3—承台；4—管柱；5—钢管靴；6—岩层；7—嵌固于岩层；8—覆盖层；9—钢筋骨架

进行施工，没有水下作业和季节限制，但施工需要有振动沉桩锤、凿岩机、起重设备等大型机具，动力要求也高，一般在大跨径桥梁的深水基础中被采用。

2. 按桩的受力状态分类

(1)按受力条件分类。

桩按受力条件可分为摩擦桩和端承桩。摩擦桩指桩所承受的轴向荷载由桩侧的摩擦阻力和桩尖(或称桩底)处土的支撑力共同承受的桩，其中以桩侧土的摩擦阻力起主要作用，如图1.9(a)所示。桩身穿过软弱土层，桩尖支撑在坚硬岩层或硬土层等非缩性土层上，基本依靠桩底土层抵抗力支撑垂直荷载的桩称为端承桩，也称为柱桩，如图1.9(b)所示。柱桩和摩擦桩由于在土中的工作条件不同，故在设计时所采用的方法和有关参数也不一样。

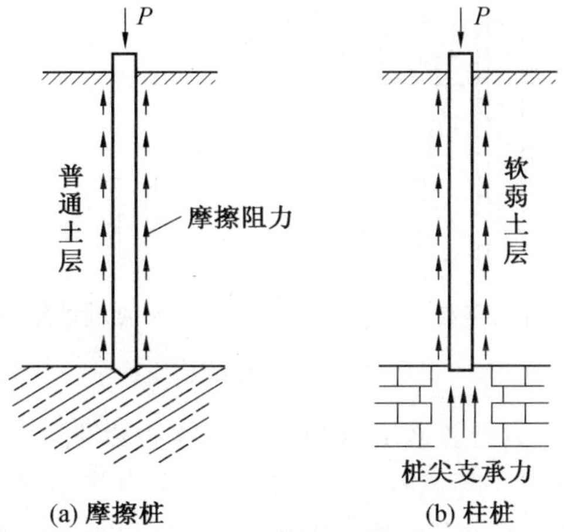

图1.9 摩擦桩和柱桩

(2)按桩轴方向分类。

桩按桩轴方向可分为竖直桩、单向斜桩和多向斜桩等，如图1.10所示。在桩基础中是否需要设置斜桩，确定怎样的斜度，应根据荷载的具体情况而定。一般结构物基础承受的水平力常较竖直力小得多，且现已广泛采用的大直径钻(挖)孔灌注桩具有一定的抗弯和抗剪强度。因此，桩基础常全部采用竖直桩。拱桥台等结构物的桩基础往往需设斜桩以承受上部结构传来的较大水平推力，减小桩身弯矩、剪力和整个基础的侧向位移。斜桩的桩线与竖直线所成倾斜角的正切不宜小于1/8，否则斜桩的作用就不大，且施工斜度误差将显著地影响桩的受力情况。目前为了适应拱台推力，有些拱台基础已采用倾斜角大于45°的斜桩。

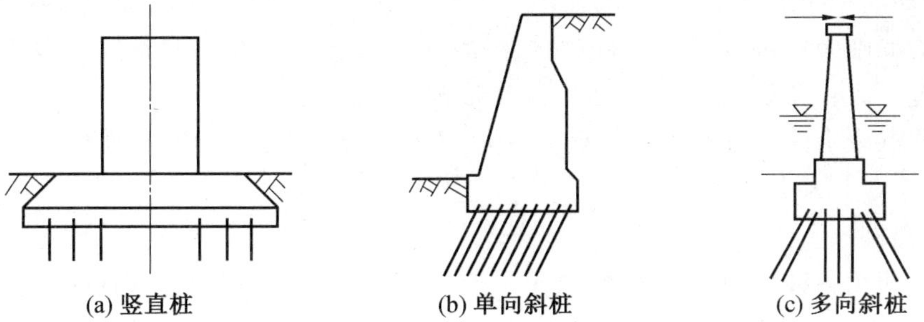

图1.10 竖直桩和斜桩

3. 按承台的位置分类

桩基础按承台位置可分为高桩承台基础和低桩承台基础，如图 1.11 所示。高桩承台基础的承台底面位于地面(或冲刷线)以上，低桩承台基础的承台底面位于地面(或冲刷线)以下。高桩承台基础的结构特点是基桩部分桩身埋入土中，部分桩身外露在地面以上(称为桩的自由长度)；而低桩承台基础的基桩则全部埋入土中(桩的自由长度为零)。

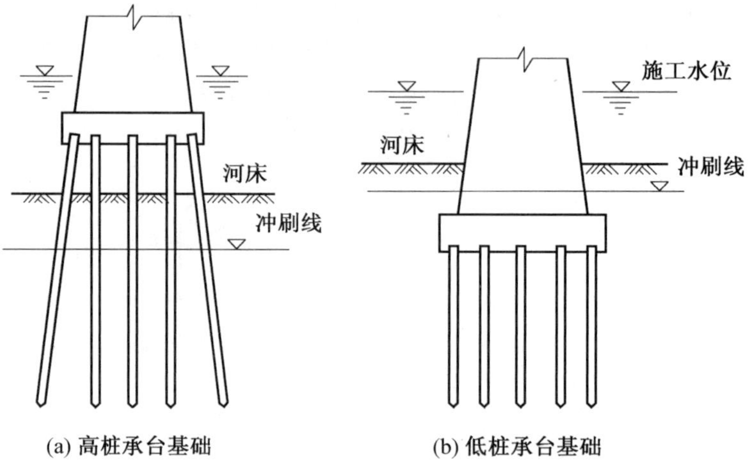

图 1.11　高桩承台基础和低桩承台基础

高桩承台基础由于承台位置较高或设在施工水位以上，可减少墩台圬工数量，避免或减少水下作业，施工较为方便。但高桩承台基础在水平力作用下，由于承台及基桩露出地面的一段自由长度周围无土体来共同承受水平外力，基桩的受力情况较为不利，桩身内力和位移都将大于在同样水平外力作用下的低桩承台基础，在稳定性方面低桩承台基础也较高桩承台基础要好。

4. 按桩身材料分类

桩按桩身材料可分为木桩、钢筋混凝土桩和钢桩。

(1)木桩。

木桩是古老的预制桩，它常由松木、杉木等制成，其直径一般为 160～260 mm，桩长一般为 4～6 mm。木桩的优点是自重小，加工制作、运输、沉桩方便，但它具有承载力低、材料来源困难等缺点，目前已很少采用，只有在临时性小型工程中使用。

(2)钢筋混凝土桩。

钢筋混凝土桩常做成实心的方形、圆形或空心管桩。其预制长度一般不超过12 m，当桩长超过一定长度后，在沉桩过程中需要接桩。

钢筋混凝土灌注桩的优点是承载力大，不受地下水位的影响，目前已广泛地应用到各种工程中。

(3)钢桩。

钢桩即用各种型钢做成的桩，常见的有钢管桩和工字型钢桩。钢桩的优点是承载力高，运输、吊桩和沉桩方便，但具有耗钢量大、成本高、易锈蚀等缺点，适用于大型、重型设备基础。目前，我国最大的钢管桩达 88 m。

5. 按桩径大小分类

桩按桩径(设计直径 d)大小分为以下三类。

(1)小直径桩:$d \leqslant 250$ mm;

(2)中等直径桩:250 mm$<d<$800 mm;

(3)大直径桩:$d \geqslant 800$ mm。

1.1.3 沉井基础的类型

沉井是建造在墩址所在地面上或筑岛面上的井筒状结构物。它从井孔内取土,借自重克服土对井壁的摩擦力而沉入土中,这样逐节接筑、下沉,直至设计位置后封底,再进行井内填充及修筑顶盖,即成为墩台的沉井基础。

沉井基础的优点是整体性好、自身刚度大,能承受较大的竖直和水平荷载,与桩基础相比有较大的横向抗力,抗震性也比较可靠,且内部空间可以利用。沉井埋置深度大。沉井适用的土质范围广,淤泥土、砂土、黏土、岩层等均可施工。施工给周围地层造成的变位小,故对邻近建筑物的影响小,较适于近接施工。沉井自身可兼作围堰结构,且施工阶段不需对地基进行特殊处理,既安全又经济,故作为一种深置基础,在桥梁工程中得到广泛应用。当上部结构荷载大,地基承载力较低,采用明挖基础开挖工作量大,支撑困难,采用沉井基础经济上较合理时;或者河水较深,采用扩大基础施工围堰制作有困难时;以及山区河流冲刷大,有较大卵石不便桩基础施工时,一般可考虑采用沉井基础。水深较大、流速适宜时可采用浮运沉井。

沉井基础的缺点是施工期较长;对粉细砂类土在井内抽水时易发生流砂现象,造成沉井倾斜;沉井下沉过程中遇到大漂石时,下沉会很困难;地基承载力不足时,会下沉过快,难以控制;倾斜较大的岩面使沉井稳定性差,会给设计、施工带来困难。沉井下沉遇到上述情况应慎重选用。

1. 按沉井的材料分类

(1)混凝土沉井。

混凝土沉井一般多做成圆形,适用于井壁较厚而下沉深度不大(4～7 m)的松软土层中。当井壁有足够的厚度时,亦可做成矩形(此时有拉应力产生)。

(2)钢筋混凝土沉井。

钢筋混凝土沉井是一种最常用的深置基础沉井,能充分发挥建筑材料的强度,可以做成任何形状,适用于多种不同的地质情况和施工方法。

(3)竹筋混凝土沉井。

沉井在下沉过程中,井壁内力较复杂,一旦施工完毕,沉井中钢筋的作用就不再重要了。竹材是一种抗拉强度较高、耐久性较差、价格低廉的材料。南方盛产竹材,因此可就地取材,代替钢筋,以大量节省钢材。

(4)钢沉井。

钢沉井适用于空心浮运式沉井,但用钢量较大,一般情况下不采用。

2. 按沉井的平面形状分类

沉井基础按沉井的平面形状可分为圆形、矩形和圆端形三种基本类型;根据井孔的布置方式又分为单孔、双孔及多孔沉井，如图 1.12 所示。

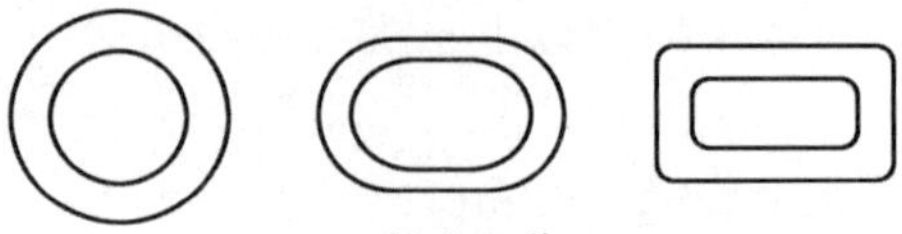

(a) 单孔沉井

(b) 双孔沉井

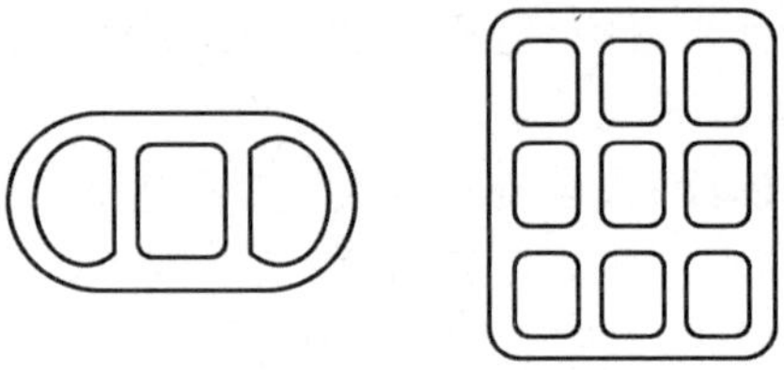

(c) 多孔沉井

图 1.12　沉井的平面形式

(1)圆形沉井。

圆形沉井结构的优点是自身受力条件较好，在周围土压力、水压力作用下，井壁主要承受轴向压应力；无论桥梁纵轴与水流正交或斜交，水流的冲击力和局部冲刷均较小；下沉过程中用机械挖土较方便，且有利于刃脚均匀地支撑在土层上，沉井不易倾斜。其缺点是与同面积的矩形沉井相比，圆形沉井一般只适用于墩台截面为圆形或接近方形的基础，且地基受力条件较差，基底压应力较大。

(2)矩形沉井。

矩形沉井的优点是外形构造简单，制作较容易，与截面为圆端形或矩形的墩台配合较好；在外力和基底压应力相同的条件下，矩形的基底面积为最小(因其惯性矩大)，可节省圬工。其缺点是在土压力、水压力作用下，井壁受到的挠曲应力较大，需要布置较多的受力钢筋；矩形阻力系数较大，河床局部冲刷较严重；用机械挖土时，沉井四个角不易挖到，可能导致刃脚不能均匀支撑在土层上，需要将四角做成圆角或钝角，以利于受力和清孔。故矩形沉井宜在无水或流水速度较小的河流中采用。

(3)圆端形沉井。

圆端形沉井引起的河床冲刷最小，但沉井的制作比较麻烦，它的优缺点介于圆形和矩形两种沉井之间，常用于圆端形桥墩的基础。

对平面尺寸较大的沉井，可在沉井中设置隔墙，构成双孔或多孔沉井，以改善井壁受力条件及均匀取土下沉。

3. 按沉井的立面形状分类

(1)柱形沉井[图 1.13(a)]。

柱形沉井下沉时，井壁周围土体对沉井约束较紧，井壁摩阻力大，下沉困难，但下沉时易于控制方向，不易偏斜。它适用于摩阻力较小的松软土层。

(2)阶梯形沉井[图 1.13(b)]。

阶梯形沉井是一种常用的多节沉井形式,下沉时底节以上各节井壁所接触的土层已松动过,减少了井壁摩阻力,有利于沉井下沉,但容易偏斜,适用于摩阻力较大的土层中。

(3)锥形沉井[图 1.13(c)]。

井壁摩阻力较小,下沉时发生偏斜的可能性较大,一般不常用。

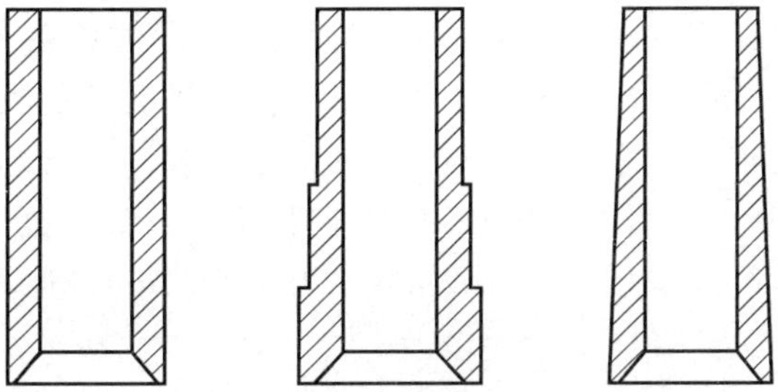

(a) 柱形　(b) 阶梯形　(c) 锥形

图 1.13　沉井的立面形式

4. 按沉井的施工方法分类

(1)就地制作沉井。

直接在墩台位置的地面上制造沉井,并就地下沉;若在浅水区,可先人工筑岛,在岛面上制造沉井,并就地下沉。

(2)浮式沉井。

在深水地区,无法用人工筑岛时,可在岸边制作井筒,再浮运至桥墩设计位置处,然后下沉。

1.2　桩基础的构造

1.2.1　基桩的构造

1. 就地灌注钢筋混凝土桩的构造

钻(挖)孔桩是就地灌注的钢筋混凝土桩,桩身常为实心截面,按《铁路桥涵地基和基础设计规范》(TB 10093—2017)规定,桩身混凝土强度等级不得低于 C30。钻孔桩直径不宜小于 0.8 m。为保证挖孔作业安全,挖孔桩的直径或边宽不宜小于 1.25 m。桩内钢筋应按照内力和抗裂性的要求布设,并根据桩身弯矩分布分段配筋。为保证钢筋骨架有一定的刚度,便于吊装及保证主筋受力的轴向稳定,主筋不宜过少,钢筋直径不宜小于 14 mm;主筋净距不宜小于 120 mm,任何情况下不宜小于 80 mm;钢筋保护层厚度按现行《铁路混凝土结构耐久性设计规范》(TB 10005—2010)的要求确定。筋直径可采用 8 mm;箍筋间距可采用 200 mm,摩擦桩下部可增大至 400 mm;钢筋笼每隔 2.0~2.5 m 加一道直径为 16~22 mm 的骨架箍筋。考虑到灌注钢筋混凝土桩施工的方便,主筋宜采用光面钢筋(挖孔桩可不考虑此项要求),必要时也可用螺纹钢筋;采用束筋时每束不宜多于 2 根钢筋。

2. 预制钢筋混凝土桩及预应力混凝土桩

预制钢筋混凝土桩或预应力混凝土桩多为在工厂用离心旋转法制造的空心管，桩径有400 mm 和 550 mm 等几种，混凝土强度等级为 C30 以上，桩内钢筋由纵向主筋和箍筋组成。管桩在厂中分节预制，预制桩的分节长度可按施工条件确定，但应减少接头数量，接头的强度不应低于桩身的强度。用钢制法兰盘、螺栓接头，桩尖节单独预制。

工地预制钢筋混凝土桩多为实心方形截面，通常当桩长在 10 m 以内时横截面尺寸为 0.3 m×0.3 m，桩身混凝土强度等级不低于 C30，预制钢筋混凝土桩强度和配筋应满足作为基础结构的受力要求及桩在运输、下沉时的受力要求。

按计算，桩身混凝土不需配筋的桩，应在桩顶部 4～6 m 范围内设置构造连接钢筋，并伸入承台内。钢筋直径可采用 14 mm，间距 250～350 mm。此种桩，铁路桥很少使用。

3. 钢桩及木桩

在永久桥梁基础中很少使用钢桩及木桩，在临时抢修工程中可能被采用。

1.2.2 桩的布置和间距

基桩布置应尽量使各桩承受的荷载大致接近，且使桩群在受力较大方向上有较大的截面抵抗矩，以充分发挥桩材的效用。一般直线上的桥台应使桩群在桥轴线方向具有较大的截面抵抗矩，而在曲线上应使横桥向具有较大的截面抵抗矩。桩在承台中的平面布置多采用行列式，如承台面积不够，也可采用梅花式，如图 1.14 所示。

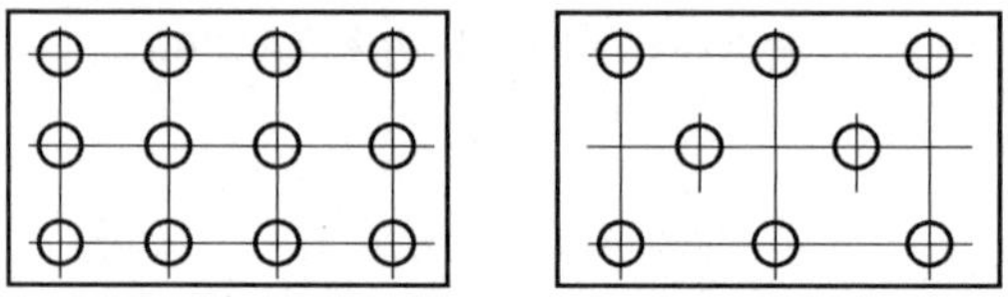

(a) 行列式　　(b) 梅花式

图 1.14 桩的平面布置

根据受力情况和施工条件等因素，对桩距做如下规定：为防止土的结构被破坏，并考虑施工的可能，对于打入或震动下沉的摩擦桩和端承桩，承台板底面处桩的中心距均应不小于桩径的 1.5 倍。为了使桩尖平面处相邻桩作用于土上的压应力重叠不致太多，并考虑桩在打入时不致因土体挤密而使桩下沉困难，规定打入桩的桩尖中心距不应小于 3 倍桩径。震动沉桩时土的挤压更为密实，所以规定在砂类土桩的桩尖中心距不应小于 4 倍桩径。对于钻(挖)孔灌注桩，由于其施工方法与打入桩不同，施工时土体挤密的影响很小，故规定竖直摩擦桩中心距较打入桩小，但为使桩与土体间的摩擦力不致降低，规定钻(挖)孔摩擦桩的中心距不应小于 2.5 倍设计桩径。对于钻(挖)孔桩的端承桩，由于考虑相邻桩在成孔时，桩间土体太薄易引起孔壁坍塌，故规定柱桩中心距可小于摩擦桩中心距，但不应小于 2 倍设计桩径，摩擦支撑管柱的中心距可采用 2.5～3.0 倍管柱外径，端承管柱的中心距可采用 2 倍钻孔直径。

为了防止由于桩位不正而影响承台位置，以及保证承台与外排桩的可靠联结，规定各类的承台边缘至最外一排桩的净距：一般情况下，当桩径 $d\leqslant 1$ m 时，净距不小于 $0.5d$，且不得小于 0.25 m；当桩径 $d>1$ m 时，净距不小于 $0.3d$，且不得小于 0.5 m。对于钻孔灌注桩，d

为设计桩径；对于矩形截面桩，d 为桩的短边宽。

1.2.3 承台的构造及桩与承台的联结

承台的作用是将桩连成整体，并与墩台底部相连，因此承台的尺寸和形状取决于台身底部的尺寸和形状以及桩群外围轮廓。承台的最小平面尺寸等于台身底截面尺寸加襟边宽度。其最大平面尺寸如为混凝土承台，则不得超出混凝土基础刚性角(45°)的要求；而当其为钢筋混凝土承台时，则不受刚性角的制约，此钢筋网在越过桩顶处不得截断。对于钢筋混凝土承台的配筋，应由力学检算确定。

基桩顶部嵌入承台内应有适当的长度，以增强桩与承台的联结刚度。与承台联结有两种方式，钢筋混凝土桩多采用桩顶主筋伸入承台，如图 1.15(a)、(b)所示。前一种联结比较牢固，钻(挖)孔灌注桩一般采用此种联结方式。图 1.16 为某大桥桩基喇叭形伸入的主筋。

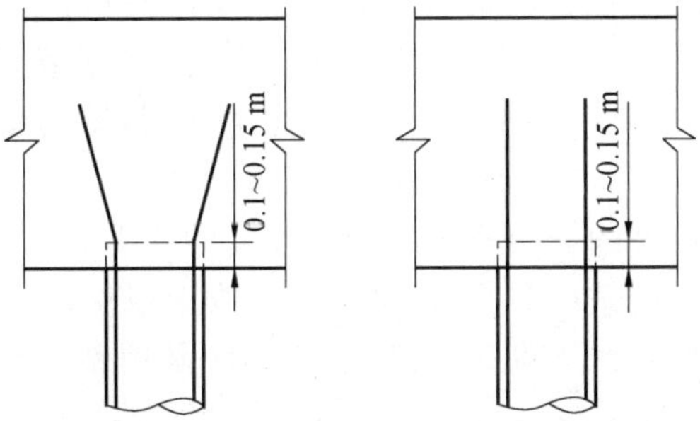

(a) 喇叭形伸入的主筋　　(b) 竖直形伸入的主筋

图 1.15　桩与承台的联结方式

图 1.16　某大桥桩基喇叭形伸入的主筋

当桩头主筋伸入承台时，桩身伸入承台内的长度一般为 10～15 cm(不包括水下混凝土封底的厚度)。头伸入承台的钢筋，可采用喇叭形或竖直形，如图 1.15(a)、(b)所示。此时桩顶伸入承台板内的主筋长度(锚固长度)，应根据桩基采用的钢筋种类及混凝土等级选用，最小锚固长度应符合表 1.1 的规定，其箍筋的直径不应小于 8 mm，间距可采用 150～200 mm。

表 1.1 钢筋最小锚固长度 mm

钢筋种类		HRB300			HRB400			HRB500		
混凝土等级		C25	C30、C35	≥C40	C25	C30、C35	≥C40	C25	C30、C35	≥C40
受压钢筋(直端)		30*d*	25*d*	20*d*	35*d*	30*d*	25*d*	40*d*	35*d*	30*d*
受拉钢筋	直端	—	—	—	45*d*	40*d*	35*d*	50*d*	45*d*	40*d*
	弯钩端	25*d*	20*d*	20*d*	30*d*	25*d*	20*d*	35*d*	30*d*	25*d*

注:(1)当带肋钢筋直径大于 25 mm 时,其锚固长度应增加 10%。

(2)受弯及大偏心受压构件中的受拉钢筋截断时宜避开受拉区,表中数值宜在困难条件下采用。

(3)采用环氧树脂涂层钢筋时,受拉钢筋最小锚固长度应增加 25%。

(4)当混凝土在凝固过程中易受扰动时,锚固长度应增加 10%。

(5)d 为钢筋直径。

当基桩桩顶直接埋入承台联结,且桩顶作用于承台板的压应力超过承台混凝土的局部容许承压应力时(计算此项压应力时,不考虑桩身与承台混凝土间的黏着力),应在每一根桩的顶面以上设置 1～2 层直径不小于 12 mm 的钢筋网,钢筋网每边的长度不得小于桩径的 2.5 倍,网孔为 100 mm×100 mm～150 mm×150 mm。

承受拉力的桩与承台的联结应满足受拉强度的要求。

嵌入新鲜岩面以下的钻(挖)孔桩,其嵌入深度应根据计算确定,且不应小于 0.5 m。

河床岩层有冲刷时,支于岩层上的管柱基础应采用钻岩支撑。管柱下端的位置应考虑岩层最低冲刷时高程。

1.3 沉井基础的构造

1.3.1 沉井的轮廓尺寸

1. 沉井的外廓尺寸及形状

沉井的外廓形状应考虑阻水较小、受力合理、简单对称和施工方便等要求,根据墩台底面形状尺寸、地基承载力确定。沉井棱角处宜用圆角和钝角。

沉井顶面尺寸等于墩台底面尺寸加襟边宽度,顶面襟边宽度应根据沉井施工容许偏差确定,襟边的最小宽度一般不小于沉井总高度的 1/50,且不小于 200 mm。如为浮式沉井,再另加宽 250 mm。对顶部需设置围堰的沉井,其襟边宽度应满足安装台身模板的需要。

2. 井孔的布置

井孔的布置应与沉井中心线对称,以便均匀取土和纠偏。对井顶设置围堰的沉井,井孔布置应结合简化围堰支架结构统一考虑。

井孔的大小应满足取土机具所需净空和取土范围的要求。井孔的最小宽度应视机具而定,一般不宜小于 3.0 m。水下取土时,各井孔的间距不要大于取土机具所能及的范围。

3. 沉井高度

沉井高度取决于沉井顶面和基底位置,沉井基础底面高程应根据冲刷深度和地基容许承载力等因素确定。

沉井顶面不应高出最低水位，如果地面高出最低水位且不受冲刷，则不宜高出地面。顶面和基底位置拟好后，即可得出沉井的高度。

较高的沉井应分节制造下沉，沉井的分节高度一般为5～6 m，底节不宜过高，一般为4～6 m。在松软土层中下沉的沉井，为保证稳定，其底节高度不应大于沉井短边宽度的0.8倍。若底节沉井高度过大，沉井过重，会给模板的设置、岛面处理、抽垫和下沉(易发生倾斜)带来困难。

1.3.2 一般沉井的构造

沉井通常由井壁、隔墙、刃脚、井孔(取土井)、凹槽、封底、顶盖、射水管组、探测管、环墙等组成，此外还有井顶围堰、封底混凝土、井内填充物和顶盖[如图1.17(a)所示]。

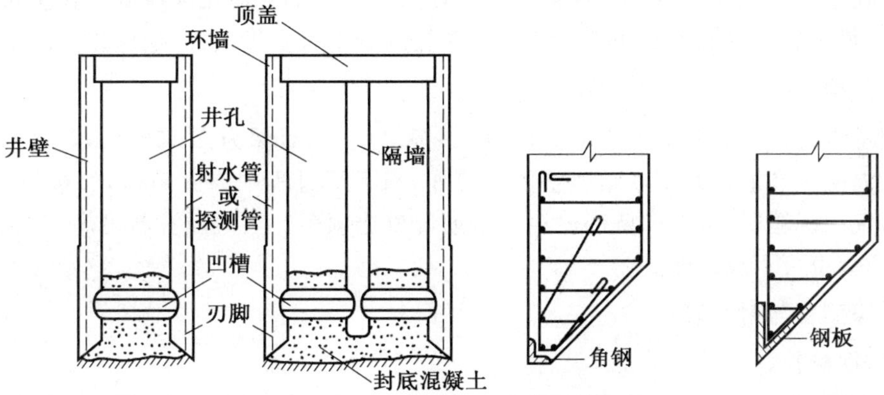

图1.17 深井及刃脚的构造

1. 井壁

井壁即沉井的外壁，是沉井的主体部分，在下沉的过程中起着挡土、防水、压重的作用。当沉井施工完毕后，井壁就成为沉井基础的主要承重部分。

井壁外侧通常做成台阶式，台阶设在沉井分节处，其宽度一般为100 mm左右。井壁内侧应做成垂直面，井壁厚度按强度、下沉需要的压重、便于取土及清基等因素而定，一般为0.7～1.5 m，厚者可达2 m，最薄也不宜小于0.4 m。井壁混凝土的强度不得低于C15。

2. 隔墙

隔墙亦称内壁，其作用主要是缩短外壁的跨度，减小外壁的挠曲应力，加强沉井的刚度，并可将沉井分成若干个取土井，以便均衡取土及纠正沉井在下沉过程中的倾斜和偏移。

隔墙的间距一般不宜大于5～6 m，厚度通常为0.8～1.2 m。隔墙底部做成两面倾斜的刃脚，其底面应高于刃脚底面不小于0.5 m，以利于沉井下沉。对于排水下沉的沉井，宜在墙下部设置1.0 m×1.2 m的过人孔，以便井下工作人员来往于各井孔。隔墙底部与井壁下的刃脚联结处应设置梗肋，以起到支撑刃脚悬臂的作用。

在之后接筑的各节沉井隔墙的顶面下2～3 m处，常预设200 mm×200 mm的透水孔若干个，以利于在抽水或补水时保持各孔内水位一致。

3. 刃脚

刃脚位于井壁的最下端，是受力最集中的部位。在下沉过程中，刃脚有两个作用：一个作用是切土下沉，另一个作用是支撑，故应具有一定的强度。常用的刃脚形式有两种，即带有踏面的钢筋混凝土刃脚[如图1.17(b)所示]和钢筋混凝土钢刃尖刃脚[如图1.17(c)所示]，用于较坚硬土层或达到岩层的沉井。刃脚尖端或踏面应用钢板或角钢包住，以免混凝土破损。

刃脚斜面与水平面之夹角不宜小于45°；斜面的高度视井壁厚度并考虑施工人员便于抽垫及挖土而定，一般不宜小于1.5 m；踏面宽度不宜大于150 mm，并用角钢保护。

4. 井孔

井孔也称取土井，是挖土、排土的工作场所。井孔的平面尺寸应满足挖土机具所需的净空要求，最小边长一般不宜小于2.5 m。井孔内壁上可安设扶梯，供施工人员上下使用。

5. 凹槽

凹槽设在井壁和隔墙的下部刃脚处，一般高约1 m，深为0.15～0.25 m。它的作用是使封底混凝土能嵌入井壁联结成整体。另外，当下沉过程中遇到障碍，又极难排除，需将沉井改为气压沉箱时，可在凹槽部位浇灌钢筋混凝土顶盖。当地质资料可靠，井孔准备用混凝土填充时，也可不设凹槽。

6. 探测管与射水管

(1)探测管。

在不排水下沉的沉井中，可在井壁内设置200～500 mm的钢管或预制管道作为探测管。其主要作用是：①探测井壁刃脚下和隔墙底面下的泥面高程，以便控制除土部位，并可探测基底高程，作为基底高程检验的依据；②可在探测管中安设射水管，破坏沉井刃脚下的土体以利于下沉，沉井下沉至设计位置后，也可用来射水清基；③沉井水下封底后，可作为封底混凝土的质量检查孔。

(2)射水管。

当预计沉井自重不足以克服下沉阻力时，可在井壁四周预埋高压射水管。射水管的主要作用是：利用高压射水破坏沉井周围及刃脚下的土，以减小土对沉井的摩阻力。射水管装设在井壁内，管口开在刃脚下端和井壁外侧，沿井壁均匀布置，并联成四个单独分离的管组，以利于控制射水部位，校正沉井的倾斜。

7. 封底混凝土

对于不排水挖土下沉的沉井，当沉至设计位置后，需要先用水下混凝土封底，隔断井外水源，然后抽水填充。封底混凝土常用强度为C20，其厚度除按受力条件计算外，不宜小于井孔最小边长的1.5倍。封底混凝土的顶面应高出凹槽0.5 m。

8. 顶盖

顶盖亦称封顶或井盖，当井孔用混凝土或其他圬工材料填充时，顶盖可用不低于C15的混凝土灌注。沉井若为空心基础，井内不填充任何材料或仅用砂、石料填充时，其顶部必须设置钢筋混凝土顶盖，以承受墩台及其以上结构的荷载。顶盖厚一般为1.5～2.0 m，钢筋的配置由计算确定。

9. 井孔填充物

根据受力或稳定的要求，井孔内可保持中空或用砂石料、混凝土(不低于C10)、浆砌片石等填充。在严寒地区，低于冰冻线0.25 m以上部分，应用混凝土或圬工填实。

10. 环墙和井顶围堰

环墙位于沉井顶部，高度与井盖厚度相同，做成台阶，用以支撑顶盖，一般高为1.5～2.0 m，宽度至少为0.3 m。

当沉井顶面位于地面或岛面以下时，在环墙上需要接筑井顶围堰，用以挡土或挡水。通常在环墙内预埋锚栓或预留板槽，以联结井顶围堰(如图1.18所示)。井顶围堰的支撑应结合井孔的布置，使其不影响从井孔取土的通道。当井顶围堰的高度不大时(1.0～2.0 m)，为了节约木材和增加沉井压重，也可用浆砌片石砌筑井顶围堰。

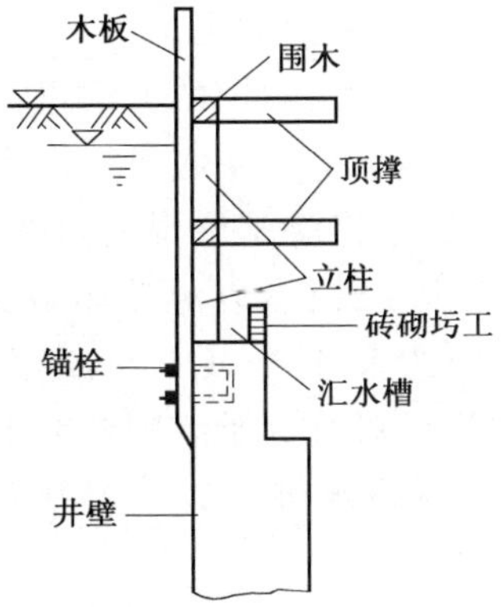

图1.18 木板井顶围堰

任务2　桥梁基础工程施工

2.1　天然地基浅置基础施工

明挖扩大基础是浅置基础，也为刚性基础。明挖扩大基础是直接在墩台下开挖基坑修建而成的实体基础，适用于在岸上或水流冲刷影响不大的浅水处，且浅层地基承载力合适的地层。其构造简单、施工方便，所以最为常见。

在明挖扩大基础的施工中，可采用明挖的方法进行基坑开挖，开挖工作应尽量在枯水或少雨季节进行，且不宜间断。当基坑挖至基底设计高程时，应立即对基底土质及坑底进行检验，验收合格后应尽快修筑基础，不得将基坑暴露过久。基坑可以人工或机械开挖，接近基底设计高程应留 30 cm 高度由人工开挖，以免破坏基底土的结构。基坑开挖过程中要注意排水，基坑尺寸要比基底尺寸每边大 0.5～1.0 m，以方便设置排水沟及立模板和砌筑工作。基坑开挖时，根据土质及开挖深度对坑壁予以围护或不围护。围护方式多种多样，详见后续章节。水中开挖基坑还需先修筑防水围堰。浅置基础施工程序与主要工作内容如图 2.1 所示。

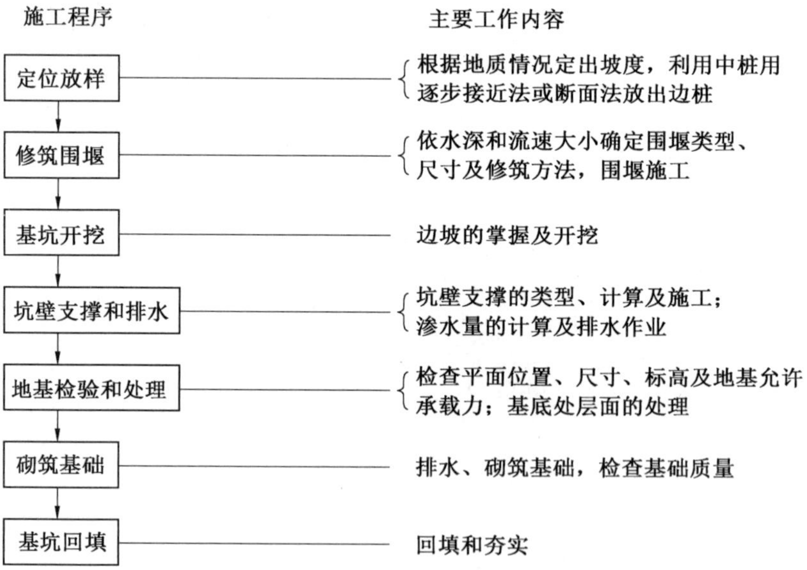

图 2.1　浅置基础施工程序与主要工作内容

2.1.1　基坑的开挖和支护

基坑开挖可采用垂直开挖、放坡开挖、支撑加固或其他加固的开挖方法。

1. 无支护基坑开挖

当基坑较浅(一般在 5 m 以内),基坑位置无地表水、地下水位较低或渗水量较少,不影响邻近建筑物安全时,可采用坑壁不加支护的基坑开挖方法。

无支护基坑的开挖依靠坑壁土体自身的抗剪强度或采取适量放坡的方式解决基坑边的稳定。坑壁的形式有垂直式和斜坡式等。

(1)垂直坑壁基坑。

当基坑深度不大时,可不用支撑和放坡而直接垂直开挖,如图 2.2 所示。此法多用于坑壁为黏土类土层或岩石层。

允许垂直开挖的坑壁条件为:土质湿度正常,结构均匀;松软土质基坑深度不超过 1.0 m;中等密实(锹挖)土质基坑深度不超过 1.5 m;密实(镐挖)土质基坑深度不超过 2.0 m;如为良好石质,深度可以根据地层倾斜角度及稳定情况决定。

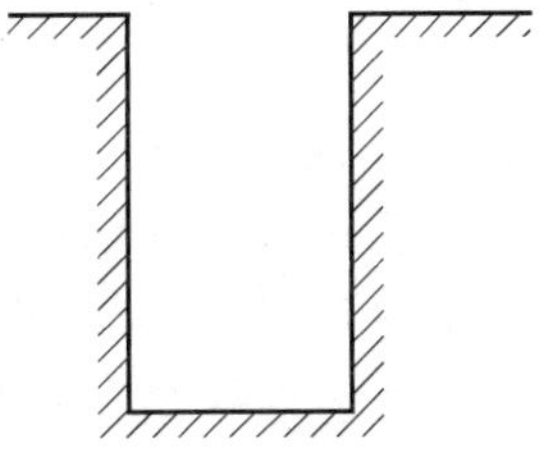

图 2.2 垂直坑壁基坑

(2)斜坡坑壁基坑开挖(放坡开挖)。

在天然土层上挖基,基坑深度在 5 m 以内,施工期较短、基坑底在地下水位以上,土的湿变接近最佳含水率,土层构造均匀时,可采用放坡开挖,如图 2.3 所示。基坑坑壁坡度可采用表 2.1 中的数值。

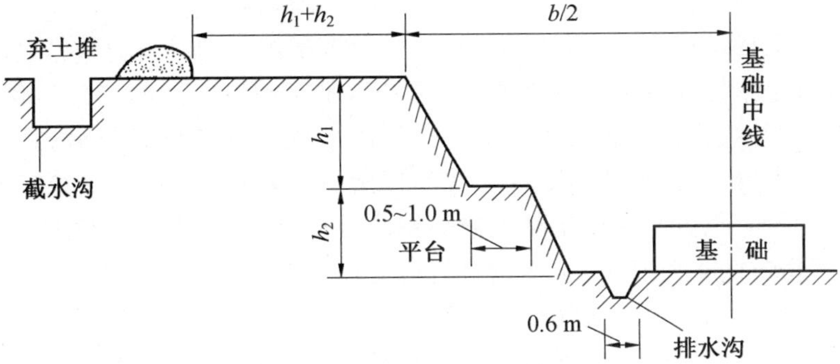

图 2.3 斜坡坑壁基坑示意图

表 2.1 基坑坑壁坡度

坑壁土	坑壁坡度		
	基坑顶缘无载重	基坑顶缘有静载	基坑顶缘有动载
砂类土	1∶1	1∶1.25	1∶1.5
碎石类土	1∶0.75	1∶1	1∶1.25
黏性土、粉土	1∶0.33	1∶0.5	1∶0.75
极软岩、软岩	1∶0.25	1∶0.33	1∶0.67
较软岩	1∶0	1∶0.1	1∶0.25
极硬岩、硬岩	1∶0	1∶0	1∶0

当基坑深度大于 5 m 时，应将坑壁坡度适当放缓或加设平台；当基坑开挖通过不同土层时，边坡可分层选定，并酌情留至少 0.5 m 宽的平台；在山坡上开挖基坑时，应防止滑坡；在现有建筑物旁开挖基坑时，应符合设计文件的要求；当土的湿度可能引起坑壁坍塌时，坑壁坡度应缓于该湿度土的天然坡度。

当基坑顶有动荷载时，基坑顶与动荷载间应留有大于 1 m 的护道。无水土质基坑底面宜按基础设计平面尺寸每边放宽不小于 50 cm；有水基坑底面应满足四周排水沟与汇水井的设置需要，每边放宽不宜小于 80 cm。弃土不得妨碍施工，不得淤塞河道、影响泄洪，不得污染环境。弃土坡脚距坑顶缘的距离不应小于基坑的深度，且宜弃在下游指定位置。

基底应避免超挖，松动部位应清除。使用机械开挖时，应在设计高程以上保留一定厚度的土层人工开挖。基坑宜在枯水或少雨季节开挖。基坑开挖不宜间断，达到设计高程经检验合格后，应立即施工基础构造物，并对基坑及时分层回填、夯实。

2. 有支护基坑开挖

基坑垂直开挖比较经济但挖深受限，有时不能满足施工需要。基坑无支护放坡开挖虽无维护费用，但挖基工程数量增加：有时坑壁土质松软或含水率较大时，坡度不易保持；有时受场地限制，放坡开挖危及邻近原有建筑物的安全。这时就应采取措施对坑壁进行支护，如可采用挡板支撑护壁、喷射混凝土护壁和混凝土围圈护壁。

(1)挡板支撑护壁。

坑壁挡板支撑结构应经设计计算确定，一般可采用横、竖向挡板与钢(木)框架支撑方式护壁。基坑每层开挖深度应根据地质情况确定，不宜超过 15 m，并应边挖边支。竖向挡板支撑如图 2.4 所示，横向挡板支撑如图 2.5 所示。框架支撑形式与横、竖向挡板支撑相同，因坑壁距离较大，横撑部分改用不同形式的框架支护，中间留有桥台的施工空间，框架式支撑如图 2.6 所示。也可利用旧工字钢或短钢轨等型钢，打入土中代替立柱，边挖边镶入横木板，可用于不稳定的土质基坑，工字钢桩衬板支撑如图 2.7 所示。

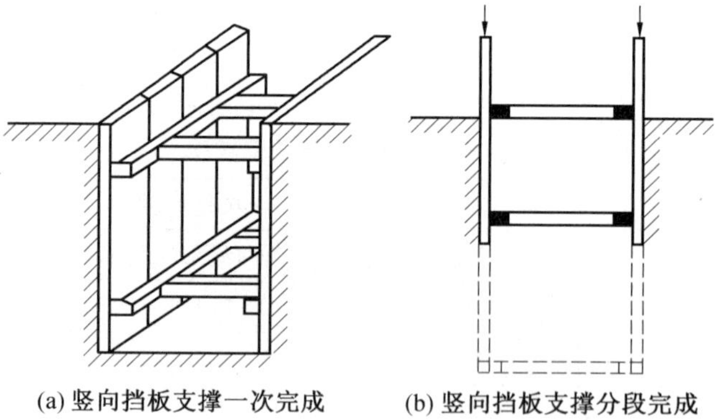

(a) 竖向挡板支撑一次完成　　(b) 竖向挡板支撑分段完成

图 2.4　竖向挡板支撑

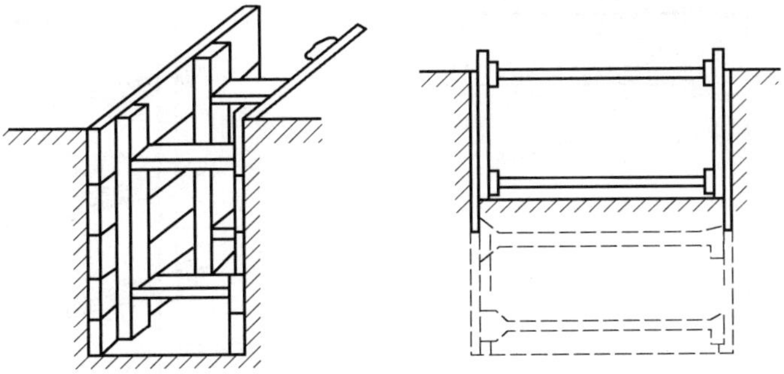

图 2.5　横向挡板支撑

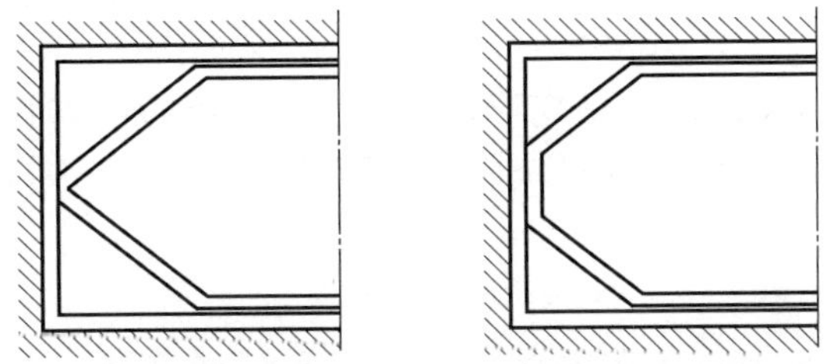

图 2.6　框架式支撑

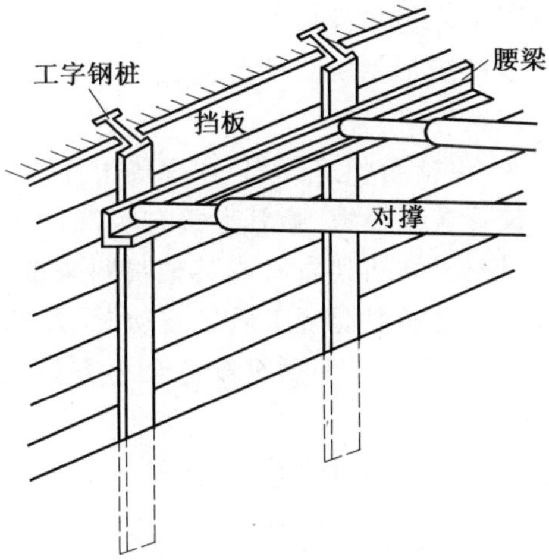

图 2.7　工字钢桩衬板支撑

如基坑过宽过深或由于支撑过多影响基坑出土时，可采用锚撑。锚撑可由拉杆和锚定桩或锚定板组成，称为拉杆锚定，如图 2.8 所示；也可在坑壁钻孔(如在土层中钻孔，当需增加抗拔力时，可将孔端扩大)，放进钢丝束或钢筋，再压注水泥砂浆而成锚杆拉撑，如图 2.9 所示。

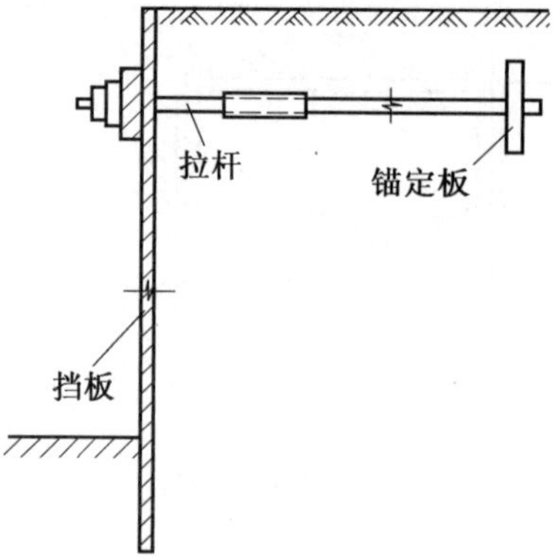

图 2.8　拉杆锚定

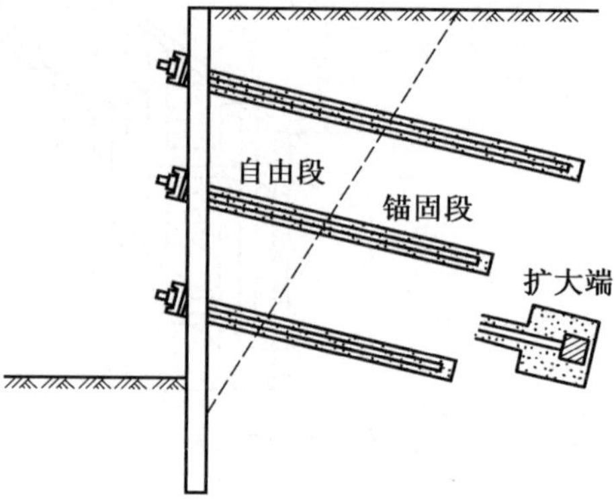

图 2.9　锚杆拉撑

对支撑结构应随时检查，发现变形及时加固或更换，更换时应先撑后拆。支撑拆除顺序应自下而上。待下层支撑拆除并回填土后再拆除上层支撑。若用吊斗出土，应有防护措施，避免吊斗碰撞支撑。

(2)喷射混凝土护壁。

喷射混凝土护壁的基本原理是以高压风为动力，将搅拌均匀的混凝土拌合料，由喷射机自喷枪喷射到坑壁，形成环形混凝土结构，以承受土压力。喷射混凝土不仅在石质地层的隧道坑道及其他地下工程中用作衬砌，而且已推广到松软土层的基坑坑壁支护。

喷射混凝土护壁适用于土质稳定性较好，渗水量小，基坑深度小于 10 m、直径为 6～12 m 的圆形基坑以及深度较浅的矩形基坑。喷射混凝土有干喷和湿喷两种。

①干喷。

先将混凝土(砂石、水泥，包括粉状速凝剂)在现场干拌均匀，然后装入干喷机，依靠气力(压缩空气)将干混料通过胶管送到喷管，喷管上接有水管，干混料与水在喷管内混合然后从喷嘴喷出，依靠喷射压力，混凝土黏结到岩石或其他材料表面，然后迅速凝结和硬化。优点是设备比较小，机动灵活；缺点是喷射混凝土质量波动大(人工控制加水量)，回弹率高(浪费大)，施工效率低，施工环境比较恶劣。干喷比较适合小方量工程。干喷混凝土护壁作业示意图如图 2.10 所示。

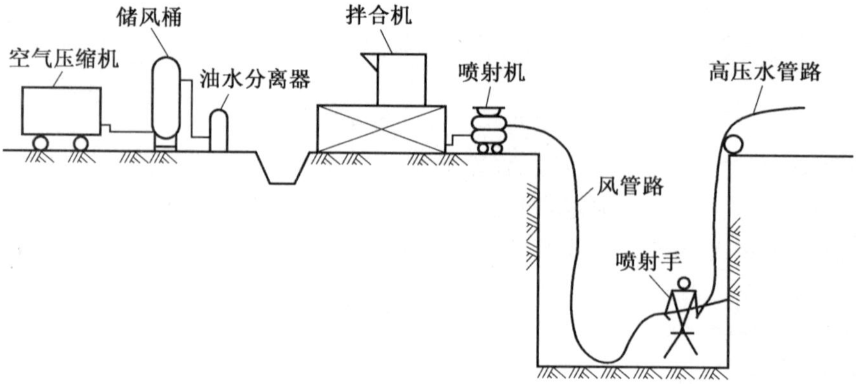

图 2.10　干喷混凝土护壁作业示意图

干混合料宜随拌随喷。不掺速凝剂时，存放时间不应大于 2 h；掺有速凝剂时，存放时间不应大于 20 min。

②湿喷。

混凝土预先在搅拌站配制生产，然后用混凝土罐车运送到施工现场，装入喷机，将湿拌混凝土通过胶管送到喷管，喷管上接有水管，可通入液体速凝剂，湿拌混凝土与速凝剂在喷管内混合，然后从喷嘴喷出。湿喷优点是喷射混凝土质量稳定，施工效率高，回弹率低；缺点是设备投资相对较大。湿喷比较适合大方量工程。注意，喷射混凝土应加入外加剂，其掺入量应通过试验确定。当使用速凝剂时，初凝时间不大于 5 min，终凝时间不大于 10 min。

③喷射厚度。

喷射混凝土层的厚度应根据土层稳定性、渗水量大小、基坑直径、基坑深度等因素来确定。

两点说明：

a. 若基坑较深，有几种土层时，可分层计算喷射厚度，按各层喷厚分别施工。

b. 开挖的坑壁表面是凹凸不平的，因此喷射厚度是指最小厚度，属于填平补齐的厚度不在此限。

喷射混凝土护壁的受力情况比较复杂，对于不大于 10 m 直径的圆形基坑，可参考表 2.2中的经验数据(表中未考虑基坑顶缘荷载对喷射厚度的影响)。

表 2.2 喷射混凝土厚度 cm

地质类别	基坑渗水情况	
	无渗水	少量渗水
砂类土	10～15	15
黏性土、粉土	5～8	8～10
碎石类土	3～5	5～8

④施工要点。

基坑开挖前，应在坑口就地灌注深 1 m、厚 0.4 m 的混凝土护筒。筒口应高出地面 0.1～0.2 m，以加固坑口，并防止地表水或杂物进入坑内。若地层稳定性好，可不做护筒，仅在距坑口 0.5～1.0 m 处用弃土堆成高约 0.3 m 的坑口防护圈，必要时在护圈外挖排水沟。坑口防护圈如图 2.11 所示。

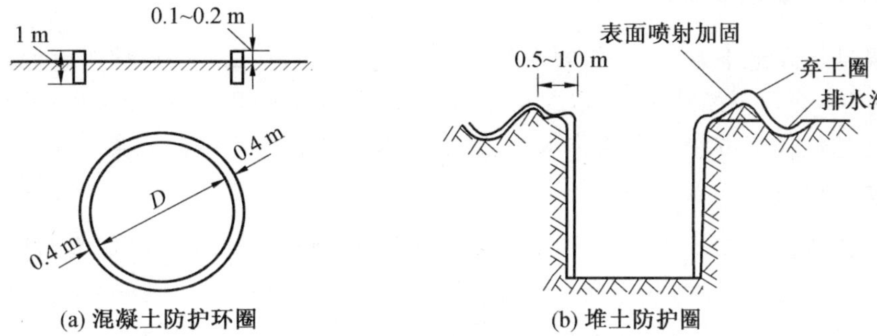

图 2.11 坑口防护圈

a. 根据地层稳定性，选择喷护的坑壁是垂直还是略有倾斜(1∶0.07～1∶0.10)。

b. 分段开挖，分段喷护。每段下挖的深度一般为0.5～1.0 m，视土质情况而定。

c. 对无水或少水的坑壁，可由下向上一环一环进行喷护；对渗水量较大的坑壁，喷护应由上向下进行，以防新喷混凝土被水冲掉；对有集中股水渗出的基坑，可从无水或少水处开始，逐步向水大处喷护，最后用排水管把水引至坑底排出。若仍不能解决问题，可向外扩挖0.4 m左右，并对扩挖部分用级配好的卵石回填，使大量渗水从干砌卵石缝流入坑底排出，以利于坑壁表面喷护。

d. 基坑开挖遇较大渗水量时，每层开挖厚度不大于0.5 m，随挖随喷，汇水坑应设于基坑中心；开挖进入含水层时，宜扩挖40 cm，以石料码砌扩挖部位，并在表面喷射一层5～8 cm厚的混凝土；对流砂、淤泥等夹层，宜采用锚杆挂网喷射混凝土加固。

e. 一次喷护达不到要求厚度时，可在第一次所喷的混凝土终凝后再喷第二次或第三次直到要求厚度。续喷前应将混凝土表面污渍、泥块清洗干净。

f. 喷射混凝土终凝2 h后，应进行保湿养护。

g. 喷护时应注意掌握喷射角度和喷射距离。

(3)混凝土围圈护壁。

喷射混凝土护壁要求有熟练的技术工人和专门设备，对混凝土用料的要求也较严，用于超过10 m的深基坑尚无成熟经验，因而有其局限性。混凝土围圈护壁则适应性较强，可以按一般混凝土施工，基坑深度可达15～20 m，除流砂及呈流塑状态黏土外，可适用于其他各类土的开挖防护。

采用混凝土围圈护壁时，基坑自上而下分层垂直开挖，开挖一层后随即灌注一层混凝土壁，每层坑壁无混凝土支护总长度不得大于周长的一半。施工时，为防止已灌注的围圈混凝土因失去支撑而下坠，顶层混凝土应一次整体灌注，以下各层均间隔、对称开挖和及时灌注，并将上下层混凝土纵向接缝相互错开。分层高度以垂直开挖面不坍塌为原则，顶层高度宜为2.0 m，以下每层高1.0～1.5 m。

混凝土围圈护壁是现场灌注的普通混凝土，壁厚较喷射混凝土大，一般为15～30 cm，也可按土压力作用下的环形结构计算。

目前也有采用混凝土预制块分层砌筑来代替就地灌注的混凝土围圈的方法，其好处是省去了现浇混凝土灌注和养护时间，使开挖与砌筑支护连续不间断进行，且围圈混凝土质量容易得到保证。

2.1.2 基坑排水

如果基坑在地下水位以下，则在基坑开挖过程中，地下水会不断地渗入基坑。因此，在施工过程中，必须不断地排水，以保持基坑干燥，便于基坑开挖，以及基础的砌筑和养护。目前常用的基坑排水方法有表面排水法、井点降水法和止水帷幕法三类。

1.表面排水法

表面排水法是在基坑整个开挖过程及基础砌筑和养护期间，在基坑四周开挖集水沟以汇集坑壁及基底的渗水，并引向一个或数个比集水沟挖得更深一些的集水坑。集水沟和集水坑应设在基础范围以外，在基坑每次下挖前，必须先挖集水沟和集水坑，集水坑的深度应大于抽水机吸水龙头的高度，在吸水龙头上套竹筐围护，以防土石堵塞龙头。

这种排水方法设备简单、费用低，一般土质条件下均可采用。但当地基土为饱和粉细砖土等黏聚力较小的细颗粒土层时，由于抽水会引起流砂现象，造成基坑的破坏和坍塌，因此当基坑为这类土时，应避免采用表面排水法。

2. 井点降水法

井点降水法是沿基坑周围设置若干井管，从连接井管的集水管中抽水，使地下水位降低到基底以下，如图2.12所示。

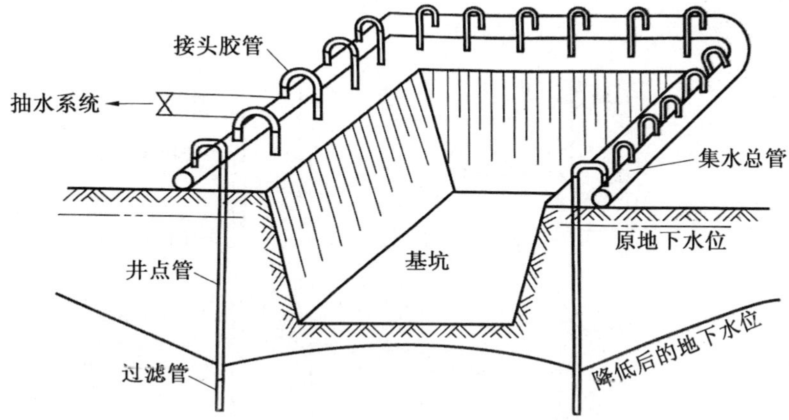

图2.12 轻型井点降水法示意图

井点降水法可使基坑无水，将坑壁边坡放陡。在有支护的基坑中，支护结构可按较小的土压力设计。由于地下水位降低，原状土失去浮力，自重加大，可对基底土进行预压，从而增加基底承载力，减少基础沉降量。但所使用的设备较多，施工较复杂，成本较高。井点分为轻型井点、喷射井点和管井井点。

轻型井点是在地面上安装真空泵或射流泵以产生负压，井管中的水由于压力差被提升至地面后排走；喷射井点是在井管底部安设喷射扬水器，使0.7～0.8 MPa(7～8 atm)的高压水通过喷射扬水器的细小喷嘴高速喷出，因在喷出后流速骤减，形成负压，将水吸出地面；管井井点则是通过钻井安装高压水泵抽水。轻型井点降水法可用于渗透系数大于0.1 m/d的土层中，而渗透系数大于1.5 m/d时效果最好。渗透系数小于80 m/d时可用轻型井点或喷射井点，大于80 m/d时需用管井井点。土的渗透系数可根据土的颗粒成分估计，必要时应钻井做抽水试验后确定，一般可参照表2.3进行估计。

表2.3 土的渗透系数

土的种类	渗透系数/($m \cdot d^{-1}$)	土的种类	渗透系数/($m \cdot d^{-1}$)
黏土	0.001	中砂	5.0～20
亚黏土	0.001～0.05	粗砂	20～50
轻亚黏土	0.05～0.5	砾石	100～125
粉砂	0.5～1.0	砂类卵石	20～60
细砂	1.0～5.0	裂隙发育的岩层	>60

轻型井点的吸程约为7 m，扣除水泵安装高度后，可将地下水位降低到地面下3～6 m

采用喷射井点,降低水位可达 18～20 m。采用管井井点,其降水深度等于深井水泵的扬程可达数十米或上百米。

井点装置可根据经验布置,一般轻型井点的井管间距常用 1.0～1.6 m,井管距基坑顶缘 0.5 m 左右,井管沿基坑周围(或在基坑两侧)布置。集水管用 125～150 mm 钢管,沿抽水方向设 0.25%～0.5%的上仰坡度。集水管与井管的连接用胶管,以免井管沉降时损坏管件。井管及其下端滤管用 ϕ40～50 mm 钢管,管长 1.5～2.0 m,其构造可按图 2.13 选用。滤管上滤孔的总面积为钢管表面积的 20%～25%。抽水设备则按集水管长度每 80～100 m 安装一套。

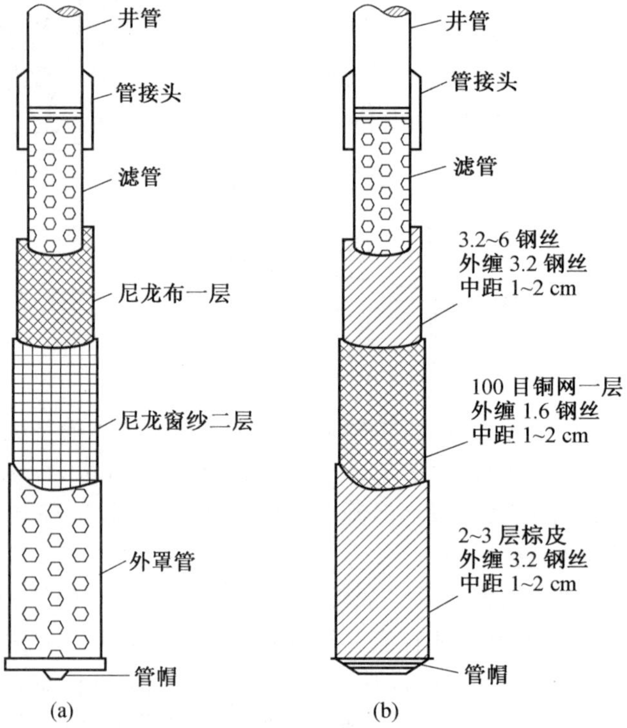

图 2.13　滤管的构造

井管用钻机成孔后插入,井孔要求垂直,孔深应超过滤管底 0.5 m 左右。插入井管时不能加压,更不允许将井管硬打入土内,以防滤管外包扎的过滤层破坏。井管插入后,四周应以粗砂填实,粗砂回填至距地面 0.5～1 m 处,再以黏土填塞严密,防止漏气。井管系统各部件均应安装严密,保证不透气,否则就会影响排水效果。为提高降水效率,集水管和水泵应尽可能装在较低标高处。采用真空泵抽水设备时,其布置如图 2.14 所示。

采用射流泵的抽水设备如图 2.15 所示,包括一台电动离心泵、一个喷射器和一个内有挡板的水箱。射流泵的抽水原理是由离心泵送来的水流从喷射器的喷嘴喷出时流速剧增,压力水头相应骤降,将喷嘴周围空气吸入激流中带走,形成高度真空,把井管中的地下水提升出地面。射流器的效率取决于喷嘴直径、喷嘴和扩散管的锥角、喷嘴直径与喉管直径的比值,以及喷嘴至喉管末端的距离与直径的比值等。通常,喉管直径为喷嘴直径的 2 倍左右,扩散管锥角以 8°为宜。图 2.16 所示的喷射器用于 90 根井管,总管长 180 m 时,降水深度约 7 m;用于 30 根井管,总管长 60 m 时,降水深度约 8 m。

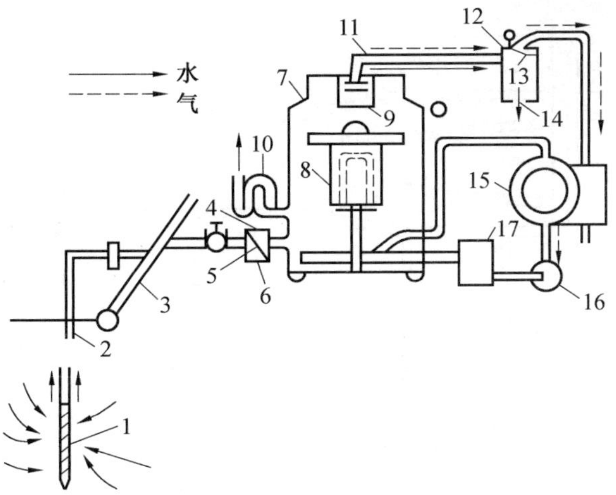

图 2.14 真空泵井点法的布置

1—滤管；2—井管；3—总管；4—过滤室；5—滤网；6—淘砂孔；7—集水箱；8—浮筒；9—进气管阀门；
10—离心水泵；11—进气管；12—分水器；13—挡水板；14—放水口；15—真空泵；
16 循环水泵；17—冷却水箱

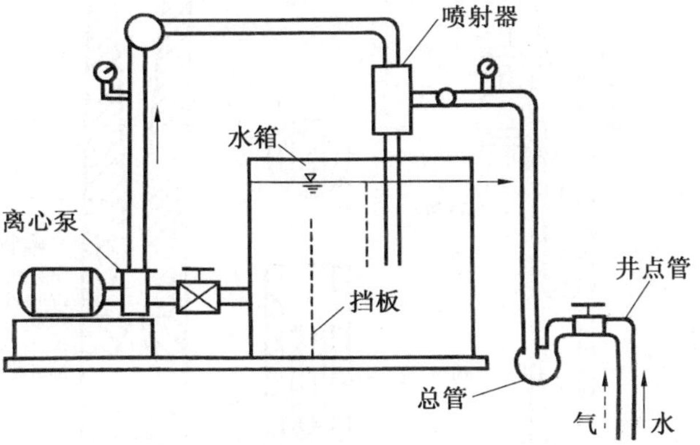

图 2.15 采用射流泵的抽水设备

射流泵抽水的关键在于喷流器的效率。喷流器的效率取决于其各部位的尺寸配合能否避免紊流。射流泵没有运动的工作元件，结构简单，工作可靠，无泄漏，也不需要专门人员看管，因此很适合在水下和危险的特殊场合使用。

喷射井点降水法可用于渗透系数为 0.1～2 m/d 的土层中，其构造如图 2.17 所示。井管的滤管以上部分有内外两层，内管下部连接喷射扬水器。高压水将 0.7～0.8 MPa(7～8 atm)的高压水从侧管送进外管，向下经由内管下部的进水管进入喷射扬水器，再向上由喷嘴喷出。喷出时流速剧增，压力水头相应骤降，将喷嘴口四周空气吸入激流带走，形成高度真空。管内外压力差使地下水吸入井管，和高速水流一起经喷嘴、混合室、喉管而进入扩散室，流速渐减，速度水头渐转为压力水头，将地下水提升到地面。喷射井点的原理与前述射流泵的原理基本相同，但由于喷射井点使用流速较大的高压水，压力水头较大，提水高度也相应加大。

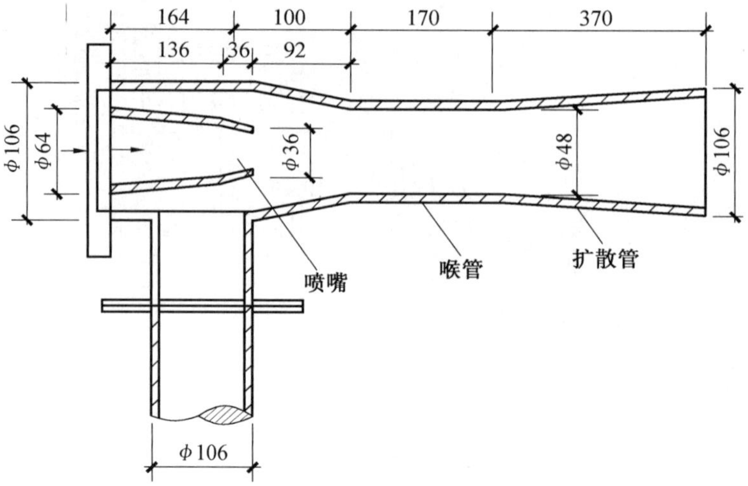

图 2.16　喷射器

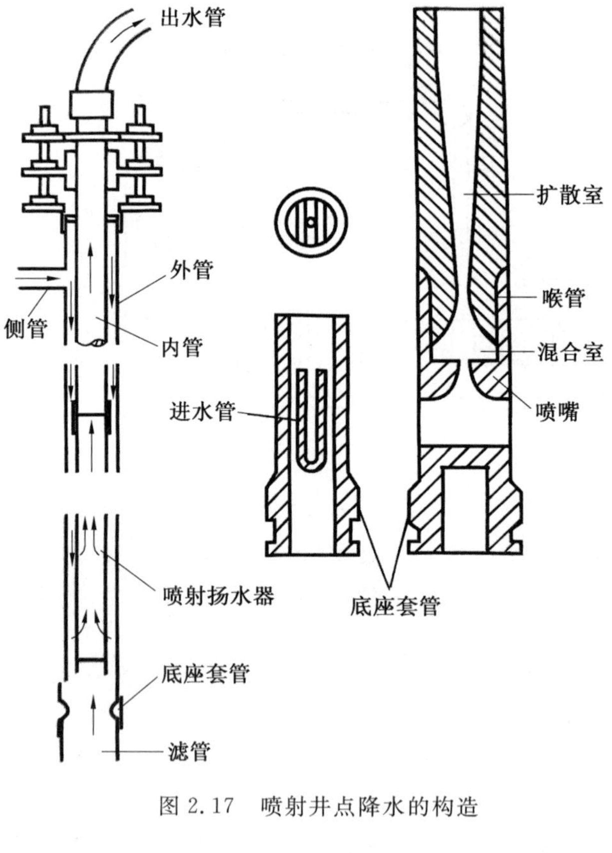

图 2.17　喷射井点降水的构造

3. 止水帷幕法

止水帷幕法是在基坑边线外设置隔水幕，用以加长地下水渗流路线，以阻止或限制地下水渗流到基坑中去，防止流砂、突涌、管涌潜蚀等地下水的作用。采用止水帷幕法施工时应进行具体设计并符合有关规定，止水帷幕的厚度应满足基坑防渗要求，渗透系数宜小于1.0×10^{-5} mm/s。

当地下含水层渗透性较强、厚度较大时，可采用止水帷幕与坑内井点降水相结合的方案或采用竖向止水帷幕与水平止水帷幕相结合的方案。其施工方法、工艺和机具的选择应根据场地工程地质、水文地质及施工条件等综合确定。

常用的止水帷幕有以下几种类型。

(1)钢板桩。

钢板桩作为止水帷幕的有效程度取决于板桩之间的企口锁合程度及钢板桩的长度。因其板缝间易漏水，故钢板桩止水帷幕只能阻挡较大水流。对水中小工程的施工，可在四周搭设钢板桩，进行水下挖土，然后水下浇筑混凝土以止水，而水下混凝土封闭必须能承受上升的压力。一般基坑工程还需结合降水或其他止水措施以增强止水效果。

(2)水泥搅拌桩。

水泥搅拌桩相互搭接形成止水帷幕是近年来常用的止水措施。水泥搅拌桩桩身渗流系数极小，可以达到较好的挡水效果。水泥搅拌桩间搭接处间断施工可能会造成搭接处结合不严而漏水，这可以通过合理组织施工或采取局部注浆措施来进行防治。

(3)地下连续墙。

地下连续墙墙身为钢筋混凝土，挡水效果很好，我国首次应用地下连续墙是作为水库截水防渗之用，但其造价昂贵，作为止水帷幕一般仅在超大型重要工程中采用。在基坑工程中，地下连续墙一般作为支护墙体，同时起到挡水的作用。当多用于挡水时，需注意其槽段间接头处的施工质量以防止漏水，必要时可采取局部注浆措施加强挡水效果。

(4)注浆止水帷幕。

注浆止水帷幕多采用高压旋喷法施工，它是沿基坑边采用压密注浆形成密闭止水帷幕，用以截阻地下水流或防止洪水对桥涵基础的冲刷。其有效程度取决于能否形成连续的帷幕，以及注浆浆体自身的均匀性，要求施工时严格控制其质量以防止内部形成水流通道。一般注浆措施常结合其他形式的止水帷幕以达到较好的止水效果。

(5)冻结法。

采用冻结法将基坑周围或基底土体一定范围内地下水冻结，一方面起加固土体同时作为支护的作用，另一方面达到止水以防范流砂的目的。但由于需要进行专门的施工设计和运转设施，造价昂贵，所以冻结法一般常用于大型基坑工程中，如润扬长江大桥南锚碇基础施工采用冻结帷幕法止水并配合井点降水等措施，取得了较好的效果。

2.1.3 基坑围堰

在桥梁工程中经常需要在河流、湖泊或海峡中修建墩台基础，为了解决水中施工的问题，就需设置临时性挡水结构物，把临时性挡水结构物内的水排干后，再开挖基坑修筑基础；如排水较困难，也可在临时性挡水结构物内进行水下挖土，挖至预定高程后先灌注水下封底混凝土，然后再抽干水继续修筑基础。这种临时性挡水结构物被称为围堰。在围堰内不但可以修筑浅置基础，也可以修筑深置基础。

围堰工程应符合下列规定。

(1)围堰顶面宜高出施工期间可能出现的最高水位0.5 m,以免涌浪淹没基坑。

(2)应考虑河流断面被围堰压缩后河水流速增大,从而引起水流对围堰及河床的冲刷,也应考虑围堰对通航和导流的影响。

(3)围堰应有良好的防水抗渗性,对于局部出现的渗水现象,要及时采取措施止漏,防止大量渗水而影响施工。

(4)堰内面积应满足基础施工的需要。一般要求基础边缘至围堰堰体内侧距离不小于1.0 m。

(5)围堰应满足强度、稳定性的要求。围堰结构应具有承受内外水位差所产生的水压力及堰内开挖基坑产生的土压力的作用,防止滑移和倾覆。

围堰的作用主要是防水挡土,使基础能在无水或静水环境中进行。围堰的结构形式和材料要根据水深、流速、地质情况及通航要求等条件确定。常用的围堰类型有土围堰和草(麻)围堰、钢板桩围堰、钢吊箱围堰、双壁钢围堰及锁口钢管桩围堰等。

1. 土围堰和草(麻)围堰

土围堰用在水深2 m以内,流速0.5 m/s以下,河床土层不透水或渗水较小的情况。土围堰惯用黏性土填筑,缺少黏土时也可用砂土。土围堰的截面一般为梯形,如图2.18(a)所示。

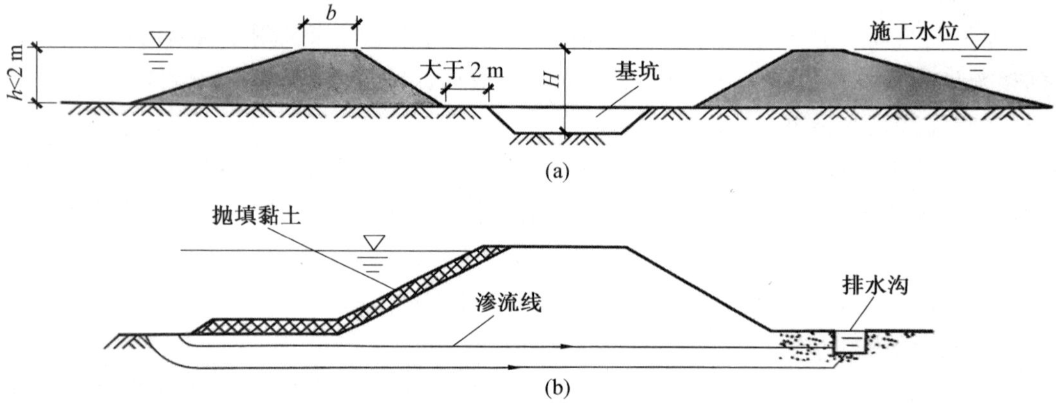

图2.18 土围堰

土围堰边坡坡度与土质的种类、水流速度、河床土层的透水性等有关。用黏性土修筑的土围堰,顶宽度 b 不应小于1.5 m,临水面的坡度可为1∶2;内坡可为1∶1。当用砂土作为围堰土料时,堰顶宽度不小于2 m,外坡的坡度可为1∶3～1∶5,内坡为1∶3。

围堰内抽水时应让内水位缓慢连续下降,使得河水中漂浮的细土粒渗过堰体时在外坡面形成一层黏土屏障以减少渗流量。抽水开挖基坑时,土围堰采用砂类土料,当河床土层为透水土时,可在土外侧抛填黏土覆盖以减少渗流,如图2.18(b)所示。

在填筑土围堰之前,应先清理河床上的块石、树枝等杂物,否则,可能造成局部渗漏而使堰堤穿孔。填筑围堰时,水面以下的部分通常不便于夯实。但应注意不得直接向水中倾土,而应将土倾倒在已筑出水面的岛堤上,让其顺土的天然坡下滑。

当流速较大时,为保证堰堤不被冲刷,可用草(麻)袋装土码砌堰堤边坡,这种围堰称为草(麻)围堰,如图 2.19 所示。这种围堰适用于水深不大于 3 m,流速小于 1.5 m/s 河床为渗水性较小的土。草(麻)围堰堰顶宽可为 1～2 m,外侧边坡坡度为 1.0∶0.5～1.0∶1.0,内侧坡度为 1.0∶0.2～1.0∶0.5。草袋内装填松散黏性土,一般装至草袋容量的 60%为宜。草袋应错缝码砌。

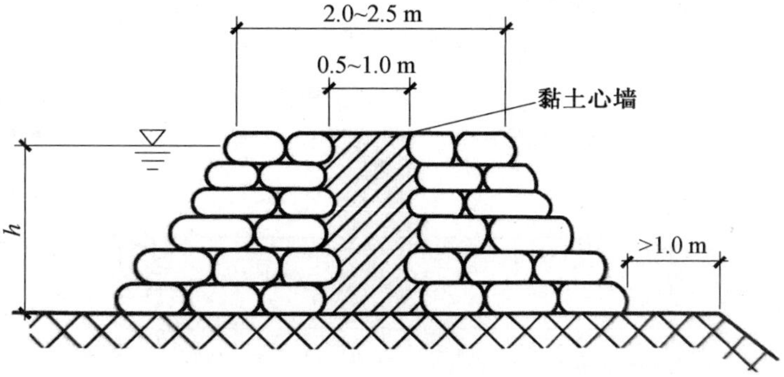

图 2.19　草(麻)围堰

土围堰的堤顶宽度较大,边坡又较平坦,所以堰堤的抗滑稳定性一般是能够得到保证的。特殊情况需要加以检算。

2. 钢板桩围堰

钢板桩自身强度大,防水性能好,打入时穿透能力强。因此,钢板桩围堰的适用范围相当广。从我国桥梁基础施工的实践来看,10～20 m 的围堰用钢板是适宜的。在特殊情况下,30 m 深的围堰也使用过钢板桩。钢板不但能穿过砾石层、卵石层,也能切入软岩层内。

(1)钢板桩的构造形式。

钢板桩是碾压成形的,截面形式多种多样。图 2.20 和给出了几种常用钢板桩的截面形式。我国常用的是拉森式槽型钢板桩(图 2.21),钢板桩的成品长度有几种规格,最大可达 31 m(HZ 组合钢板可以达到 33 m),还可根据需要接长。钢板桩之间的连接采用锁口形式,这种锁口既能加强连接,又能防止渗水,还可以做适当的转动,以适应弧形围堰的需要。矩形钢板桩围堰的转角处要使用一块特制角桩,如图 2.22 所示。

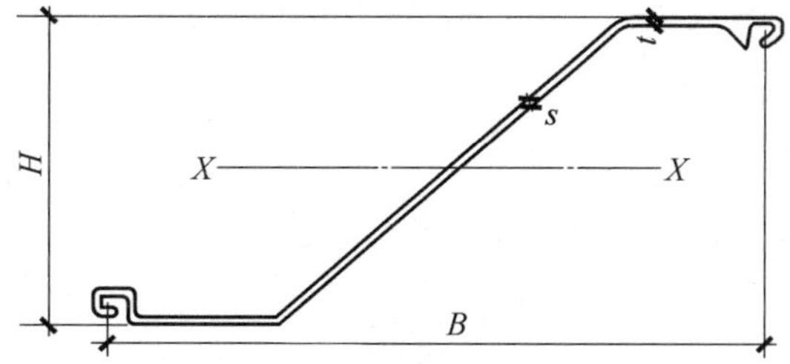

(a) Z 型钢板桩

B—公称宽度；*H*—公称高度；*t*—腹板厚度；*s*—翼缘厚度

图 2.20　钢板桩截面形式

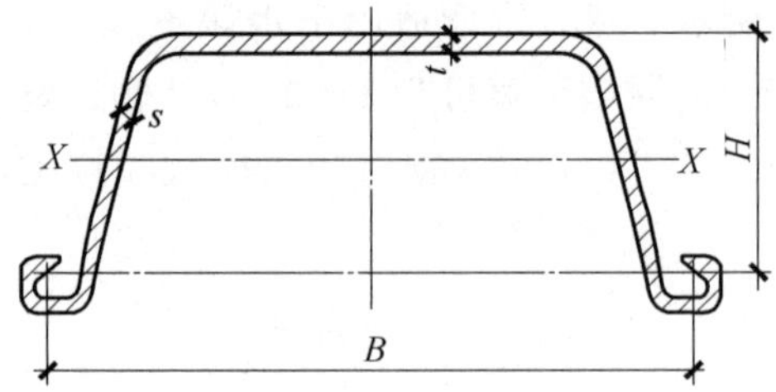

(b) U 型钢板桩

B—公称宽度； H—公称高度； t—腹板厚度； s—翼缘厚度

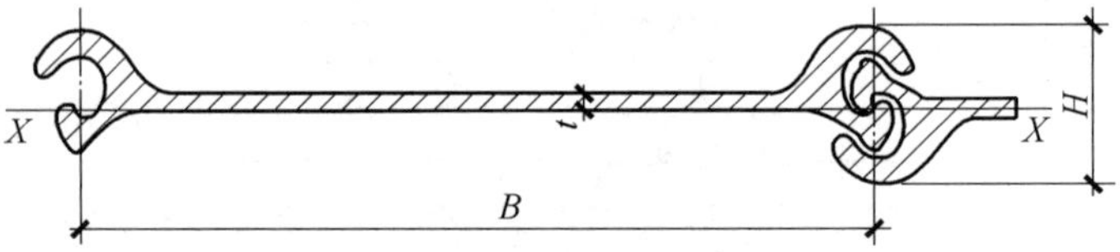

(c) 直线型钢板桩

B—公称宽度； t—腹板厚度； H—锁口总高度

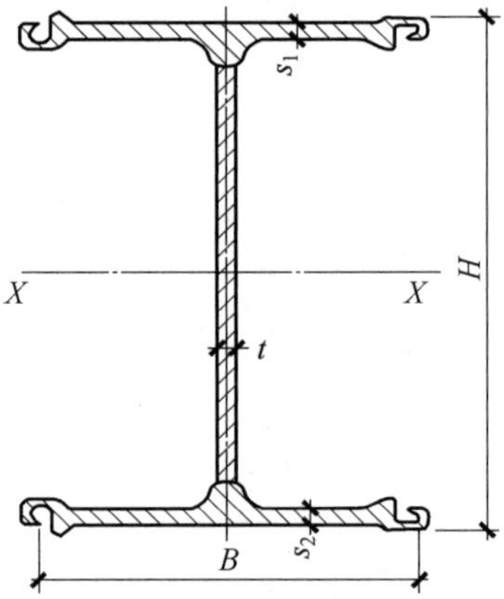

(d) H 型钢板桩

B—公称宽度； H—公称高度； t—腹板厚度； s_1—翼缘厚度； s_2—翼缘厚度

续图 2.20

图 2.21 拉森式槽型钢板桩

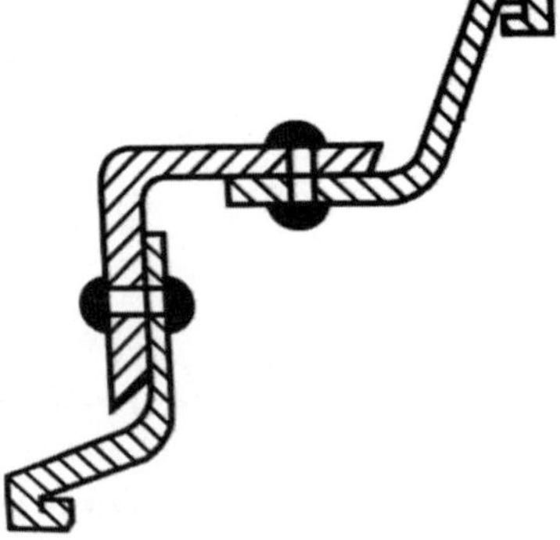

图 2.22 特制角桩

(2)钢板桩围堰的施工要点。

插打钢板桩的次序:对圆形围堰,应自上游开始,经两侧至下游合龙;对矩形围堰应从上游一角开始,至下游合龙。这样不仅可以使围堰内避免淤积泥沙,而且还可以利用水流冲走部分泥沙,以减少开挖工作量,更重要的是可以保证围堰施工的安全。例如,某特大桥的钢板桩围堰因为特殊条件限制,不得已在上游合龙,结果在临近合龙之前,已插好的整个右半圈的钢板桩墙在瞬息之间被急流冲倒,大多数钢板桩被撕裂和扭歪,造成重大事故。

钢板桩下插以前,应以黄油填充锁口。沿上游方向的钢板桩底端应以木楔封闭锁口,以防止泥沙堵塞锁口。

钢板桩围堰在合龙处往往形成上窄下宽的状态,这就使得最后一组钢板桩很难插下。常用的办法是将邻近一段钢板桩墙的上端向外推开,以使上下宽度接近;必要时,可根据实测宽度,做一块上窄下宽的异形钢板桩,合龙时,先将异形钢板插下,再插最后一块标准钢板桩。从围堰内排水时,若发现锁口漏水,可在堰外抛投煤灰拌锯末,效果显著。钢板桩是多次重复使用的设备,基础或墩身筑出水面后即可拔出钢板桩,拆除围堰。为了使拔出钢板桩的工作得以顺利进行,可将钢板桩与水下封底混凝土接触的部位涂以沥青。在拔出钢板桩前,向围堰内灌水,使堰内水面高出河水面 1～1.5 m,利用静水压力将钢板桩推开,使其与水下封底混凝土脱离;必要时,可用打桩锤击打待拔的钢板桩,再行拔出。钢板桩顶应制备圆孔,便于连接起吊卡环。

3. 钢吊箱围堰

(1)钢吊箱围堰构造。

吊箱主要由侧板、底板、内支撑、支吊系统等 4 部分组成,中侧板和底板是有底钢吊箱围堰的主要防水结构。为实现深水高桩承台的无水施工,钢吊箱围堰被越来越多地采用。其工作原理是在深水桩基础的基桩施工完成后,用起吊设备将内装有扁担梁且已拼装成整体的钢吊箱围堰悬挂在定位桩桩顶,然后浇筑水下混凝土封底,封底混凝土达到强度后抽水浇筑承台混凝土。钢吊箱的底板是封底混凝土的控制面和底模,侧板为封底混凝土和承台混凝土的侧模;同时,钢吊箱围堰的顶面也作为浇筑混凝土施工的工作面。

(2)平台式钢吊箱围堰施工方法。

图 2.23 所示为典型的施工步骤。

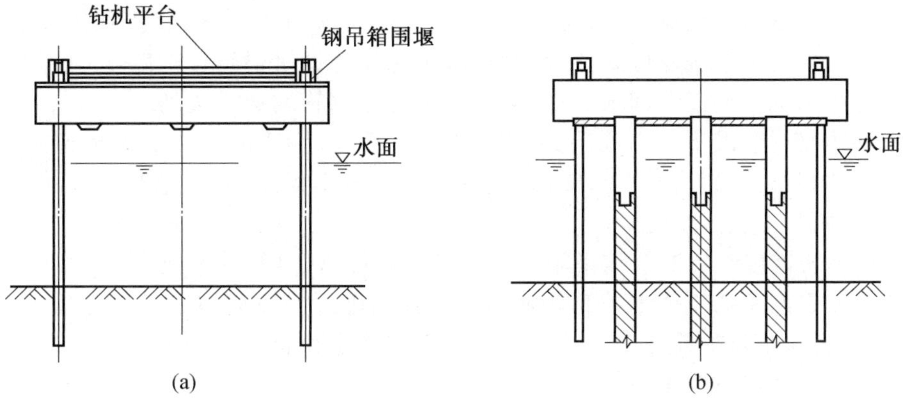

图 2.23　典型的平台式钢吊箱围堰的施工步骤

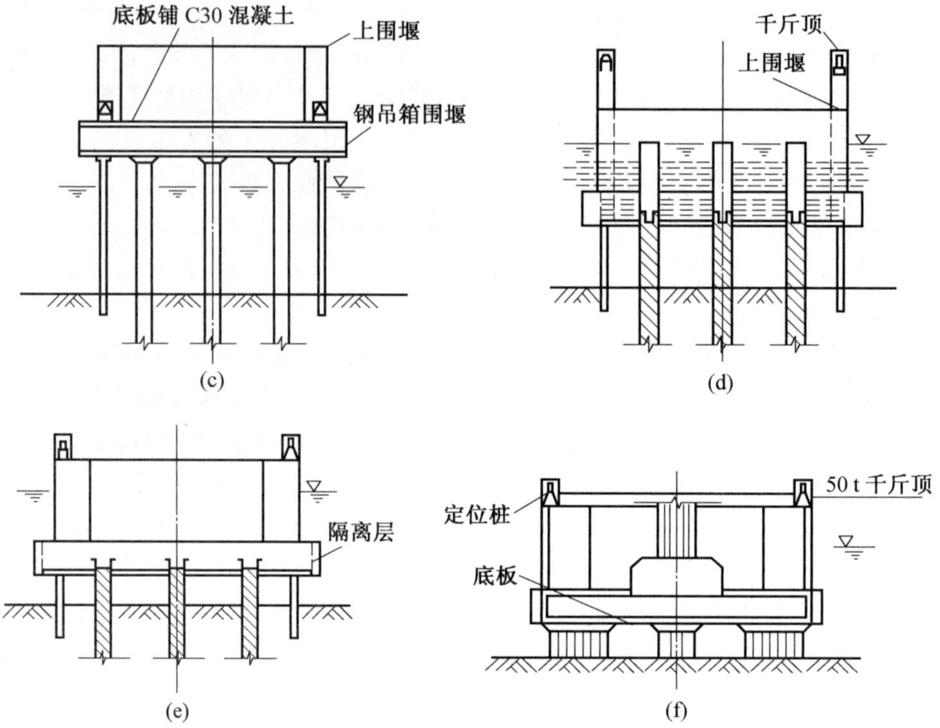

续图 2.23

具体内容如下：

a. 钢吊箱顶面整体安装井形平台及插打钢护筒的导向设备。

b. 平台上安装钻机完成钻孔桩施工。

c. 在钢吊箱上铺筑一层混凝土并绑扎承台钢筋，然后安装上围堰。

d. 起顶吊挂设备将钢吊箱围堰沉放至其设计标高，并在钢吊箱底板的喇叭口与钢护筒间用止水带和细石混凝土封堵，浇筑封底混凝土。

e. 抽干围堰内的积水，切割高出的钢护筒。

f. 完成桩基施工，浇筑承台及墩身混凝土。

(3)单壁钢吊箱围堰施工方法。

用单壁钢吊箱围堰修筑桩基础承台的施工工艺流程，如图 2.24 所示。

a. 加工钢吊箱。底板加工在江边船厂简易船台滑道上进行，底板加工完成后直接在上面拼装底层内支撑系统及底层侧板，侧板加工完成并试拼检验合格后，分块装船运至拼装现场。内支撑系统在加工车间加工，内梁及水平支撑钢管均购买成品。

b. 钢吊箱拼装及下沉。底层钢吊箱浮运至桥位，用浮吊吊装下沉到预定位置后，安装支吊系统并将钢吊箱悬挂其上，随后拼装中、上层内支撑及侧板，最后用浮吊下沉整体钢吊箱至设计高程。

c. 钢吊箱定位与堵漏。钢吊箱下沉至设计高程后，复核其平面位置，如不满足要求可将千斤顶安放在四角的 4 个钢护筒外壁与钢吊箱侧板之间以调整钢吊箱位置，待其满足要求后，在四角的 4 个钢护筒外壁与钢吊箱侧板之间用定位器焊接定位。然后由潜水员下水将底板堵漏封板紧固在钢护筒上。

d. 浇筑封底混凝土。封底混凝土的作用：一是作为平衡重；二是防止水渗漏；三是抵抗

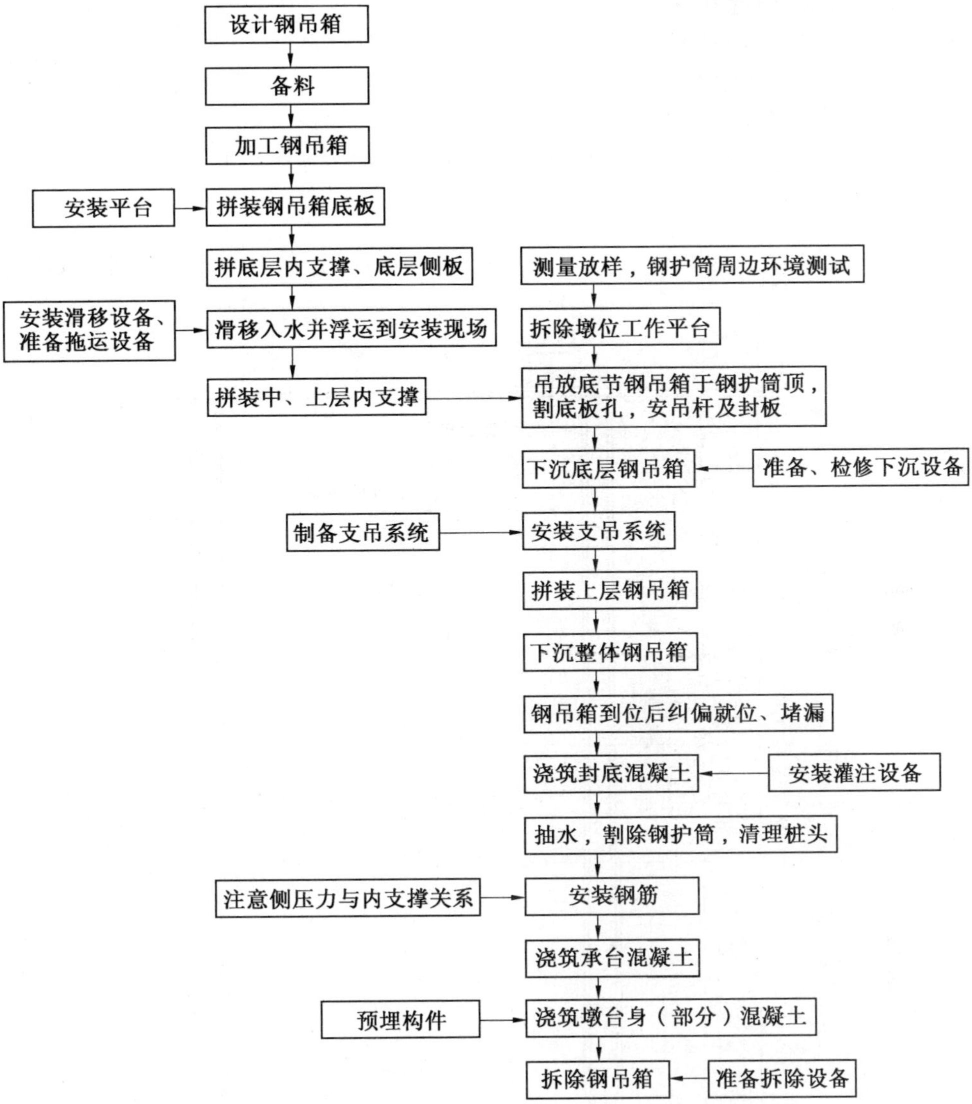

图 2.24　用单壁钢吊箱围堰修筑桩基础承台的施工工艺流程

水浮力在钢吊箱底部形成弯曲应力；四是作为承台混凝土的承重底模。因封底混凝土浇筑是钢吊箱围堰施工成败的关键之一，应针对水深、浇筑面积大等特点采取如下措施：使用泵送混凝土法多点快速浇筑，浇筑应从下游端开始依次移向上游端；为提高封底混凝土坍落度及强度级别，在坍落度控制在 18～20 cm 的前提下，另加粉煤灰和高效缓凝型减水剂，以提高混凝土的流动性和延长混凝土的初凝时间。

e. 浇筑承台混凝土。封底完成 5 d 后，抽出钢吊箱内积水，拆除吊杆梁，割除钢护筒，凿除高出桩头，拆除吊杆及底层水平内支撑钢管以下竖向支撑柱，清除封底混凝土的浮浆，最后按常规方法绑扎承台钢筋，预埋墩身钢筋及其他预埋件，浇筑承台混凝土。

4. 双壁钢围堰

(1)双壁钢围堰的构造。

钢围堰既是围水挡土的临时构造物，同时其顶部又是水中施工的平台。它具有良好的刚度和水密性能，因此在深水施工中得到了应用。通常钢围堰有单壁和双壁两种，与单壁钢围堰相比，双壁钢围堰具有更大的刚度和更大的作业空间，所以它更方便施工并能适应更大的水深。双壁钢围堰常为圆形，也有为适应基础形状而做成异形的，其堰壁钢壳由有加劲肋的内外壁板和多层水平桁架组成。堰壁底端设刃脚，以利切土下沉。在堰壁内腔，用隔舱板使其对称地分为若干个密封的隔舱，以便利用不平衡的灌水来控制其在下沉时的倾斜。图2.25所示为典型双壁钢围堰的构造。

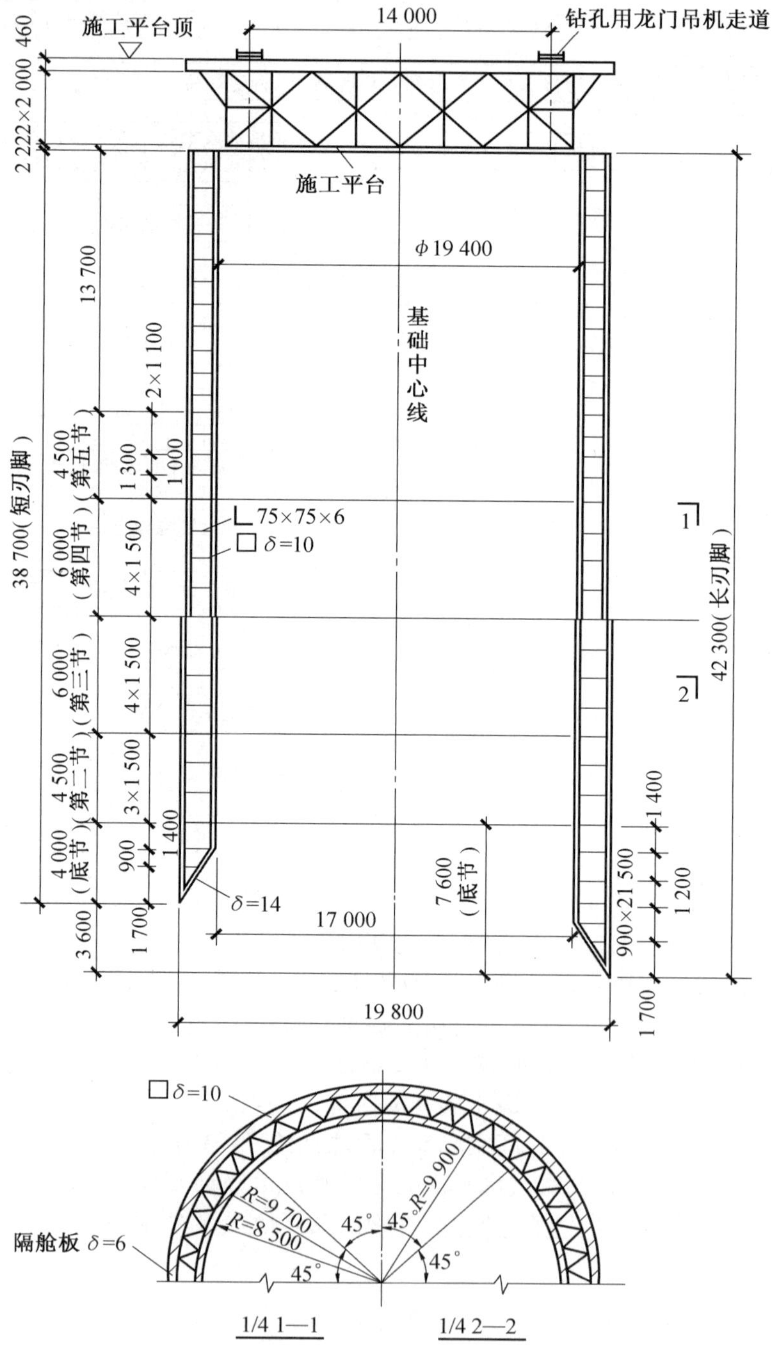

图 2.25　典型双壁钢围堰的构造

制造双壁钢围堰时立面分若干层，平面分若干块，其大小可根据制造设备、运输条件和安装起吊能力而定。当条件允许时，块件宜大，以减少工地焊接，提高质量，加快进度。

(2)双壁钢围堰施工。

主要工序为：岸边或拼装船上拼装→浮运→起吊下沉→钢壁接高并在壳内灌水或混凝土→下沉至基岩面→清基→安装施工平台及钻孔桩护筒→封底→钻孔灌注桩施工→抽水，浇筑承台(基础)及墩身→拆除上部钢壁→墩身继续浇筑至墩帽。

施工要点说明：

a. 钢壳在水中靠灌水压重下沉，而在覆盖层中靠填充混凝土压重和堰内抽水取土下沉。

b. 下沉到位的钢围堰，其钢壳的刃脚应全部稳妥地支立于基岩面上，以保证清基和顺利钻孔。

c. 钻孔护筒顶面应高出封底混凝土面 1.0～1.5 m，下端应接近基岩面，并连接成整体固定。当封底混凝土浇筑完后，由潜水员在水下拆除连接螺栓，将固定支架吊出水面。

d. 当墩身混凝土筑出水面后，就可拆除双壁钢围堰的上部，切割均在堰内进行，内壁在无水的情况下切割，外壁在灌水后的静水中切割。

5. 锁口钢管桩围堰

(1)锁口钢管桩围堰构造。

锁口钢管桩围堰是以带锁口的钢管桩代替钢板桩，通过导向框打入下沉到位。结构上可视作是将双壁钢围堰化整为零，由各根钢管桩穿过地下障碍物。所以，这种由钢管桩相互间通过锁口相连构成的基础施工防水围堰的特点是：钢管桩截面模数大，具有很好的抗弯能力，可大大简化围堰的内支撑体系，方便施工；同时，钢管的刚度和稳定性好，可采用强制下沉方式，因此它更适合在有地下障碍物的地方使用。也就是说，锁口钢管围堰综合了钢板桩围堰和双壁钢围堰的结构特点。图 2.26 所示为锁口钢管桩围堰的平面及其锁口构造。

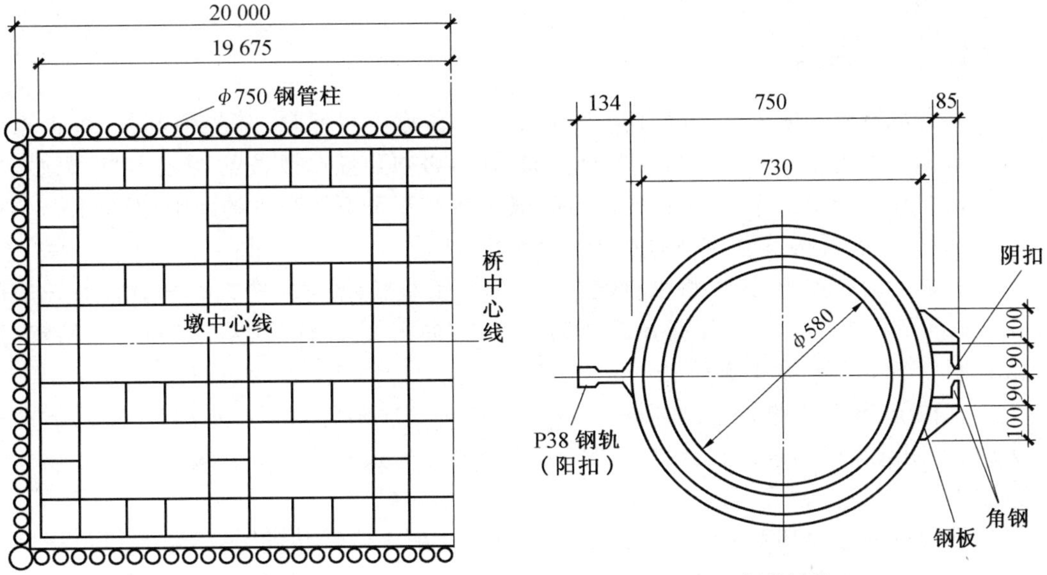

(a) 水平面　　(b) 钢管桩锁口

图 2.26　锁口钢管桩围堰的平面及其锁口构造

(2)锁口钢管桩围堰的施工过程。

a.锁口钢管桩的插打及围堰合龙沉桩方法有两种:振动打桩机振沉和滑车组加分配梁对称下压。钢管桩下沉前在钢管桩锁口内涂上黄油,用振动打桩机插打,下沉过程中辅以高压射水。钢管桩的下沉导向用导向框,为了控制锁口缝隙,在导向框上分别标出每根锁口的中心位置。钢管桩插打的工序是从围堰上游中部开始,顺次逐根向两侧插至角桩,再逐次从上游向下游插,最后在下游中部合龙。整个钢管桩围堰合龙并插打到位后,将导向平台拆除,在钢管桩上焊牛腿,拼装围堰内支撑,完成从单桩受力到整体围堰的内支撑体系的转换。

b.钢管桩内除土和围堰内除土的主要除土工具是吸泥机、抓土斗和高压射水设施等,钢管桩内可采用冲击或吸泥的方法除土;围堰内采用边吸泥边补水的方法除土。

c.锁口钢管桩围堰的止水与排水钢管桩的止水主要是依靠精密加工的锁口来实现的。可利用P38钢轨作为阳扣,型钢加钢板焊接作为阴扣,形成锁口连接。其止水堵漏措施包括在围堰外堆煤渣,同时在锁口内镶止水木条;围堰排水使用抽水机。

2.2 预制桩施工

预制桩是在工厂或施工现场制成的各种材料、各种形式的桩(如木桩、混凝土方桩、预应力混凝土管桩、钢桩等)。预制桩主要有混凝土预制桩和钢桩两大类。混凝土预制桩能承受较大的荷载,坚固耐久,施工速度快,是广泛应用的桩型之一,但其施工对周围环境影响较大,常用的有混凝土实心方桩和预应力混凝土空心管桩。钢桩主要是钢管桩和H型钢两种。

钢筋混凝土预制桩制作方便,价格便宜,长度和截面可在一定范围内根据需要选择,可在现场预制,制作质量容易保证,因而在工程上应用较广。下面以钢筋混凝土桩为例来简要介绍预制桩的成桩施工相关内容。

2.2.1 吊运

钢筋混凝土预制桩达到设计强度等级的70%后方可起吊,若提前起吊,应根据起吊时桩的实际强度进行强度和抗裂度验算。起吊时,必须合理选择吊点,防止在起吊过程中弯矩过大而损坏。当吊点少于或等于3个时,其位置按正负弯矩相等的原则计算确定;当吊点多于3个时,其位置按反力相等的原则计算确定。

插桩时为单点起吊,可将吊点设在$0.3L$(L为桩长)处,如图2.27(a)所示;一般的桩在吊运时,采用两吊点,吊点至每端距离为$0.21L$,如图2.27(b)所示;如采用三吊点时,吊点应在距两端$0.15L$及中点处。

打桩前,桩从制作处运到现场,并应根据打桩顺序随打随运。桩的运输方式,在运距不大时,可用起重机吊运;当运距较大时,可采用轻便轨道小平台车运输。严禁在场地上直接推拉桩体。

堆放桩的地面必须平整、坚实,垫木间距应与吊点位置相同,各层垫木应位于同一垂直线上,堆放层数不宜超过4层,如图2.27(c)所示。不同规格的桩,应分别堆放。

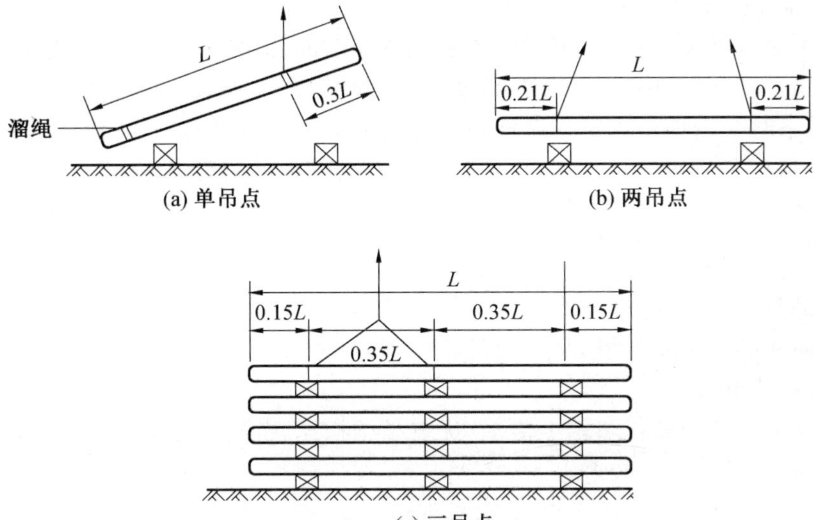

图 2.27 桩的堆放与吊装

2.2.2 预制桩施工设备

预制桩的沉桩设备，不管采用何种施工方法，其主要设备均包括桩锤和桩架两大部分。锤用来产生沉桩所需的能量，桩架实际上是一台打桩专用的起重和导向设备。

1. 桩锤

桩锤是锤击沉桩的主要设备，桩锤对桩施加冲击力，将桩打入土中。主要有落锤、单动汽锤、双动汽锤、柴油锤、液压锤等类型。

(1)落锤。

一般由生铁铸成，利用卷扬机提升，以脱钩装置或松开卷扬机刹车使其坠落到桩头上，逐渐将桩打入土中。落锤质量为 0.5～2 t，构造简单，使用方便，故障少。适用于普通黏性土和含砾石较多的土层中打桩。但打桩速度较慢，效率低。提高落锤的落距，可以增加冲击能，但落距太高又会击坏桩头，故落距一般以 1～2 m 为宜。由于效率较低，目前已很少使用。

(2)单动汽锤。

单动汽锤的冲击部分为汽缸，活塞是固定于桩顶上的，动力为蒸汽。其工作过程和原理是：将锤固定于桩顶上，用软管连接锅炉阀门，引蒸汽入汽缸活塞上部空间，因蒸汽压力推动而升起汽缸，当升到顶端位置时，停止供汽并排出气体，汽锤则借自重下落到桩顶上击桩。如此反复循环进行，逐渐把桩打入土中。单动汽锤的锤重为 3～15 t，具有落距小，冲击力大的优点，其打桩速度较自由落锤快，适用于打各种桩。

(3)双动汽锤。

双动汽锤的冲击部分为活塞，动力是蒸汽。汽缸是固定在桩顶上不动的，而汽锤是在汽缸内由蒸汽推动而上下运动。其工作过程和原理是：先将桩锤固定在桩顶上，然后将蒸汽由汽锤的汽缸调节阀进入活塞下部，由蒸汽的推动而升起活塞，当升到最上部时，调节阀在压差的作用下自动改变位置，蒸汽即改变方向而进入活塞上部，下部气体则同时排出。如此反复循环进行而逐渐把桩打入土中。

(4)柴油锤。

柴油锤是以柴油为燃料，利用柴油点燃爆炸时膨胀产生的压力，将锤抬起，然后自由落下冲击桩顶，同时汽缸中空气压缩，温度骤增，喷嘴喷油，柴油在汽缸内自行燃烧爆发，使汽缸上抛，落下时又击桩进入下一循环。如此反复循环进行，把桩打入土中。根据冲击部分的不同，柴油锤可分为导杆式、活塞式和管式三大类。导杆式柴油锤的冲击部分是沿导杆上下运动的汽缸。

2. 桩架

支持桩身和桩锤，将桩吊到打桩位置，并在打入过程中引导桩的方向，保证桩锤沿着所要求的方向冲击。常用的桩架形式有以下 3 种。

(1)滚筒式桩架。

行走靠两根钢滚筒在垫木上滚动，优点是结构比较简单，制作容易，但在平面转弯、调头方面不够灵活，操作人员较多。

(2)多功能桩架。

多功能桩架的机动性和适应性很大，在水平方向可做 360°旋转，导架可以伸缩和前后倾斜，底座下装有铁轮，底盘在轨道上行走。

(3)履带式桩架。

以履带起重机为底盘，并增加导杆和斜撑组成，用以打桩。移动方便，比多功能桩架更灵活。

2.2.3 打桩顺序

打桩时，由于桩对土体的挤密作用，先打入的桩被后打入的桩水平挤推而造成偏移和变位或被垂直挤拔造成浮桩；而后打入的桩难以达到设计高程或入土深度，造成土体隆起和挤压。所以，群桩施工时，为了保证质量和进度，防止周围建筑物破坏，打桩前应合理安排打桩顺序。

安排打桩顺序时要考虑两个问题：一是要尽量减少桩架移动距离；二是要考虑打桩时，土壤被挤紧和隆起，致使后续的桩不易打下去，特别是桩数多、间距小时，问题更加严重。因此，当基坑较小，土质密实时，应由中间向两端进行，如图 2.28(a)所示。当基坑较大，桩数较多时，应分段进行，如图 2.28(b)所示。当桩距大于 4 倍柱径时，打桩顺序可不考虑土壤挤紧的影响。

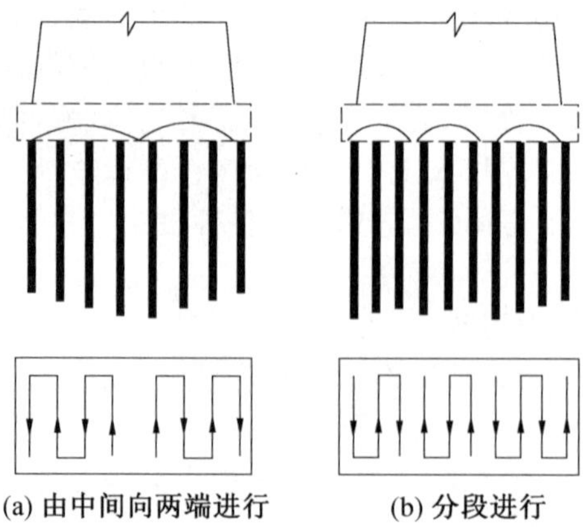

图 2.28　打桩顺序

2.2.4　沉桩施工

1. 锤击法施工

(1)锤击沉桩。

打桩机就位后，将桩锤和桩帽吊起，然后吊桩并送至导杆内，垂直对准桩位缓缓送下插入土中，垂直偏差不得超过 0.3%，然后固定桩帽和桩锤，使桩、桩帽、桩锤在同一铅垂线上，确保桩能垂直下沉、在桩锤和桩帽之间应加弹性衬垫，桩帽和桩顶周围四边应有 5～10 mm 的间隙，以防损伤桩顶。

打桩开始时，应先采用小的落距(0.5～0.8 m)做较轻的锤击，使桩正常沉入土中 1～2 m后，经检查桩尖不发生偏移，再逐渐增大落距至规定高度，继续锤击，直至把桩打到设计要求的深度，但最大落距不宜大于 1.0 m。用柴油锤时，应使锤跳动正常。在打桩过程中，遇有贯入度剧变、桩身突然发生倾斜、移位或有严重回弹、桩顶或桩身出现严重裂缝或破碎等异常情况时，应暂停打桩，及时研究处理。在打桩过程中应有专人负责填写打桩记录。

(2)接桩。

当上部荷载较大时，桩的长度往往很长，有些桩长超过 60 m，然而沉桩机械对桩长是有限制的，下沉长桩的最好办法就是将长桩分节制作，逐节沉入，因而存在一个桩节之间的连接问题，但接头总数不宜超过 3 个。

目前国内普通钢筋混凝土预制方桩的连接方法有 3 种：焊接法、螺栓连接法和浆锚法。现多采用焊接法。

焊接法中有角钢绑焊接头，如图 2.29(a)所示；钢板对焊接头，如图 2.29(b)所示。螺栓连接法采用法兰盘接头，如图 2.29(c)所示。浆锚法中常用硫黄胶泥锚固接头，如图 2.31(d)所示。

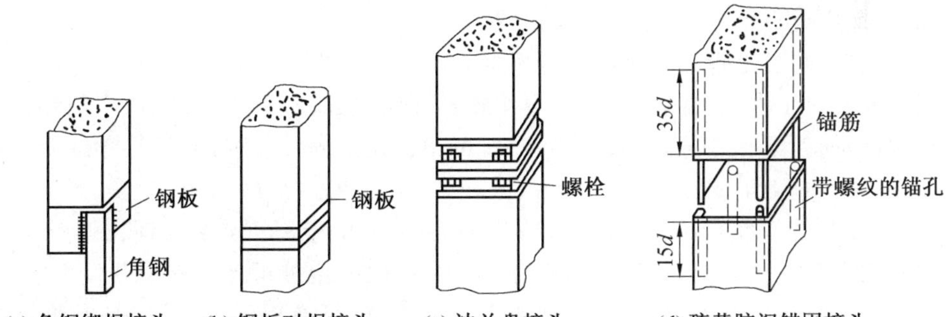

图 2.29　普通钢筋混凝土预制桩接头

2. 静压法施工

静压法施工是通过静力压桩机的压桩机构以压桩机自重和桩架上的配重作为反力，将预制桩压入土中的一种沉桩工艺。

静压预制钢筋混凝土方桩的施工程序为：压桩机就位→桩身对中调直→压桩→接桩→再压桩(送桩)→终止压桩→切割桩头。

2.2.5 打桩施工的质量控制与事故处理

1. 打桩施工的质量控制

(1)在打桩过程中,桩不被打坏。

(2)打到设计高程的基桩,在承台板底面位置的偏差不超过容许值,规范规定:边排桩的容许偏移量为 $0.5d$(d 为径或短边尺寸),但仍应保持桩身至座板边缘的最小净距(当 $d<1$ m时,净距 $>0.5d$ 且 >25 cm;当 $d>1$ m 时,净距 $\geqslant 0.3d$ 且 $\geqslant 50$ cm)。中排桩的容许偏移量为 d;斜桩倾斜度的偏差不得大于倾斜角(桩纵轴线与竖直线间的夹角)正切值的 15%。

(3)打到设计高程的基桩的承载力必须满足设计要求。柱桩是以基桩置于设计规定的坚硬层上为准;摩擦桩除了穿过软弱下卧层、滑动弧度或因冲刷控制须按桩尖高程控制外,均按土的阻力确定桩的容许承载力。

2. 打桩施工常见的事故与处理办法

打桩施工常见的事故与处理办法如下。

(1)桩打不下去。可能是遇到孤石、坚硬土层或桩锤的冲击力不足等原因造成的。如果周围大多数桩都能通过某一深度,而只有少数桩在该深度受阻,则很可能是遇到孤石,此时若不能将孤石打碎,只有将桩拔出换位重打。如果附近大多数的桩都在同一深度受阻,说明遇到了坚硬土层;如桩打入缓慢,达不到设计深度,说明桩锤的冲击力不够。遇到这两种情况,应改目重锤或配合射水沉桩。

(2)偏桩及歪桩。偏桩及歪桩是指桩偏离设计位置或与桩的设计轴线斜交,这种情况多数由于桩尖制作不良,插桩不正,开始阶段锤击过猛或被土中障碍物挤压。当桩入土不深,可用拉或顶的方法矫正(钢筋混凝土桩禁用此法);如果桩入土较深,不易矫正或桩位偏移量超过规定时,应拔出重打,拔不出来,就补桩。

(3)裂桩。裂桩是指由于桩的质量不好,原来就有裂纹,或在打桩中桩身偏斜造成偏心锤击而劈裂。对于木桩,劈裂不大时,可用铁丝或铁箍加固,严重劈裂者,则须锯掉或拔出换桩重打;对钢筋混凝土管桩,如破裂不严重,可用铁箍加固,继续打到设计深度后在桩内安放钢筋笼,灌注混凝土加固。

(4)断桩。由于桩自身质量不好,或遇障碍而锤击过猛以及偏心锤击等都可能把桩打断。如桩发生在地面以上,可把损坏部分(如木桩)锯掉接桩再打。断桩若发生在土中(其征兆是桩在较长时间内打不进去,又突然产生大量下沉,且有偏斜,很可能是断桩),应根据具体情况,在附近补桩。

2.3 现场灌注桩施工

钻(挖)孔灌注桩是指采用不同的钻(挖)孔方法,在地层中按要求形成一定形状(截面)的井孔,达到设计标高后,将钢筋笼吊入井孔中,再灌注混凝土(有地下水时灌注水下混凝土),形成桩基础的一种施工工艺。

2.3.1　挖孔桩施工

1. 施工方法及程序

(1)特点及适用范围。

挖孔灌注桩(简称挖孔桩)基础是用人工挖竖井的方法挖出孔,放入钢筋笼,灌注混凝土而成桩,如图 2.30 所示,然后在桩顶上灌注承台混凝土形成桩基础。

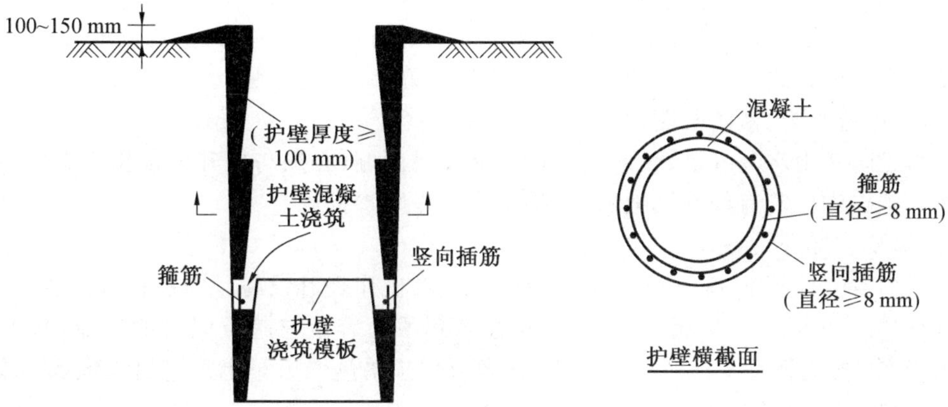

图 2.30　人工挖孔桩的开挖示意图

挖孔桩的优越性在于施工简易,不受地形与机具设备的限制,能快速施工。与钻孔桩比较,桩径大,孔形可方可圆,较容易处理桩的基底,桩尖不存在软垫层问题,质量容易保证;与沉井比较,可节省大量圬工,无须考虑遇到孤石或基底岩层倾斜所带来的困难和对施工进度的影响;与明挖基础比较,能省去大量土石方数量,特别是在地面横坡大,因傍山开挖而引起的边坡坍塌危及基坑,从而使明挖基础无法进行时,如采用挖孔桩就可能避免或减少这些问题。

在挖孔过程中,可以较清楚地了解地质变化情况,验证设计、调整桩长,使设计更切合实际。如果地基土强度不够,还可以将桩尖扩大,以提高桩的承载力。

挖孔桩可以设计为排架式或板凳式。在同一台位上,如基岩高差悬殊,可设计成局部支撑桩基础(亦称半边桩基础),以解决基础的吊角、缺边等难题。因挖孔桩桩径粗,刚度大,承载力也大,相应的弹性变形很小,不必担心产生不均匀沉陷。

挖孔桩也有它的缺点和局限性,如地下水丰富或水位高的地层,流砂层很厚及淤泥质黏土地层等,不宜采用挖孔桩。另外,施工范围的面积小,孔内作业条件差,挖孔过深时,其井下通风以及防护安全等问题都较为突出,故 21 世纪之后,其应用已显著减少。但在某些情况如桩截面非圆形(边坡及滑坡工程中的抗滑桩多为矩形)、截面尺寸很大、施工机械无法施展时,人工挖孔的方法就成为合理的选择。

(2)主要施工程序。

开挖桩孔→设置孔口护壁→视地质情况随挖孔进度设置桩孔护壁→孔内出渣、排水、通风→孔底清理→设置钢筋笼→灌注桩身混凝土。

2. 施工准备

施工准备如下。

(1)施工测量。

根据桥位测量定出的墩台十字线,放出桩位,用15 cm×15 cm方木,按设计桩孔断面尺寸做成框架,固定在孔台上,框架四周高出地面10～15 cm,以防土石掉入孔内。埋设框架时须定出桩孔四边中心(圆孔则为十字线),用水平仪抄平,作为施工中校核的依据,因此框架必须稳固牢靠。若地层松软,为防止孔口坍塌,可使用混凝土护壁,护壁高约2 m。

(2)平整场地。

开挖前桩基周围(尤其是上坡方向)的危石、浮土及一切不安全因素必须清除,平整场地要因地制宜,既不宜大量开挖土石方,又不影响邻近的墩台施工,在陡坡地带的下坡方向可采用搭平台的方式来扩大场地。桩孔四周应做好临时防护栏杆。

(3)挖排水沟、搭防雨棚。

为了防止雨水浸入桩孔,应在孔口上搭设防雨棚(必须与提升设备相适应),并于孔口四周挖好排水沟。若有经常性地面水,排水沟应作防渗铺砌。

(4)安装提升设备。

根据需要和可能,采用人力绞车或电动卷扬机作提升设备。安装提升设备时,首先要考虑到进料出渣方便灵活,拆装容易,还应注意到吊斗容量与起重能力的适应,起重安全系数应大于3。挂钩及吊头活门既要牢固,又要有保护措施。人员上下应另设绳梯与安全绳。

(5)布置出渣道路。

弃土地点应离孔口10 m以外,因此在井口卸渣处应接以架子车道或平车轨道,并要求这些道路能兼用于安装钢筋笼与混凝土灌注。

3. 桩孔开挖

(1)开挖顺序。

挖孔的顺序,视土质及桩孔布置形式而定。地质松软,在同一台范围内有四个桩孔时先挖对角两孔,灌注混凝土后,再开挖另外两孔;如桩孔为五孔,应先挖中间一孔,其余四孔同上按对角线方法开挖;五孔以上,应采用跳跃式间隔开挖,以免相邻两孔的间隔太薄,支撑力不足而造成坍孔。当土质紧密,不易坍孔时,同一台位的全部桩孔可同时开挖。

(2)挖孔桩施工要点。

挖孔桩的构造除桩径稍大外与钻孔桩基本相同,但施工方法简单,只需用很少的机械设备,以人力开挖为主。桩有圆形、方形和矩形几种,适用于无水或少水的较密实的各类土层中。桩的直径(或边长)不宜小于1.25 m,孔深不宜超过20 m,并可将桩尖扩大,以提高桩的承载力。一般情况下是在无水或抽水条件下灌注桩身混凝土,质量容易保证。

挖孔桩分无护壁和有护壁开挖两种。无护壁开挖只在孔内无水,深度不超过10 m的密实地层中采用。其他多采用有护壁开挖,支护形式应视土质、渗水情况而定。若土质密实,开挖后短期不会坍孔,可不设支撑或间隔设置支撑或采用喷射混凝土支护。土质不好,则应采取框架支撑或混凝土预制圈支撑。一般情况下采用排架支撑,沿桩深每1.0～1.5 m设一横向排架,排架后设挡土板;或用壁厚10～20 cm的混凝土护壁,每掘进1.2～1.5 m时,立模灌注混凝土一次。

挖孔桩施工必须在保证安全的前提下,不间断地进行。在软土地层,同一台内不宜两相邻孔同时开挖。如情况较好,以对角两孔或间隔开挖为宜。若孔较深应经常检查孔内二氧化碳浓度,并加强通风。开挖时允许孔壁稍有不平,以提高桩侧的摩擦力。桩的截面尺寸须满足设计要求，桩孔中线误差不得大于孔深的0.5%，挖孔中遇有大漂石或基岩时，可进行孔内爆破，但严禁裸露药包，必须严格掌握眼深和药量，以防因爆破引起孔壁坍塌。对于软岩石，炮眼深不超过0.8 m；对于硬岩层，炮眼深不超过0.5 m。炮眼数目和位置及斜插方向，应按岩层情况确定，中间一组集中掏心，四周主要挖边，以松动为主，放炮后应及时通风排烟。

孔壁不必修成光面，以增加桩壁摩擦力。孔底必须平整，无松渣、污泥、沉淀等软层，嵌入岩层深度应符合设计要求。

(3)排水。

孔口四周的排水沟除截住地表水外，还能及时远引孔内抽出的地下水，防止因孔口积水渗透加大孔壁侧压力而坍孔。孔内渗水量不大时，可用桶提升排出，若水量较大采用机械抽水，孔深小于抽水机吸程时，抽水机设在孔口外，孔深大于抽水机吸程时，需用小型抽水机吊入孔内抽水。在同一墩台有几孔桩同时开挖时，宜对渗水量大的桩孔超前开挖，集中抽水降低其他桩孔的水位，使其在无水或少水的情况下施工，排水用的桩孔可待其他桩孔施工完毕后再行处理。

(4)人员配备和进度。

挖孔时应组织三班制不间断作业，每班作业人数视孔径大小而定。孔内挖装2～4人，起吊出渣2～4人，其他木工、电工等则随班配备，不限定在一个桩孔工作。挖掘进度与孔径大小、地质情况、吊装设备等息息相关。桩截面尺寸在1.2 m×1.2 m以内，人力挖装一般土质的平均进度每班0.5～1.2 m，日进度1.5～3.6 m。

(5)注意事项。

①建立和健全制度。

a.建立交接班制。必须交清施工中存在的问题，提出下班应注意事项。b.建立呼应制度。井孔上下随时呼应，以防下面发生意外。c.制订放炮制度。严格遵守爆破操作规程，孔深超过10 m时，应增设通风设备，并经常检查孔内二氧化碳浓度，如超过0.3%，要采取有效措施，否则不能施工。放炮通风排烟后，工人下孔前，必须检查孔内有害气体浓度，防止中毒(使用小动物如小狗、兔子等放至孔底，数分钟后，取出观察活动是否正常)。

②安全设施。

上班前、施工人员需要检查上下桩孔的吊拦、钢筋梯、软梯以及其他吊装设备等是否牢靠。孔口和孔内设安全盖板，孔下施工人员必须戴安全帽，孔口附近严禁堆放料具，以防掉落伤人。起吊弃渣或吊运支撑时，孔下人员应躲在盖板下面。

③孔内照明。

孔内照明应用36 V以下的低电压，在潮湿和渗水地区，使用防水灯头与保护灯罩。另外，挖孔时必须采取孔壁支护，可采用就地灌注混凝土(不应低于C15)或便于拆钢、木支撑。支护应高出地面，以防止地面水流入孔内。支护结构需经过检算。

4.灌注桩身混凝土

(1)桩孔检查。

开挖桩孔达到设计高程后，要进行终孔检查，除设计有特殊要求外与明挖基础相同。

(2)安放钢筋笼。

钢筋笼一般都是分节制作，分节长度按孔口提升设备的高度及起吊能力确定，每节5～

8 m 为宜。骨架应牢固，主筋应平直，箍筋应圆顺，尺寸应准确。主筋与箍筋连接处应焊牢，钢筋头不得伸入钢筋内缘净空，以免妨碍串筒升降。拼接钢筋笼时，上下节轴线应吻合成整体后，缓缓下放，经检查无误，并固定位置为止。

(3)灌注桩身混凝土。

在干燥无水或有少量渗水时，可用一般灌注方法施工。入模混凝土应使用串筒导管，避免分散落下发生离析，影响桩身强度。如孔内有部分残存的支撑，应随着灌注过程不断地由下至上清除干净。若桩孔地层渗水量大，可在孔内灌水高出地下水位，采用水中混凝土灌注法施工。

2.3.2 钻孔桩施工

1.施工方法及程序

(1)钻孔桩基础的特点及适用范围。

钻孔桩基础施工作业简单，陆地、水中均可施工。对于处理复杂地层中的基础，有显著的优势。与明挖基础比较，钻孔桩工作量小，能节省劳动力，对渗水量大的基坑，可避免大量的抽水工作，变水下作业为水上作业，改善劳动条件；与打入桩比较，桩径较大，桩周摩擦力大，因而承载力也大，可以穿过漂石、卵石、砾石等地层，并嵌固到基岩内，不需要模板，用料较省；与沉井比较，圬工量小，遇有大孤石和倾斜岩层时也容易处理，工期短，成本低。

(2)钻孔机具的选择。

钻孔桩施工时常用的钻机有冲击式钻机、旋转式钻机、冲抓式钻机等。

①冲击式钻机对地层的适应性强，在岩层、坡积岩堆、漂砾、卵石等地层中钻孔效率较高，在粉质黏土、粉土地层中钻孔效率较低。

②旋转式钻机适用于粉质黏土、粉土及风化砂页岩和卵石含量小于 20%、粒径小于 5 cm 的土夹石地层。

③冲抓式钻机适用于粉质黏土、粉土及砂类土、卵(砾)石地层。

根据地层及施工单位既有机具设备等情况，考虑选择钻孔机具的类型。

(3)主要施工程序。

旋转式钻机的施工程序如图 2.31 所示。

冲击式钻机钻进时的施工程序可参照旋转式钻机的施工程序，拌制泥浆工序可省略，但钻进和抽渣应间隔进行。

2.钻孔机械简介

(1)钻机。

①旋转式钻机。

旋转式钻机按其钻头的旋转动力分为人力推动式、内燃机式和电动机驱动式。前者设备简单、速度慢、劳动强度大，目前多用机动的旋转式钻机。这种钻机按泥浆循环方式不同分为正循环和反循环两种。

a.正循环旋转式钻机。

将泥浆池的泥浆经由普通胶管吸入泵内，开动泥浆泵以 1 200～4 000 kPa 的压力通过高压胶管、空心钻杆，随钻头旋转，从钻头下部两侧喷出，冲刷孔底。高压泥浆起破坏孔底土

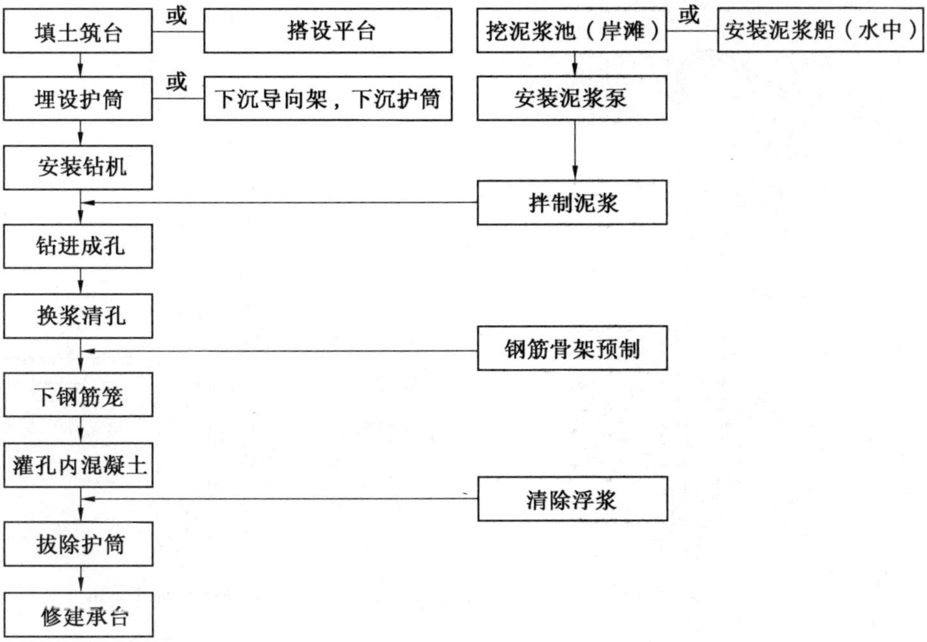

图 2.31　旋转式钻机的施工程序

层，保护孔壁及悬浮钻渣的作用。钻渣与泥浆混合在一起沿钻孔上升，从护筒口排出，流入沉淀池，钻渣沉积下来较纯净的泥浆流回泥浆池，再由泥浆泵压入钻孔内，如此形成一个工作循环，如图 2.32(a)所示。和这种方式相似的，不在钻杆内腔运行泥浆的机械旋转钻，它的钻杆外侧设有一根胶皮管或钢管输送泥浆，辅助排渣。因不要求钻杆接头严密不漏浆，故钻杆的加工制作较为简易。

b. 反循环旋转式钻机。

利用真空泵抽去循环系统管道的空气，使其产生负压，夹带钻渣的泥浆经钻头、空心钻杆胶管等进入泥浆泵，再由泥浆闸阀排出，流入沉淀池，沉淀后较纯净的泥浆又流回泥浆池。因为泥浆的循环路线与正循环恰好相反，故称为反循环。这种钻机的优点是排渣快，并能吸出粒径较大的钻渣，可用于粗砂、砾砂和砂夹卵石地层中钻孔，如图 2.32(b)所示。

在钻机的类型中，正循环旋转钻孔使用的钻机有磨盘钻机、XJ－100 型钻机、SPJ－00 型钻机；反循环旋转钻孔使用的钻机有 2－3 型桥用钻机、爬杆式旋转钻机等。

②潜水钻机。

该钻机为配有排渣的潜水电钻，其结构简单，功耗和噪声小，是一种较有发展前途的钻机，如图 2.32(c)所示。

③冲抓式钻机。

冲抓式钻机按操作方法可分单绳冲抓和双绳冲抓两种，一般均使用简易钻架操纵，如图 2.32(d)所示。

④冲击式钻机。

冲击式钻机在铁路桥梁钻孔桩基础施工中广泛采用，如图 2.32(e)所示。常用的冲击式钻机有 CZ－30 型、CZ－22 型、CZ－20 型及简易钻机等，其主要性能见表 2.4。

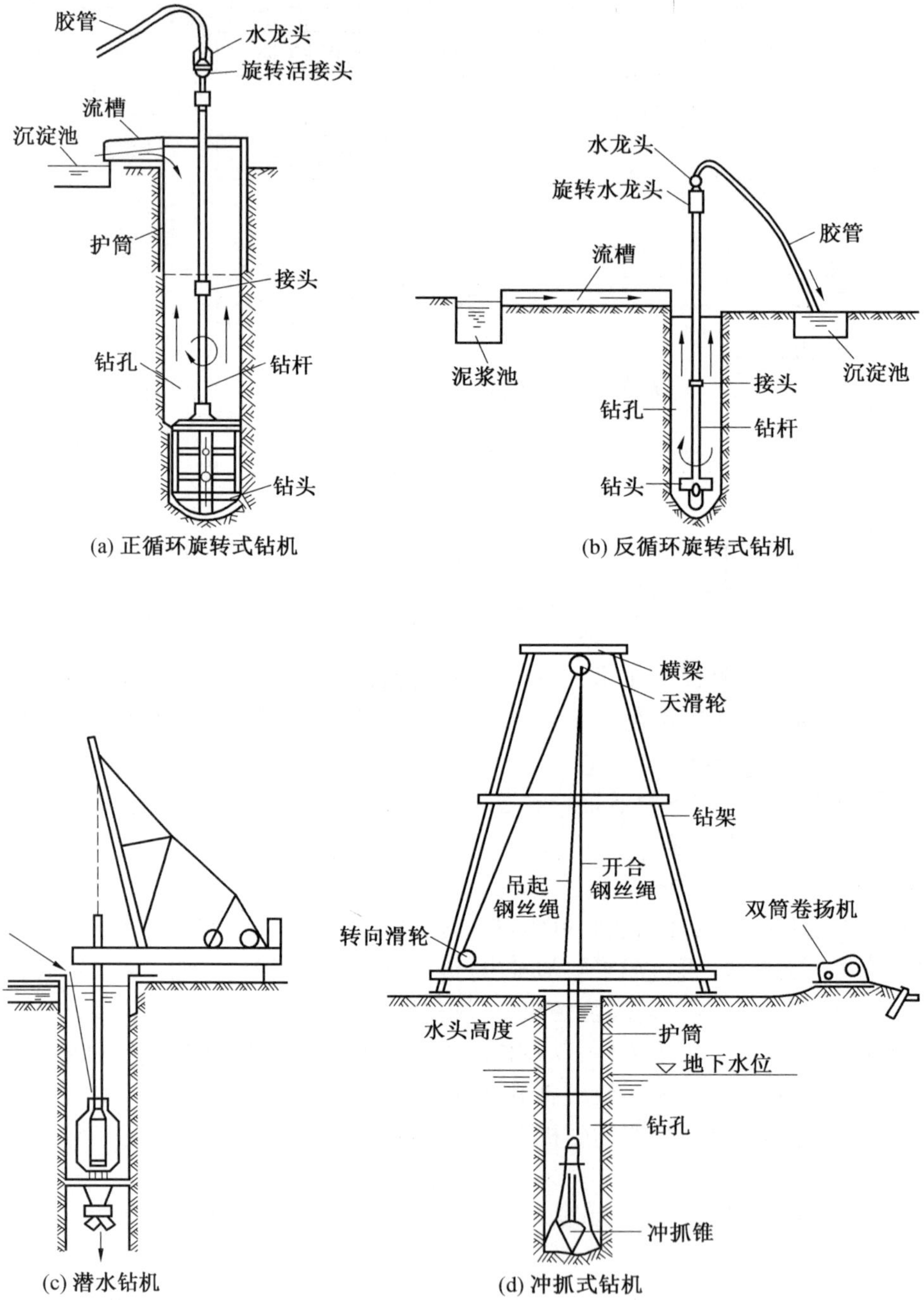
胶管
水龙头
旋转活接头
流槽
沉淀池
护筒
接头
钻孔
钻杆
钻头
(a) 正循环旋转式钻机
水龙头
旋转水龙头
胶管
流槽
泥浆池
沉淀池
接头
钻孔
钻杆
钻头
(b) 反循环旋转式钻机
(c) 潜水钻机
横梁
天滑轮
钻架
吊起
钢丝绳
开合
钢丝绳
双筒卷扬机
转向滑轮
水头高度
护筒
地下水位
钻孔
冲抓锥
(d) 冲抓式钻机

图 2.32　钻孔机械

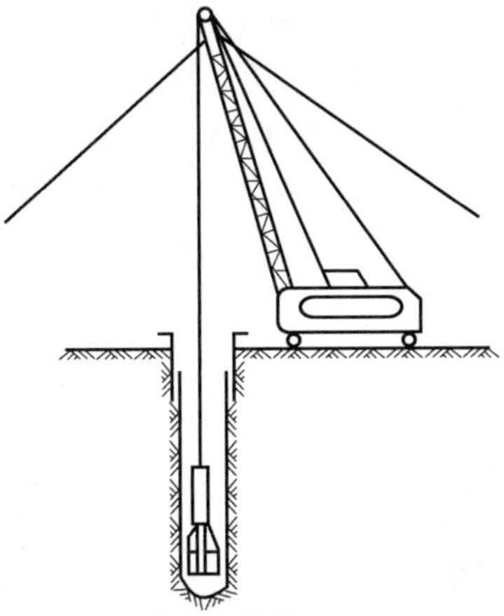

(e) 冲击式钻机

续图 2.32

表 2.4　常用冲击式钻机主要性能

型号	提升能力/t	钻头最大质量/t	冲击行程/m	冲击次数/(次·min^{-1})	钻机质量/t	行走设备
CZ—30	3.0	2.5	0.50～1.0	40～50	13.0	大胶轮
CZ—22	2.0	2.5	0.35～1.0	40～50	7.0	大胶轮
CZ—20	1.5	1.0	0.45～1.0	40～50	6.3	大胶轮
简易钻机	3.0～10.0	2.5～8.0	可以调整	约 9	依据卷扬机大小而定	无

(2)钻头。

①冲击钻头。

冲击钻头由锥身、刃脚和转向装置三部分组成。锥身提供冲锥所必需的质量和冲击动能，并起导向作用。刃脚位于冲锥底部，是直接冲击破碎地层的部件。转向装置位于锥顶，和起吊钢丝绳(也称大绳)联结使冲锥灵活转动。

目前施工中常用的有十字形钻头、人字形钻头、工字形钻头及管式钻头。现仅对十字形钻头(如图 2.33 所示)做详细介绍。

钻头自重按钻机确定，钻刃直径 D 以设计孔径的大小为标准，钻头高度为 1.5～2.5 m，其高度必须与质量和直径相适应，用以保证冲钻时的稳定和导向作用。

钻头的造型好坏，对钻速影响很大，一个好钻头，应具备下列条件：

a. 钻头质量应等于或稍小于钻机允许最大吊重，使单位长度钻刃上的冲击压力增大，有利于提高钻速。

b. 有高强耐磨的钻刃。钻刃直接与土层接触并将其破碎，以达到钻进的目的。由于刃口容易磨损，特别是遇到坚硬地层时更易磨钝卷口，因此，

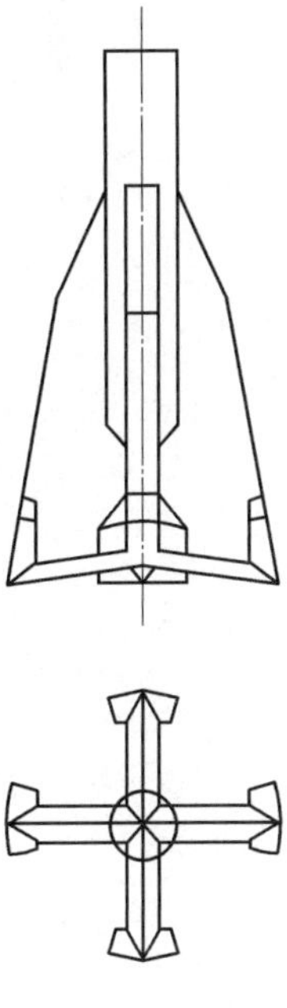

图 2.33　十字形钻头

钻刃必须采用优质钢材加固，用工具钢、弹簧钢和高锰焊条，补焊钻刃，以提高其耐磨程度。

c. 用无钻杆接头的整体短钻杆，以免接头松脱掉钻，而且重心低，稳定性好，易于检查。

d. 要想得到圆形规则的桩孔，需要钻头每冲击一次，转动一个角度，为此应在锥顶设置一个转向装置。常用的转向装置有合金套、转向套、转向环、绳帽套等，如图 2.34 所示。

e. 钻头截面变化要平缓，使冲击应力不集中，不易开裂折断。

f. 钻头上应焊有便于打捞的装置。

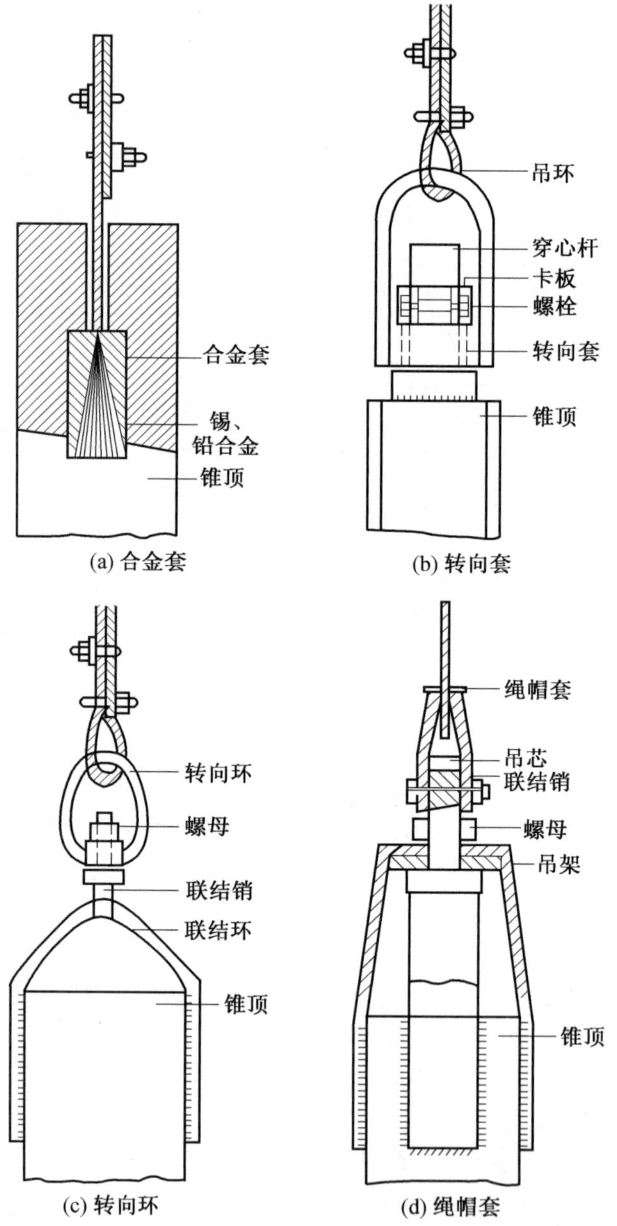

图 2.34 转向装置

②冲抓成孔的钻头(冲抓锥)。

冲抓成孔的钻头具有冲击动能，并由锥瓣直接抓取土石钻进成孔。它的冲击作用在于使锥瓣切入土石，而不以击碎土石为主要目的。这种成孔方法使用泥浆的目的是护壁而不是浮渣。按操纵锥瓣开合方法的不同，冲抓锥分为双绳和单绳两种形式。按冲抓锥构造分为三瓣、四瓣和六瓣三种，图 2.35 所示为六瓣双索冲抓锥。

③旋转钻孔的钻头。

旋转钻孔所用的钻头形式有很多种，现仅介绍一种鱼尾钻头的形式。

鱼尾钻头(如图 2.36 所示)用 50 mm 钢板制作。钢板中部切割成宽度同圆钻杆接头相等而长度为 30 cm 的豁口。把钻杆接头嵌进豁口并焊联在一起。为增加钻头的刚度，在钢板两侧各焊 3～4 片加劲肋，另在钢板两侧钻杆接头的下口各焊一段 90 mm×90 mm 角钢，形成方向相反的两个出浆口。鱼尾的两道侧棱应镶焊合金钢，提高其耐磨性能。鱼尾钻头适用于黏土，粉砂土，中、细、粗砂。在砂卵石或风化岩中比其他形式钻头有较高的钻进效果。但是其导向性能差，常出现梯级倾斜。

(3)抽渣筒。

掏取孔内钻渣的工具称为抽渣筒(也称掏渣筒)，可用 3～10 mm 厚钢板卷成直径为钻孔直径 40%～60%的圆筒，高为 1.5～2.0 m。抽渣筒上面用直径 30 mm 左右的圆钢做成吊环，下面装有活门，如图 2.37 所示。

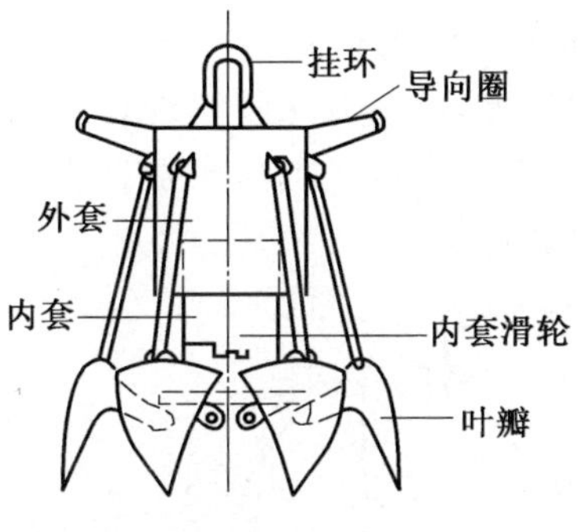

图 2.35　六瓣双索冲抓锥

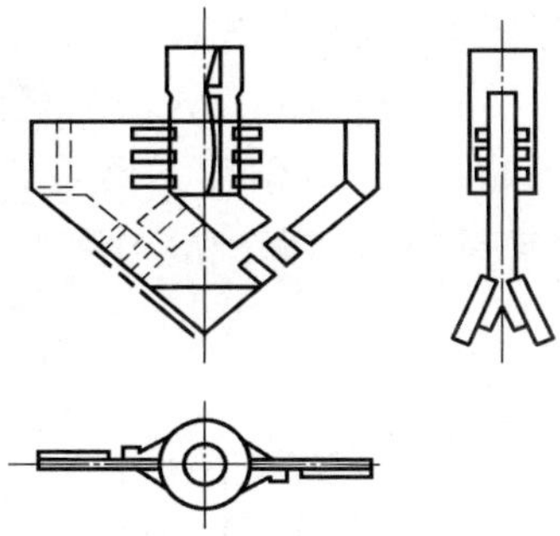
图 2.36　鱼尾钻头

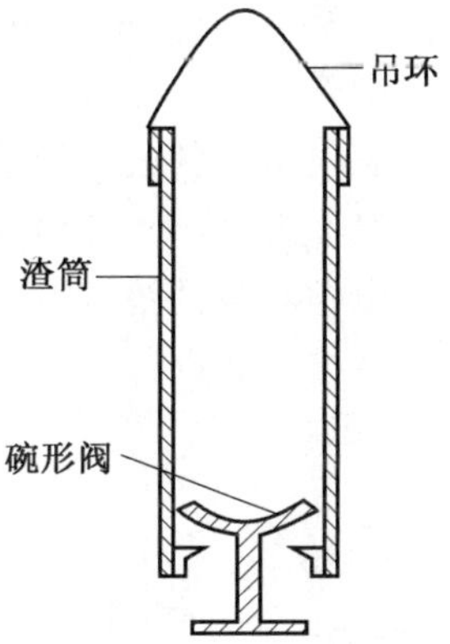

图 2.37　抽渣筒

3. 施工准备

施工准备如下。

(1)埋设护筒。

护筒的作用是固定桩位、钻头导向、隔断地面水、保护孔口防止坍塌、提高孔内水位增加对孔壁的静水压力以防坍孔。钻孔前应按要求制作并埋设护筒。护筒要求坚固且有一定的刚度，接缝严密不漏水。

护筒一般用钢板或钢筋混凝土制成。钢护筒常用 4～8 mm 钢板制作，既易拼装接长，又可多次重复使用，采用较多；钢筋混凝土护筒一般用于深水，节长一般 2～3 m，壁厚 8～10 cm。壁厚和配筋应根据吊装、下沉加压等计算确定，通常与桩身混凝土浇筑在一起，不拔出，位于桩身范围以上的部分，可以取出再用。

护筒的内径应比钻头直径稍大，用旋转钻成孔时，应比钻头直径大 20 cm；用冲击或冲抓钻成孔时，应比钻头直径大 40 cm。护筒的长度要根据桩位处地质和水位情况确定。对于易坍塌的地层，护筒顶要高出施工水位或地下水位 2.0 m 以上；对不易坍塌的地层，护筒顶也应高出施工水位 1.0～1.5 m;在无水地层钻孔时,护筒顶宜高出施工地面 0.5 m。护筒底部在岸滩上埋深,黏性土、粉土不小于 1.0 m,砂性土不小于 2.0 m。当地表层为淤泥等松软土层时,应将护筒底设置在较密实的土层中至少 0.5 m;在河滩或水中筑岛埋设护筒,其底部应埋置在地下水位或河床面以下 1.0 m。

护筒埋设应坚固,防止在钻孔过程中发生孔口变形、坍塌、护筒底土层穿孔使筒底悬空,造成坍孔、向外漏水及泥浆等事故。当地下水位在地面以下 1.0 m 时,可用挖孔埋设法,如图 2.38(a)所示。在砂土、粉砂和砂砾等松散土层埋设护筒时,挖坑至少比护筒底深 50 cm,直径比护筒大 40～50 cm 的圆坑,然后在坑底回填 50 cm 厚的黏土,分层夯实。如在黏性土中埋设时,则坑深与护筒底面齐平,坑底稍加修整,即可埋设护筒。填筑护筒四周黏土时亦应分层对称夯实。

当地下水位较高时,可用填筑埋设,如图 2.38(b)所示。在含水率较高的松软地层埋设护筒时,应将软土清除换填黏土,护筒底及四周的处理同挖孔埋设;如换土不能解决问题,可加长护筒,使护筒底落到较坚实土层上。在浅水中用筑岛法埋设护筒,如图 2.38(c)所示,这时孔壁的薄弱处是由水面到河底段,护筒底宜低于水面,下面回填黏土的厚度应不少于 50 cm,并夯实。在水深超过 3 m 处埋设护筒时,护筒底部入土深度不应小于 3 m,其中不包括淤泥层,应尽量将护筒插入黏土层中。若有冲刷现象,则护筒底应在施工水位冲刷线以下不小于 1 m。在深水中下沉护筒时,采用导向架导向,保证护筒下沉至正确的位置。导向架一般用型钢制成方形或圆形的框架,每节长 3～5 m,两端用法兰盘连接。护筒吊起后顺导向架下沉,可采用压重、射水、抓泥或锤击等方法沉至预定深度,一般要求护筒埋设好后其顶面中心与设计桩位偏差不得超过 5 cm,斜度不得大于 1%,斜度大的护筒容易被钻头碰剐从而使桩偏离设计位置,造成桩身钢筋的保护层厚度不足等弊病。

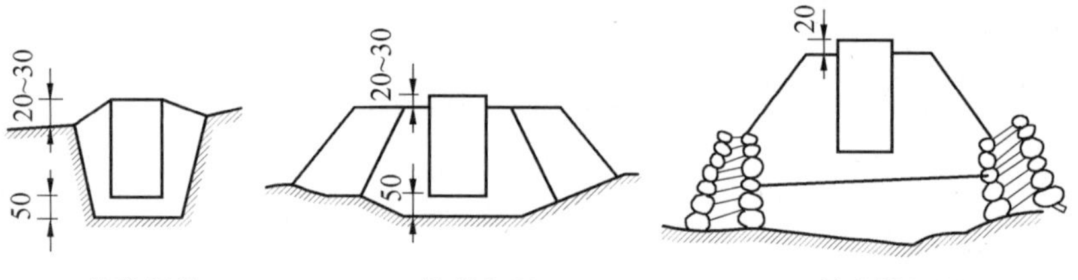

(a) 挖孔埋没　(b) 填筑埋没　(c) 筑岛法埋没

图 2.38　护筒的埋设(单位:cm)

(2)钻机就位。

①冲击钻机就位。

一般都是利用钻机自身的动力与安设的地锚配合,将钻机移动大致就位,再用千斤顶将机架顶起,准确定位,使起重滑轮,钻头和护筒中心在同一垂直线上,以保证钻孔的垂直度。钻机位置偏差不得大于 5 cm,对准桩位后,保持钻机平稳,用 15 cm×15 cm 的方木垫平,并在桅杆顶部对称钻机轴线上用四根缆风绳拴牢拉紧。

使用简易钻机时,则就地拼装钻架(有用三脚架、人字架和万能杆件拼装的龙门架)。从钻架顶上的起重滑轮(或称天轮)吊线,通过移动钻架来校正桩位,误差不得超过 5 cm,钻架要平稳牢固,防止发生偏沉现象。卷扬机要选择恰当的位置,不因钻架变位而移动。

②旋转钻机就位。

立好钻架并调整和安设好起吊系统，使起重滑轮和固定钻杆的卡孔与护筒中心在同一垂线上，将钻头吊起，徐徐放进护筒内。启动卷扬机把转盘吊起，垫方木于转盘底座下。将钻机调平并对准钻孔。然后装上转盘，要求转盘中心同钻架的起吊滑轮在同一铅垂线上。在钻进过程中要经常检查转盘，如有倾斜或位移，应及时纠正。使用带有变速器的钻机时，要把变速器放平，安装在变速器板上的电动机轴心应和变速器被动轴心在同一水平线上。

(3)泥浆护壁。

钻孔灌注桩施工实践证明，无水钻孔深可达数十米而不塌，甚至在不稳定的砂性土中有水钻孔亦能保持孔壁稳定，这是由于孔壁土具有一定的抗剪强度和圆环作用(能够抵抗径向的向内土压力)。若在水中或含水地层中钻孔以及在松散的砂性土中钻孔，孔壁土体的抗剪强度低，圆环作用弱而不足以抵抗径向向内的土压时，就必须采取提高孔内水位，形成一定高度的水头，产生向孔壁的静水压力，从而保持孔壁稳定。利用孔内水头压力护壁的办法，随地质条件的不同又分清水护壁和泥浆护壁两种。

在黏性土中钻孔，如土壤塑性指数大于 15 或内摩擦角在 16°以上，清水钻孔后 1.5～2.0 h沉渣厚度不超过清孔标准时，可不采用泥浆护壁，而仅靠增高孔内水头保持孔壁稳定，称为清水护壁。在砂类土、砾石土、卵石土、粉土夹层中钻孔，必须用泥浆护壁。泥浆护壁是将黏土加水调制成一定密度的泥浆，注入孔内，或直接向钻孔内投放黏土，在钻头的作用下形成泥浆。由于泥浆密度较水大，故能对孔壁增大静水压力，并在孔壁形成一层泥皮，隔断孔内外水流，为了充分发挥泥浆的护壁和浮渣作用，必须选用符合要求的黏土。一般选塑性指数大于 25，粒径小于 0.005 mm 的黏土粒含量大于 50%，吸水性强、遇水膨胀分解的优质黏土，当缺少上述优质黏土时，可用略差的黏土，并掺入 30%的塑性指数大于 25 的黏土，另掺入碳酸钠 0.3%～0.4%以提高其黏度。黏土的备料数量：砂质河床为成孔体积的 70%～80%；砂卵石层为成孔体积的 100%～120%。

4. 钻进

(1)钻进前注意事项。

①开钻前应检查钻机运转是否正常，钻机底部有无变形，固定钻架的缆风绳有无松动，护筒位置是否符合设计等。

②如孔径大，钻头质量超过机械的负荷能力时，可采用分径成孔的技术措施，但分径不宜过多，一般为两次。使用钻头的质量除已有规定者外，以不超过钻机负荷能力的 70%为宜。旋转方法造孔根据孔径与地质情况，分为一次成孔、先导钻后扩钻和先钻后扫等三种方式。

③各个工序紧密衔接，互不干扰，基桩较多的基础采用多机作业时，应事先拟定钻孔顺序和钻机移动的线路图。为了保证质量，加快进度，通常在钻孔、安放钢筋笼、灌注水下混凝土三道工序连续完成后，再移动钻机，这样可以充分利用钻机自身的起重设备(根据现场具体情况决定)。

(2)钻进操作。

①冲击钻孔。

冲击钻孔的程序为钻进→抽渣→投泥(或泥浆)→钻进的反复循环以及辅助作业(检查孔径钻具，修理机械设备，补焊钻头等)的交错过程，关键问题是掌握冲程大小和抽渣时机。

操作时，要注意查看钢丝绳回弹和旋转的情况，再听冲击声音，借以判断孔底地质情况。若用简易钻机施工时，最好在钢丝绳上做标记来控制冲程，便于钻头到底时及时收绳提钻，以免大绳松多了缠着卷筒，同时也提高冲击频率。但也不宜过早收绳，防止空打。冲孔过程中，要勤掏渣，勤保养机具，勤检查钢丝绳和钻头磨损情况，勤检查转向装置是否灵活，预防安全质量事故。开孔前应在护筒内多加一些黏土块，如地表土层疏松，还要混合加入一定数量的片石、卵石，然后注入泥浆或清水，借钻头的冲击把泥膏、石块挤向孔壁，以加固护筒脚。在开孔时应用小冲程慢冲，若用简易钻机施工时，冲程不宜大于 1 m；当孔底已在护筒脚以下 3～4 m 时，就可根据地质情况，适当加大冲程。

开孔时要随时检查孔位，务必使钻头中心对准桩孔中心。孔内水位应高于护筒脚 0.5 m以上，比护筒顶至少低 0.3 m，以免水荡漾损坏护筒脚孔壁与防止泥浆溢出。孔内水位要比孔外水位高 1.0～1.5 m 以上，以保持必要的水头高度。

在砂、卵石地层钻进时，泥浆密度应大一些，冲程亦可较大，如用简易钻机时，冲程可提高到 2～3 m。在黏土层钻进时，冲程不宜过大，如用简易钻机时，一般在 2 m 以内，以防黏钻。在砂层或淤泥层钻进时，应多投黏土，并掺片、卵石投入孔内，用小冲程将黏土和片、卵石挤进孔壁加固。在基岩中钻进，可用大冲程，在不损坏钻头的情况下，适当采用高提猛击，增加冲击动能，加快进度，冲程一般在 3 m 以上，但不可太高。泥浆密度以满足悬浮钻渣为标准，约在 1.3。太小不利于浮渣，太大增加钻头的阻力。如果岩层倾斜，可向孔内回填与基岩硬度相同的片、卵石，必要时回填混凝土高为 0.3～0.5 m，待混凝土凝固后，用小冲程快打，待冲平岩面后，方可加大钻进，以免发生钻孔偏斜。

孔内遇到坚硬大漂石时，可在回填硬度与漂石相似的片、卵石后，高提猛击，或用大、小冲程交替冲击，以将大漂石破碎成钻渣或挤进孔壁。如不见效，则在孔上安设勘探用的小型钻机，在漂石上钻眼装药爆破（应尽量不采用），爆破后再用钻头冲碎。

当采用二径成孔时，第一级成孔的钻头直径可为第二级（即设计孔径）钻头直径的 40%～60%。第二级成孔，则用第二级钻头在已钻的第一级孔中扩钻。由于小孔造成了临空面，故扩钻较快，但也会产生较大粒径的土石填于孔底，造成更难钻进的情况，为此，可在第二级钻孔前，填塞第一级孔 1/3～1/2 孔深。当采用三径成孔时，第一级孔的钻头直径为设计孔径的 40%～50%，第二级孔的钻头直径为设计孔径的 75%～80%，最后用设计孔径的钻头扩孔。实际操作中，常根据地质情况和孔的深浅，用勤换钻头、钻一段小孔扩一段孔的办法，交替进行到设计孔深为止。

②旋转法钻孔。

如设计孔径较小又是松土层，可用一种直径的钻头一次钻成；如设计孔径较大（直径 110 cm 以上）又遇到坚硬土层时，可先用小钻头导钻一次，再换成与设计孔径相同的钻头扩钻。当钻孔中存在黏土、夹层或在黏土地层中钻孔时，常会出现缩孔现象，则须采用先钻后扫的方法施工。

为了保证孔位正确、孔壁垂直和稳定，在开钻阶段要做到“稳”“准”“慢”，并适当加大泥浆稠度，尤其是护筒底与地层连接处应多投黏土，用慢速钻进，并使钻头空钻一段时间，利用钻头旋转力量把黏土挤入孔壁起加固作用。

(3)抽渣。

被钻头冲碎的钻渣，一部分和泥浆一起挤进孔壁，大部分是悬浮在钻孔下部的泥浆中，需靠抽渣筒清除出孔外。在开孔阶段,应使钻渣泥浆尽量挤入孔壁。待冲进4～5 m以后,即应勤抽渣。孔底沉渣太厚,就会妨碍钻刃冲击新鲜土层。同时还会使泥浆变稠,吸收大量冲击动能,从而影响进尺速度,一般是每进尺0.5～1 m抽渣一次,也有按钻孔进尺的变化来规定抽渣的。当1 h的进尺在卵、漂石地层小于5 cm,在松软地层小于15 cm时,即应抽渣。抽渣时,应注意下列事项:

①及时向孔内加泥浆或清水,保证水头高度。如向孔内投放黏土自行造浆,在抽完钻渣后,应及时随着冲击逐渐投放黏土,不宜一次倒进很多黏土,以免发生吸钻。②在黏土来源困难的地方,应采取措施将泥浆流回孔中,节省黏土。③抽渣前提出的钻头应小心慢慢放在地面的枕木上,不可猛落,以免发生事故。卸渣后抽渣筒亦应轻放在适当地方。

(4)钻进中注意事项。

①冲击钻头的刃口在钻进中不断磨损,特别在冲击基岩,卵、漂石时磨损更快。因此,要定时检查钻头,当钻头磨损比原来尺寸小3～4 cm或刃口磨钝时,就及时焊补,以免孔径不合要求及易发生卡钻事故。焊补后的钻头在原孔中使用时,为防止卡钻,要先用小冲程慢慢冲击一段时间,将孔扩大一些后才可用大冲程钻进。

②钻架使用时间长,可能发生位移,或孔内有探头石或其他情况,会使所钻的孔偏离设计孔位,因此每个台班要用探孔器检查钻孔一次。探孔器高度为钻孔直径的4～6倍,即长为4～5 m、直径比钻头直径小2～4 cm的专用钢筋笼。如发现移位、钻孔偏斜或弯孔现象应及时处理。

5.灌注水下混凝土

(1)桩孔检查。

桩孔钻至设计高程后,必须对桩孔质量进行检查。现用仪器有超声波井斜仪和DM－86型超声波孔壁测定仪两种。这两种仪器可直接测出桩孔各项质量特征值(倾斜度、偏位值、扩孔率、孔径、孔深和壁面状况等),并用数值和图像直接显示,直观清楚,性能稳定,精确度可达0.5 mm。

(2)清孔。

桩孔钻至设计高程后,孔内一部分泥渣沉淀,一部分呈悬浮状态,另一部分附着在孔壁上。同时随间歇时间的增加,后两部分泥渣还会继续沉淀,从而使孔底积成下层沉渣,降低桩的承载能力。所以在灌注桩身混凝土前,必须将其清除,这项工作称为清孔。验收标准规定,沉渣的容许厚度为:摩擦桩不大于20 cm,柱桩不大于5 cm;灌注水下混凝土前沉渣厚度应符合设计要求,设计无要求时,柱应不大于50 mm,摩擦桩不大于200 mm。清孔的方法应根据钻孔方法、设计对清孔的要求、机具设备和孔壁土质情况而定,常用的方法有以下几种。

① 抽渣法。

用抽渣筒掏孔底沉渣,应边抽边加水,保持一定的水头高度。抽渣后,用一根水管插到孔底注水,使水流从孔口溢出。在溢水过程中,孔内的泥浆密度逐渐降低,达到所要求的标准后此法适用于冲抓、冲击成孔的各类土质的摩擦桩,抽渣后孔内泥浆相对密度应不大于1.3。

②吸泥法。

吸泥法清孔用吸泥机或简易吸泥机进行,清孔时由风管将高压空气输进排泥管,使泥浆形成密度较小的泥浆空气混合物，在水柱压力下将泥浆和孔底沉渣排出，同时向孔内注水，保持孔内水位不变，直至喷出的泥浆指标符合规定时为止。此法适用于不易坍塌的柱桩和摩擦桩清孔，如图 2.39 所示。

若灌注混凝土前发现清孔后孔底沉淀层仍较厚时，可在导管外安设直径为 30 mm 的射水(风)管，冲射 3～5 min，使沉淀层翻起，然后立即灌注水下混凝土，射水压力大于孔底泥浆压力 50 kPa 即可，如图 2.40 所示。使用本法时，钢筋笼可先放入孔内。

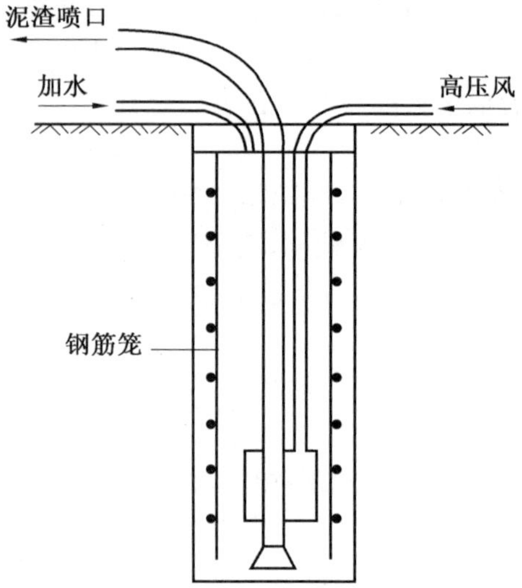

图 2.39　吸泥机清孔

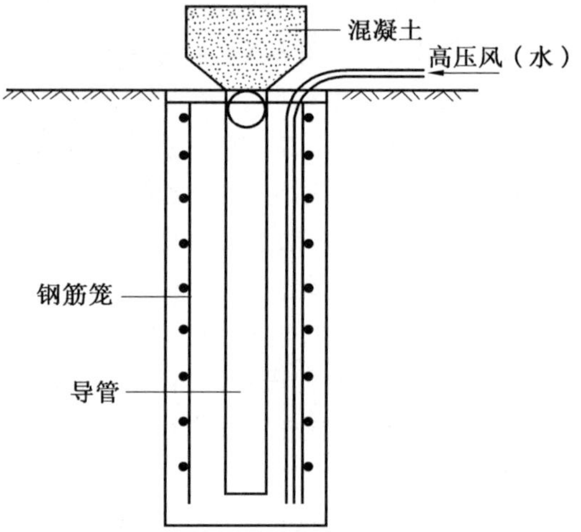

图 2.40　高压风或射水翻渣

正循环旋转钻孔在终孔后，停止进尺，保持泥浆正常循环，以中速压入符合规定标准的泥浆，把孔内密度大的泥浆换出，使含砂率逐步减少，最后换成纯净的稠泥浆，这种泥浆短时间不会沉淀，使孔底沉淀层在允许范围内。其具体步骤是：当钻孔距设计高程 1.0 m 时，改用纯净的稠泥浆(相对密度不小于 1.4)，钻至设计高程，钻头提离孔底 20 cm 左右空转，继续供给稠泥浆保持泥浆正常循环，经数十分钟或数小时，待孔内泥浆换完直至稳定状态为止。此时迅速拆除钻机，下钢筋笼，灌注水下混凝土。若用于柱桩，在完成上述换浆要求后，还应加入清水继续循环，直至孔底沉淀层不大于 10 cm 为止。

(3)钢筋笼制作和吊装。

①钢筋笼制作。

钢筋笼应根据设计要求和起重设备能力，整体或分节制作。一般钢筋笼较长(大于 12 m)时，常分节制作，分节长一般为 5～8 m。要求主筋平直，箍筋圆顺，尺寸准确，主筋接头应错开，同一截面内的接头根数不多于主筋总根数的 50%，两接头的距离应大于 50 cm。然后分节吊装并焊成整体，并保证轴线为一直线。为防止钢筋笼搬运及吊装时变形，每隔 2 m左右设一道与主筋直径相同的加劲箍筋，主筋与箍筋连接处应点焊牢固，必要时可用方木临时加固。

②钢筋笼吊装、就位。

钢筋笼宜整体吊装入孔，如施工困难时，可分节吊装。各节钢筋笼的主筋全部采用焊接。焊接时应确保每节钢筋笼的中轴线位于同一直线上。钢筋笼应对准孔位徐徐下放，避免冲击孔壁引起坍孔。

为使钢筋笼就位时与孔壁保持一定距离，可在钢筋笼主筋上每隔 2 m 左右对称设置四个“钢筋耳环”，耳环钢筋直径一般为 10～12 mm，或设混凝土垫块，其尺寸为 15 cm×20 cm×8 cm。靠孔壁一面做成圆弧形，靠骨架面做成平面，并有十字槽，纵向为直槽，横向为曲槽，其曲率同箍筋的曲率，在纵槽两侧对称地预埋备绑扎的 12 号扎丝。也可用导向钢管控制保护层厚度，钢管的数量不少于 4 根，其长度与钢筋笼长相等，钢管可在混凝土灌注过程中逐步拔出。钢筋笼入孔后，要固定牢，定位高程应准确，允许误差±5 cm，并在钢筋笼底部处于悬吊状态下灌注水下混凝土。

(4)水下混凝土灌注。

钻孔桩一般用垂直导管法灌注水下混凝土，即在各井孔内垂直放入内径为 200～300 mm、长 1～2 m 的钢制导管。管底距基坑底面 300～400 mm，在导管顶部接有一定容量的漏斗，漏斗颈部安放隔水活塞，用绳索系牢，漏斗内装有足够量坍落度较大的混凝土。当割断活塞上的绳索时，活塞和混凝土漏下，由管底排出，混凝土在管底周围堆成一圆锥体，使导管下端埋入混凝土内，要求导管下端至少埋入 1.0 m，使水不能流入管内。以后灌注的混凝土，在无水的导管内不断地灌入混凝土堆内，并向四周挤出，而不与水接触。随着混凝土升高逐步提升导管，但应始终保持导管底埋入混凝土内不小于 1.0 m，并连续灌注完毕，如图 2.41 所示。

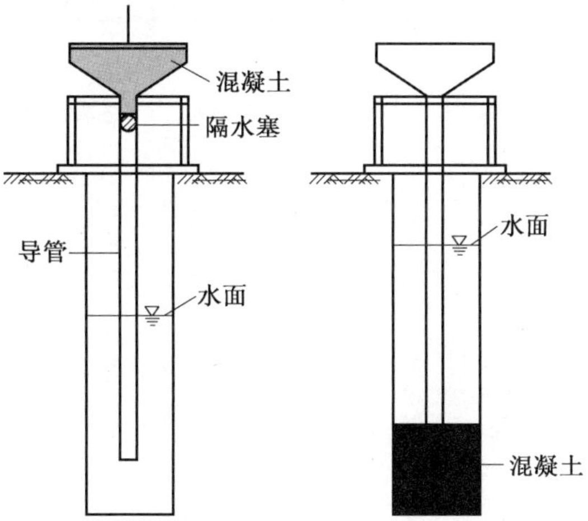

图 2.41 水下混凝土灌注

灌注水下混凝土是钻孔桩施工的关键工序之一，应精心组织，保证质量。施工中应注意以下几点：

①灌注水下混凝土的准备工作应迅速，防止坍孔和泥浆沉淀过厚。开始灌注前应再次核对钢筋笼高程、导管下口距孔底距离、孔深、泥浆沉淀层厚度、孔壁有无坍孔现象等，如不满足要求，经处理后方可开始灌注。

②每根桩灌注的时间不应太长，尽量在 8 h 内灌注完毕，以防止顶层混凝土失去流动性，导致提升导管困难，增加事故发生的可能性。要求每小时灌注高度宜不小于 10 m。一经开灌，中途任何原因导致的中断灌注时间皆不得超过 30 min。

③灌注所需的混凝土数量，一般比计算所需的混凝土数量偏大，约为设计桩径体积的

1.3 倍。

④测量水下混凝土面的位置时可用测绳吊着重锤进行，重锤过重则陷入混凝土内，过轻则浮在泥浆中沉不下去。一般用钢板焊成锥底直径 13～15 cm、高 18～20 cm 的圆锥体，内灌砂配重，重度为 15～20 kN/m。

⑤导管埋入混凝土的深度取决于灌注速度和混凝土的性质，任何时候不得小于 1 m，一般控制在 2～4 m。

⑥灌注高程应高出桩顶设计高程 0.5 m 以上，以便清除浮浆和消除测量误差。

评价反馈：

桥梁基础工程施工学习任务评价表

序号	项目	评分标准	满分	评价			综合得分
				自评	互评	师评	

教学项目 2　桥梁下部工程施工

一、目的和要求

1. 教学目标

通过项目教学活动，培养学生具有桥梁下部工程（桥梁承台、墩台、盖梁、支座垫石、挡块工程）现场的基本组织与管理能力，同时培养学生良好的职业道德、自我学习能力、实践动手能力和耐心细致的管理能力。使学生具备能够分析和处理问题的能力，以及锻炼团队合作、诚实、守信、善于沟通和吃苦耐劳的专业素养，能胜任桥梁施工现场管理工作。

2. 职业能力目标

(1)能熟练识读桥梁下部工程施工图。

(2)能按照施工图，合理地选择桥梁下部施工方法，理解施工工艺，会进行桥梁工程基础施工组织。

(3)能独立完成典型工程下部工程施工组织工作。

3. 知识目标

(1)掌握桥梁下部工程的基本组成。

(4)掌握桥梁下部工程施工内容。

(3)掌握桥梁下部工程施工缺陷预处理。

4. 社会和方法能力目标

在教学过程中，注重对学生职业道德的培养；提高学生观察、分析和判断问题的能力；培养学生团队合作精神、严谨的工作作风、实事求是的工作态度；以及诚实、守信、善于沟通合作的优良品质，使其能够胜任桥梁施工员管理工作。

二、任务书

1. 教师根据实际情况进行分组，学生自行填写学生任务分配表，如下。

学生任务分配表

<table>
<tr><td>任务名称</td><td colspan="2"></td><td>指导教师</td><td></td></tr>
<tr><td>班级</td><td colspan="2"></td><td>组别</td><td></td></tr>
<tr><td>姓名</td><td>角色</td><td colspan="3">任务分工</td></tr>
<tr><td></td><td></td><td colspan="3"></td></tr>
<tr><td></td><td></td><td colspan="3"></td></tr>
<tr><td></td><td></td><td colspan="3"></td></tr>
<tr><td></td><td></td><td colspan="3"></td></tr>
<tr><td></td><td></td><td colspan="3"></td></tr>
<tr><td></td><td></td><td colspan="3"></td></tr>
<tr><td colspan="5">备注：</td></tr>
</table>

2.根据教师提供的图纸和相关资料，请各小组编写一份施工图纸识读与算量实训报告书。

班级：________________ 组别：________________

实训项目：________________________________

实训时间：________________________________

实训地点：________________________________

指导教师：________________________________

（一）实训内容

____

____

____

____

（二）实训过程描述

____

____

____

____

（三）总结与体会

____

____

____

____

任务3 桥梁的下部结构构造

3.1 桥梁下部结构组成形式

桥梁下部结构施工通常指桥梁梁以下的承台、桥墩(台)以及盖梁等构造。

1. 承台施工

位于旱地、浅水河中采用土石筑岛施工桩基的桥梁,其承台的施工方法与扩大基础的施工方法相类似,可采取明挖基坑、简易板围堰后开挖基坑等方法进行施工。

对深水中的承台,可供选择的施工方法通常有:钢板桩围堰、钢管桩围堰、双壁钢围堰及套箱围堰等。不论何种围堰,其目的都是为了止水,以实现承台的施工。钢板桩和钢管桩围堰实际上是同一类型的围堰形式,只不过所用材料不同;双壁钢围堰通常是将桩基和承台的施工一并考虑,桩顶设钻孔平台,桩基施工结束后拆除平台,在围堰内进行承台施工;套箱现多采用钢材制作,分有底和无底两种类型,根据受力情况不同又可设计成单壁或双壁。

2. 墩(台)身的施工

根据其结构形式的不同方法各异。对结构形式较简单、高度不大的中、小桥墩(台)身,通常采取传统的方法,立模(一次或几次)现浇施工。但对高墩及斜拉桥、悬索桥的索塔,则有较多的可供选择的方法,而施工方法的多样化主要反映在模板结构形式的不同。采用,滑升模板、爬升模板和翻升模板等在高墩及索塔上应用较多,其共同的特点是:将墩身分成若干节段,从下至上逐段进行施工。

采用滑升模板(简称滑模)施工,对结构物外形尺寸的控制较准确,施工进度平衡、安全,机械化程度较高,但因多采用液压装置实现滑升,故成本较高,所需的机具设备较多。爬升模板(简称爬模)一般要在模板外侧设置爬架,因此这种模板相对而言费用较高,但不需设专门用于提升模板的起吊设备。

高墩的施工,应根据现场的实际情况,在进行综合比较后再选择适宜的施工方案。中、小桥中,有的设计为石砌墩(台)身,其施工工艺虽较简单,但必须严格控制砌石工程质量。

3. 盖梁的施工

盖梁指的是为支撑、分布和传递上部结构的荷载,在排架桩墩顶部设置的横梁。又称帽梁。在桥墩(台)或在排桩上设置钢筋混凝土或少筋混凝土的横梁。主要作用是支撑桥梁上部结构,并将全部荷载传到下部结构。有桥桩直接连接盖梁的,也有桥桩接立柱后再连接盖梁的。下面就简要介绍一下现浇混凝土盖梁的施工。

现浇盖梁施工的支架型式,主要有落地支架式、抱箍挑架式和埋设托架式等。落地式支架,即在盖梁下部的地面上立支柱,搭成落地满堂支架,然后在支架上铺设模板;抱箍挑架式,即在盖梁下的墩柱上套钢板箍,拧紧套箍的拼接螺栓,然后运用套箍搭设支架并铺设模板;剪力销托架式,即墩柱上预留水平孔必要时应在墩身水平孔下的混凝土内埋设钢筋网,提高混凝土的局部承载力,待墩柱混凝土拆模并有一定的强度后,向预留孔中穿入钢锭或受剪设备,然后运用钢锭或受剪设备两端悬臂部分搭设支架并铺设模板。

对于在河岸上一般离地面不高的现浇盖梁,如土质条件较好,做适当压实解决并经采用措施后,可采用落地式支架。对于水上现浇盖梁,由于桩基、系梁及墩柱施工时,已搭设了水上作业平台,因此可运用在该操作平台上直接搭满堂支架。但必须验算操作平台的稳定性和沉降量,慎重采用。

一般简支梁桥中,在桩基与墩柱间都设计有水平系梁,因而在水上与土质条件差地面上,如盖梁与系梁的高差不大,可运用系梁作为受力底座,在系梁面上搭设落地支架。但系梁强度必须通过设计,必要时加大系梁截面或加配钢筋。抱箍挑架式支架合用于墩柱为圆柱或矩形柱,但柱与柱之间间距不大。剪销托架式支架合用于非圆形独墩、高墩及一切合用于抱箍挑架式支架施工的盖梁。

3.2 桥梁墩台的构造

3.2.1 桥墩的构造

桥墩按其构造可分为实体墩、空心墩、柱式墩、排架墩、框架墩等类型;按其受力特点可分为重力式墩和轻型墩;按其截面形状可分为矩形、圆形、圆端形、尖端形及各种截面组合而成的空心墩,如图 3.1 所示;按施工工艺可分为就地砌筑或浇筑桥墩和预制安装桥墩。

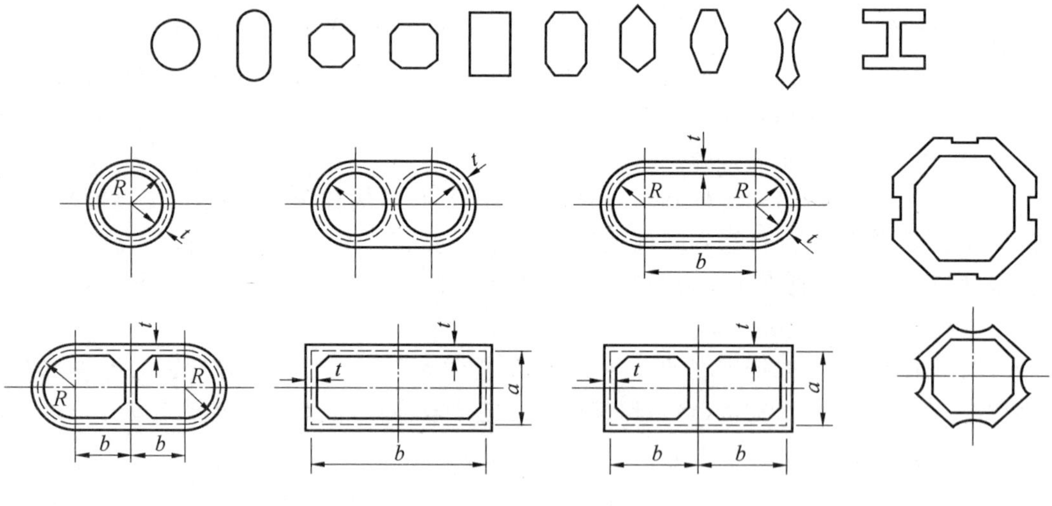

图 3.1 桥墩截面形式

1. 梁桥桥墩构造

(1)重力式桥墩。

重力式桥墩主要依靠自身重力(包括桥跨结构重力)来平衡外力,从而保证桥墩的稳定。它往往是用圬工材料修筑而成,具有刚度大、防撞能力强等优点,但同时存在阻水面积大、圬工数量大、对地基承载力要求高等缺点。适用于荷载较大的大、中型桥梁或流冰、漂浮物多的河流中，以及砂石料丰富的地区和基岩埋深较浅的地基。如图 3.2 所示，墩帽是桥墩的顶端，它通过支座支撑上部结构，并将相邻两孔桥上的荷载传到墩身上。由于它受到支座传来的很大的集中应力作用，所以要求它有足够的厚度和强度。其最小厚度一般不小于 0.4 m，中小跨径梁桥也不应小于 0.3 m。墩帽一般要用强度等级 C20 以上的混凝土浇筑，加配构造钢筋；小跨径桥非严寒地区可不设构造钢筋。构造钢筋直径一般取 8～12 mm，采用间距 20 cm 左右的网格布置。支座下墩帽内应布置一层或多层加强钢筋网，其平面分布范围取支座支撑垫板面积的两倍，钢筋直径为 8～12 mm，网格间距 5～10 cm。当墩帽上相邻支座高度不同时，须加设混凝土垫石调整，并在垫石内设置钢筋网，墩帽钢筋构造如图 3.3 所示。对于小桥，也可用 M5 以上砂浆砌 MU25 以上料石作墩帽。

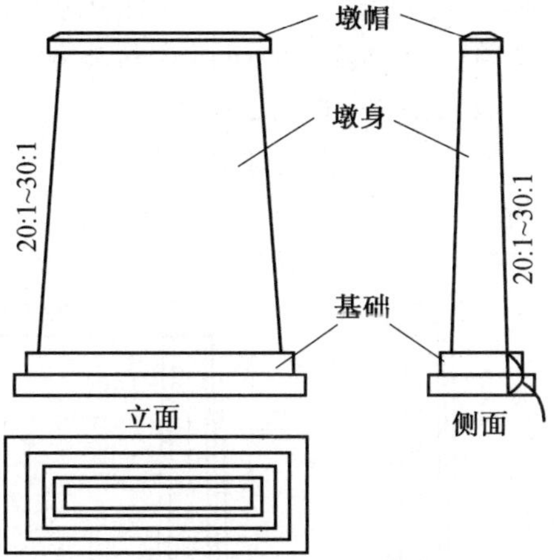

图 3.2　实心重力式桥墩

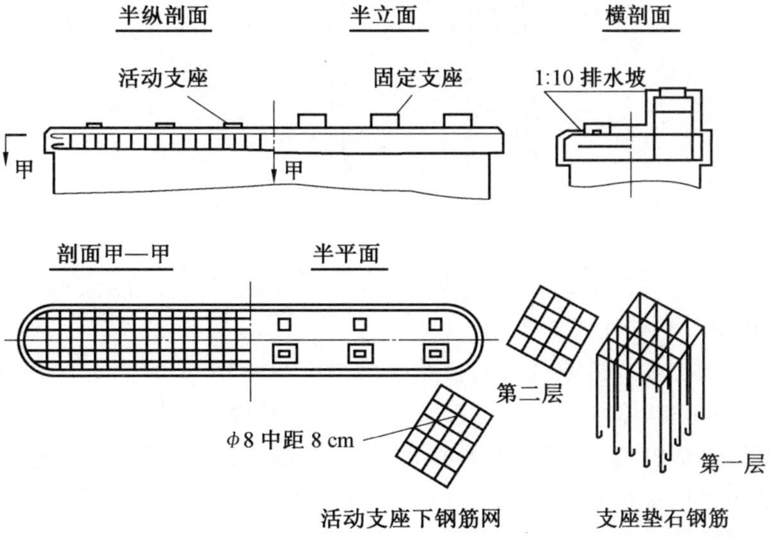

图 3.3　墩帽钢筋构造

(2)空心桥墩。

空心桥墩有两种形式，一种为部分镂空式桥墩；另一种为薄壁空心桥墩。

部分中心镂空桥墩，是在重力式桥墩基础上镂空中心一定数量的圬工体积，旨在减少圬工数量，使结构更经济，减轻桥墩自重，降低对地基承载力的要求。但镂空有一个基本前提，即保证桥墩截面强度和刚度足以承担平衡外力，从而保证桥墩的稳定性。具体镂空部位受到一定条件限制，在墩帽下一定高度范围内应设置实体过渡段，以保证上部结构荷载有效地传递给墩身壁；为避免墩身传力过程中局部应力过于集中，应在空心部分与实体部分连接处应设倒角或配置构造钢筋；对于受船只、漂流物或流冰撞击的墩身部分，一般不宜镂空。薄壁空心墩是采用强度高、墩身壁较薄的钢筋混凝土构件，其最大特点是大幅度削减了墩身圬工体积和墩身自重，减小了地基负荷，因而适用于桥梁跨径较大的高墩和软弱地基桥墩。常见的几种空心桥墩如图 3.4、图 3.5 所示。薄壁空心墩的混凝土一般采用 C20～C30，墩身壁厚为 30～50 cm，其构造除应满足部分镂空式桥墩规定的要求外，为了降低薄壁墩身内外温差或避免冻胀，应在墩身周围设置适当的通风孔与泄水孔；为保证墩壁稳定和施工方便，应按适当间距设置水平横隔板，对于 40 m 以上的高墩，按 6～10 m 的间距设置横隔板；墩顶实体段高度不小于 1.0～2.0 m；主筋按计算配筋，一般配筋率在 0.5%左右，并应配置承受局部应力或附加应力钢筋。

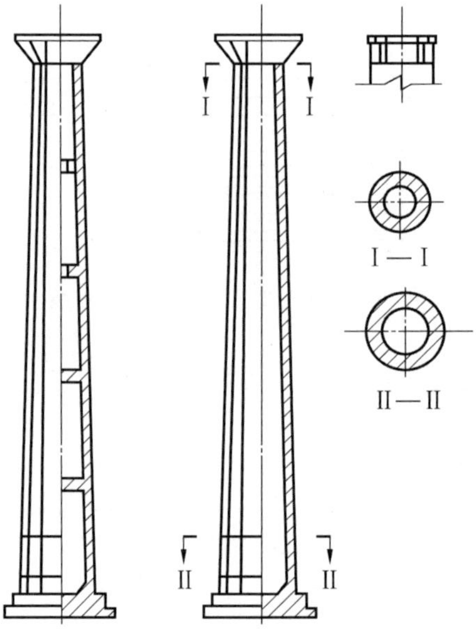

图 3.4　圆形空心桥墩

(3)柱式桥墩和桩柱式桥墩。

柱式桥墩和桩柱式桥墩是目前公路桥梁中广泛采用的桥墩形式，由柱式墩身和盖梁组成，一般可分为单柱、双柱和多柱等形式，这种桥墩的优点是能减轻墩自身重力，节约圬工材料，施工方便，外形轻巧又较美观，特别是对于桥宽较大的桥梁和立交桥。

柱式桥墩适用多种基础形式，可以在桩顶设置承台，然后在承台上设立柱[如图 3.6(a)所示]；或在浅置基础上设立柱[如图 3.6(b)所示]。为了增强墩柱间抗撞击的能力，在两柱中间加做隔墙[如图 3.6(c)所示]。当桥墩较高，也可以把水下部分做成实体式，以上部分仍为柱式[如图 3.6(d)所示]。

桩柱式桥墩的基础只适用桩基，在桩基础顶部以上(或柱桩连接处以上)称为柱，以下称

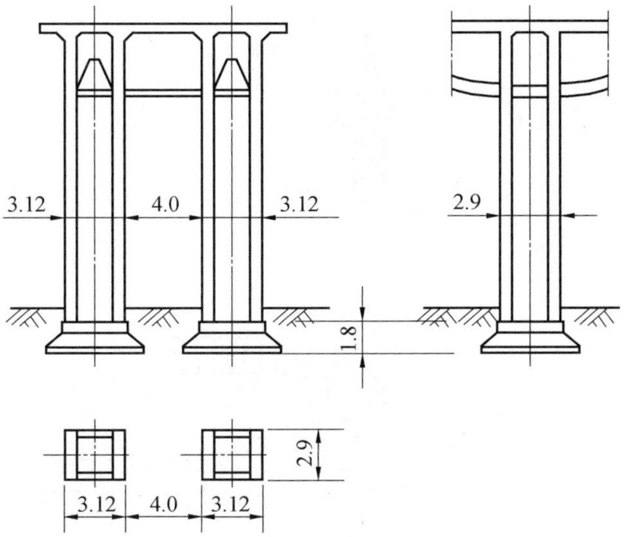

图 3.5　方形空心桥墩

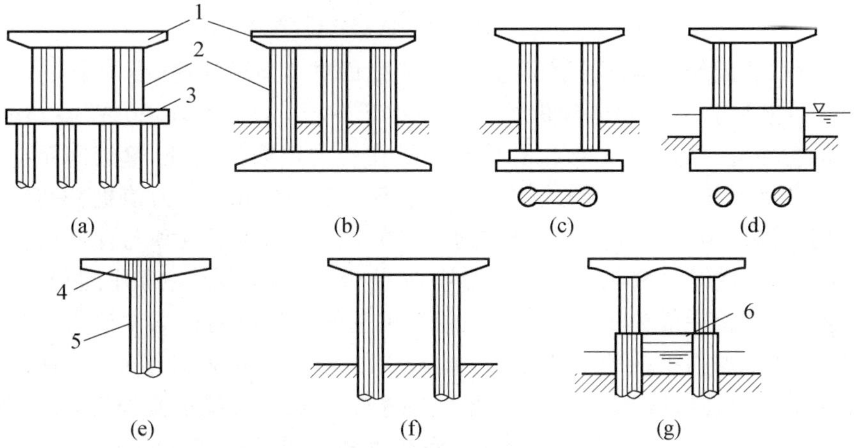

图 3.6　柱式桥墩和桩柱式桥墩

1—盖梁；2—立柱；3—承台；4—悬臂盖梁；5—单立柱；6—横系梁

为桩。图 3.6(e)为单柱式桩墩，适用于桥宽较窄的桥；图 3.6(f)为等截面双柱式桩墩，桩位施工的精度要求高，图 3.6(g)为变截面双柱式桩墩。为了增加桩柱的横向刚度，在桩柱之间设置横系梁[如图 3.6(g)所示]。

盖梁是柱式桥墩和桩柱式桥墩的墩帽，一般用 C20—C30 的钢筋混凝土就地浇筑，也有采用预制安装或预应力混凝土的。盖梁的横截面形状一般为矩形或者 T 形。盖梁宽度由上部构造形式、支座间距和尺寸等确定，高度一般为梁宽的 0.8～1.2 倍。盖梁的长度应保证上部构造放置与抗震构件设置需要的距离，并应满足上部构造安装时的要求，另外设置橡胶支座的桥梁应考虑预留更换支座所需位置。盖梁各截面尺寸与配筋需要通过计算确定，悬臂端高度应不小于 30 cm。

墩柱一般采用 C20—C30 的钢筋混凝土，直径 0.6～1.5 m 的圆柱或方形、六角形柱，其构造如图 3.7 所示。墩柱配筋由计算确定，纵向受力钢筋的直径应不小于 12 mm，纵向受

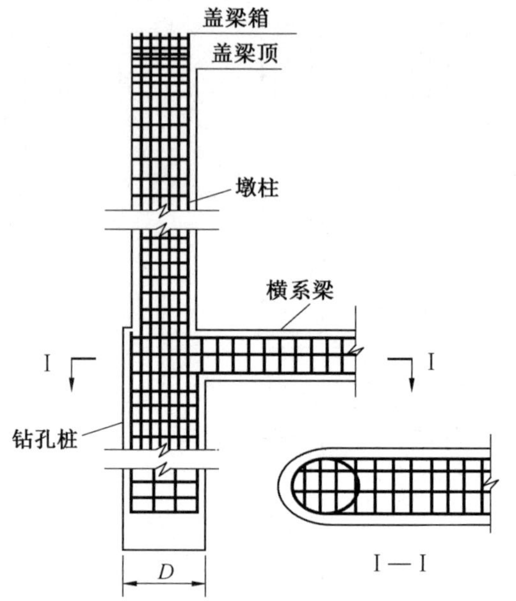

图 3.7　桩柱式桥墩

力钢筋截面积的配筋率应不小于混凝土计算截面的 0.5%，纵向受力筋之间净距不应小于 50 mm 且不应大于 350 mm，净保护层厚不小于 30 mm（Ⅰ类环境）或 40 mm（Ⅱ类环境）或 45 mm（Ⅲ类环境）。箍筋直径不小于 8 mm，在受力钢筋接头处，箍筋间距应不大于纵向钢筋直径的 15 倍或构件横截面的较小尺寸，亦不大于 400 mm。为使桩柱与盖梁或承台有较好的整体性，桩柱顶一般应嵌入盖梁或承台 15～20 cm，露出柱顶与柱底的主筋可弯成与铅垂线约成 15°倾斜角的喇叭形，伸入盖梁或承台中，喇叭形主筋外围应设置直径不小于 8 mm的箍筋，间距一般为 10～20 cm。单排桩基的主筋应与盖梁主筋连接。

当用横系梁加强桩柱的整体性时，横系梁的高度可取为盖梁箱桩（柱）径的 0.8～1.0 倍，宽度可取为桩（柱）径的 0.6～1.0 倍。横系梁一般不直接承受外力，可不做内力计算，按横截面积的 0.10%配置构造钢筋即可。构造钢筋伸入桩内与主筋连接。

（4）柔性排架墩。

柔性排架墩由单排或双排的钢筋混凝土桩与钢筋混凝土盖梁连接而成。其主要特点是，上部结构传来的水平力（制动力、温度影响力等）按各墩台的刚度分配到各墩台，作用在每个柔性墩上的水平力较小，而作用在刚性墩台上的水平力很大，因此，柔性桩墩截面尺寸得以减小。柔性墩是桥墩轻型化的途径之一，一般布设在两端具有刚性较大桥台的多跨桥中，全桥除一个中墩设置活动支座外，其余墩台均采用固定支座，如图 3.8 所示。

多跨长桥采用柔性墩时宜分成若干联，每联设置一个刚性墩（台），两个活动支座之间或刚性台与第一个活动支座间称为一联，以减小设置固定支座的墩顶位移，避免刚性桥台的支座所受水平力过大。

柔性排架桩墩分单排架墩和双排架墩，如图 3.9 所示。柔性排架墩多用于墩高为 5.0～7.0 m，跨径 13 m 以下，桥长 50～80 m 的中小型桥中。单排架墩一般用于高度不超过 4.0～5.0 m；桩墩高度大于 5.0 m 时，为避免行车时可能发生的纵向晃动，宜设置双排架墩。对于漂浮物严重和流速较大的河流，由于桩墩容易磨耗，不宜采用。

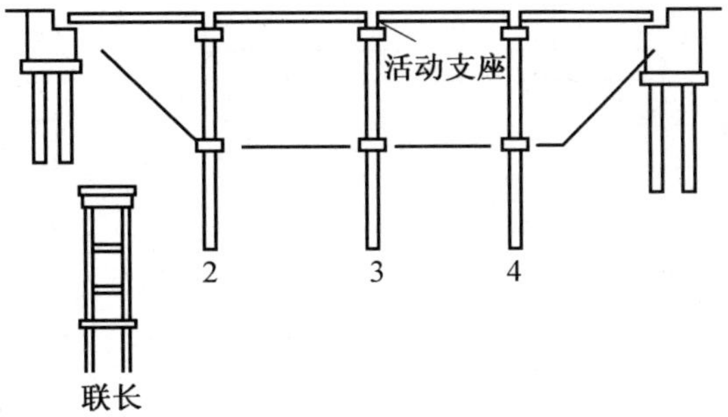

图 3.8　柔性排架墩

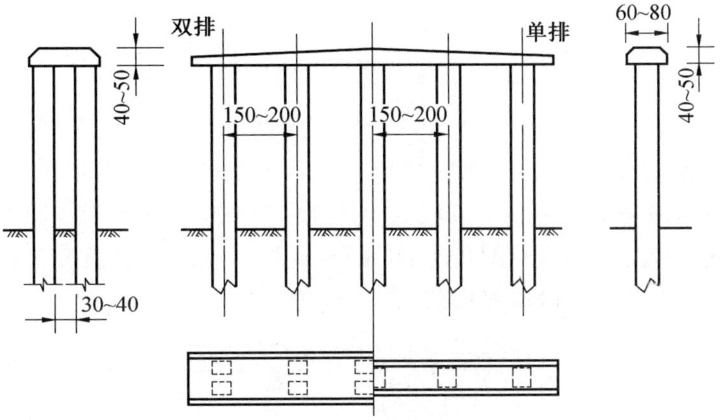

图 3.9　柔性排架墩构造(单位：cm)

桩墩一般是采用预制的钢筋混凝土方桩，当桩长在 10 m 以内时，横截面尺寸 30 cm×30 cm；桩长大于 10 m 时，为 35 cm×35 cm；大于 15 m 时采用 40 cm×40 cm。桩与桩之间的中距不应小于桩径的 3 倍或 1.5～2.0 m。盖梁一般为矩形截面，单排桩盖梁的宽度为 60～80 cm，盖梁的高度一般采用 40～50 cm。

盖梁与梁的接触面之间垫 1 cm 的油毛毡；为使全桥形成框架体系，可用锚栓将上下部构造连接起来，锚栓的直径用 25～28 mm，预埋在盖梁内。两孔的接缝处用水泥砂浆填实，最好设置桥面连续装置。桥台背墙与梁端接缝亦填以水泥砂浆，不设伸缩缝。

(5)轻型桥墩。

轻型桥墩一般用于中小跨径的桥梁，与重力式墩相比，其圬工体积显著减小，自重减小，因而其抗冲击能力较低，不宜用于流速大并夹有大量泥沙的河流或可能有航船、冰等漂浮物撞击的河流中。

墩帽用混凝土浇筑，厚度不小于 30 cm。墩帽四周挑檐宽度为 5 cm，周边做成 5 cm 削角。当桥面的横向排水不用三角垫层调整时，可在墩帽顶面以中心向两端加做三角垫层，如图 3.10 所示。墩帽上要预埋栓钉，位置与上部结构的栓孔相适应。

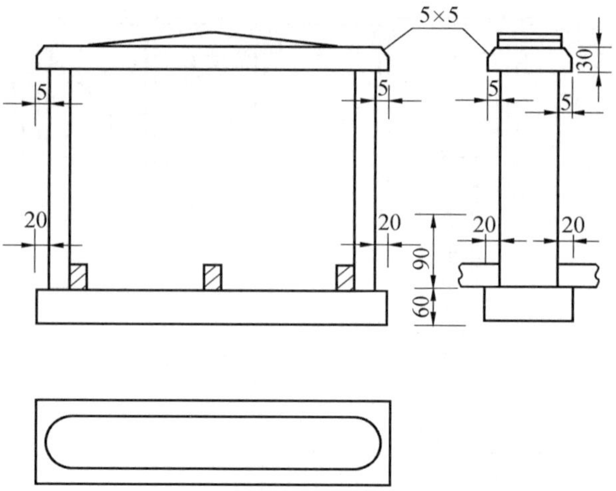

图 3.10　轻型桥墩(单位：cm)

墩身用混凝土、浆砌块石或钢筋混凝土材料做成，其中钢筋混凝土薄壁桥墩最为典型，如图 3.11 所示，墩身宽度不小于 60 cm，两边坡度为直立，两头做成圆端形。

基础采用 C15 混凝土或 MU5 浆砌片石(或块石)做成，平面尺寸较墩身底面尺寸略大(一般大 20 cm)。基础多做成单层式的，其高度在 60 cm 左右。

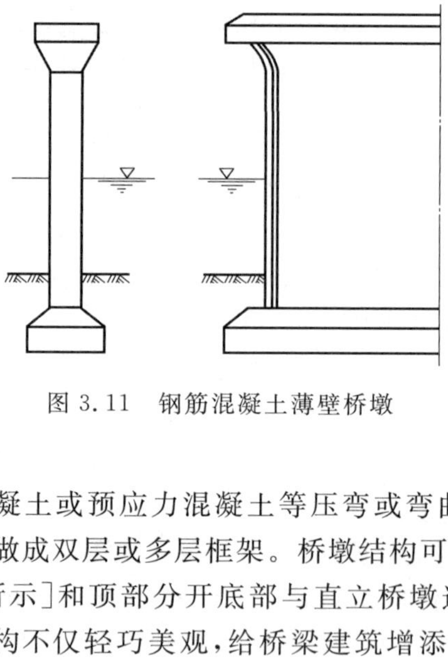

图 3.11　钢筋混凝土薄壁桥墩

(6)框架式桥墩。

框架式桥墩采用钢筋混凝土或预应力混凝土等压弯或弯曲构件组成平面框架代替墩身，支撑上部结构，必要时可做成双层或多层框架。桥墩结构可采用顶部分开底部连在一起的 V 形桥墩[如图 3.12(a)所示]和顶部分开底部与直立桥墩连在一起的 Y 形桥墩[如图 3.12(b)所示]。这类桥墩结构不仅轻巧美观，给桥梁建筑增添了新的艺术造型，而且使桥梁的跨越能力提高，缩短了主梁的跨径，降低了梁高，但其结构复杂，施工比较麻烦。

框架墩形式较多，受力形式常取决于它同桥面部分的连接方式，所有受力钢筋均应通过计算确定。

对于有分叉的墩来说，可用墩帽，也可无墩帽。无墩帽时，分叉张开角一般应小于 90°；有墩帽时，张角可略大些，视受力情况而定。墩帽内的配筋可参照柱式墩盖梁配筋。墩按计算配抗拉、抗压主筋，并应特别重视分叉点钢筋的配置与连接。分叉处的钢筋应与帽顶面(上)柱侧面(下)外层主筋相连接，并在分叉附近加密箍筋(用多肢或减小箍筋间距)。墩柱

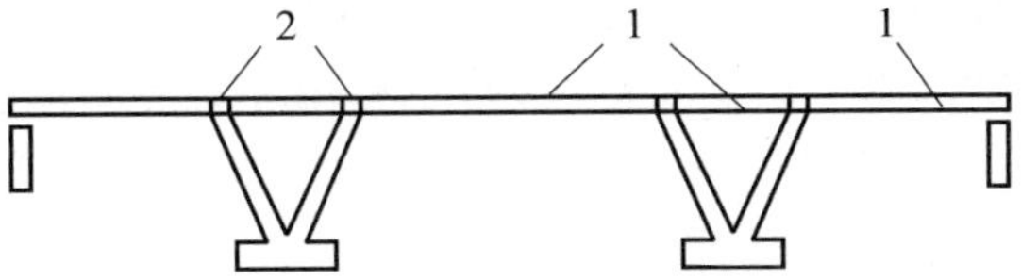

(a) V 形桥墩

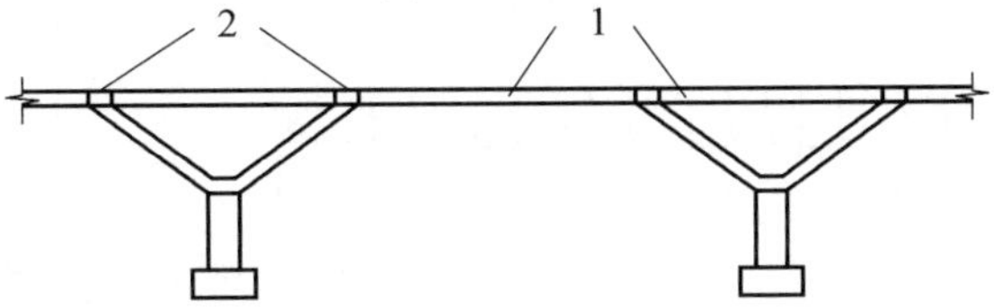

(b) Y 形桥墩

图 3.12　V 形桥墩和 Y 形桥墩

1—预制梁；2—接头

中的筋对纵横两个方向应有不同的考虑，并与两叉上足够数量的主筋连接在一起，如图3.13所示。

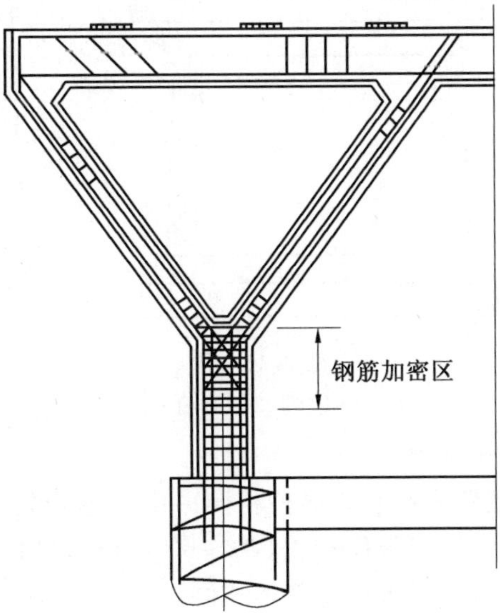

图 3.13　Y 形桥墩分叉处钢筋配置

2. 拱桥桥墩构造

(1)重力式桥墩。

拱桥重力式桥墩，其形式基本上与梁桥重力式桥墩相仿。因为承受较大的水平推力，所以，拱桥重力式桥墩的宽度尺寸比梁桥大。同时，墩帽顶部做成斜坡(如图 3.14 所示)，尽量考虑设置成与拱轴线正交的拱座。

由于拱座承受着较大的拱圈压力，故一般采用强度等级 C20 以上的整体式混凝土、混凝土预制块或 MU40 以上的块石砌筑。肋拱桥拱座由于压力比较集中，故应用高强度等级混凝土及数层钢筋网加固；装配式的肋拱以及双曲拱桥的拱座，可预留供插入拱肋的孔槽，就位后再浇混凝土封固，如图 3.15 所示。为了加强肋底与拱座的连接，底部可设 U 形槽浇灌混凝土,其强度等级不低于 C25。有时孔底或孔壁还应增设一些加固钢筋网。

拱桥墩身体积较大,除了用块石砌筑外,也有用片石混凝土浇筑。有时为了节省圬工砌体,可将墩身做成空心,中间填以砂石。

拱桥桥墩基础与梁桥相同。

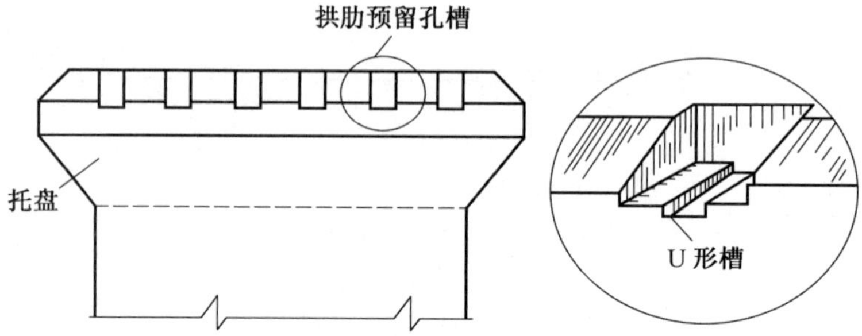

图 3.14　拱桥重力式桥墩

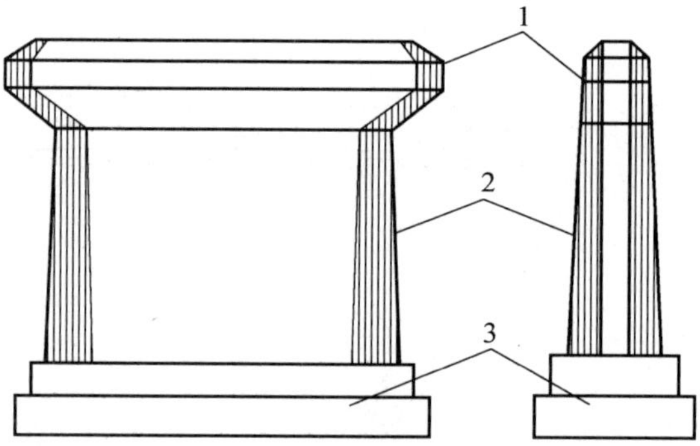

图 3.15　拱座构造

1—墩帽;2—墩身;3—基础

(2)柱式桥墩和桩柱式桥墩。

拱桥的柱式桥墩和桩柱式桥墩与梁桥相同。由于承受较大的水平推力,柱和桩的直径比梁桥大,根数也比梁桥多。当跨径较大(40～50 m)时,可以采用双排桩。拱座(盖梁)采用钢筋混凝土,构造与重力式桥墩拱座基本相同。

(3)单向推力墩。

多跨拱桥根据施工和使用要求,每隔 3～5 孔设置单向推力墩。目前常用的单向推力墩有以下几种形式:

①普通柱墩加设斜撑的单向推力墩。

这种单向推力墩是在普通墩柱上对称增设一对钢筋混凝土斜撑(如图 3.16 所示),以提高其抵抗单向水平推力的能力。接头只承受压力而不承受拉力。

②悬臂式单向推力墩。

悬臂式单向推力墩是在桥墩的顺桥向双向挑出悬臂(如图 3.17 所示)。当邻孔遭到破坏后,由于悬臂端的存在,使拱支座竖向反力通过悬臂端而成为稳定力矩,保证了单向推力墩不致遭到损坏。

③实体单向推力墩。

当桥墩较矮及单向推力不大时,只需加大实体墩身的尺寸即可。

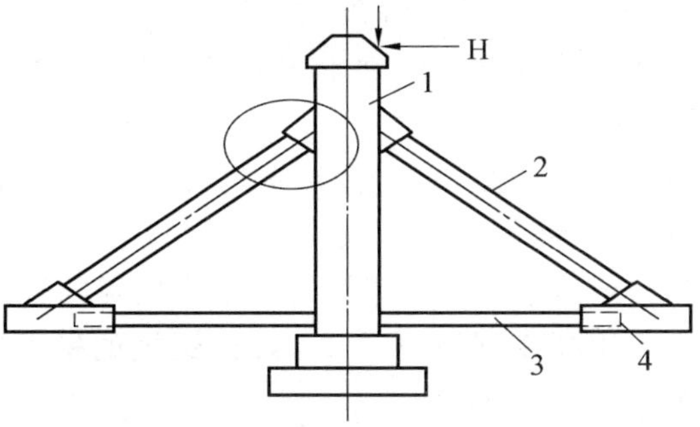

图 3.16 普通柱墩加设斜撑的单向推力墩

1—立柱;2—斜撑;3—拉杆(用预应力);4—基础板

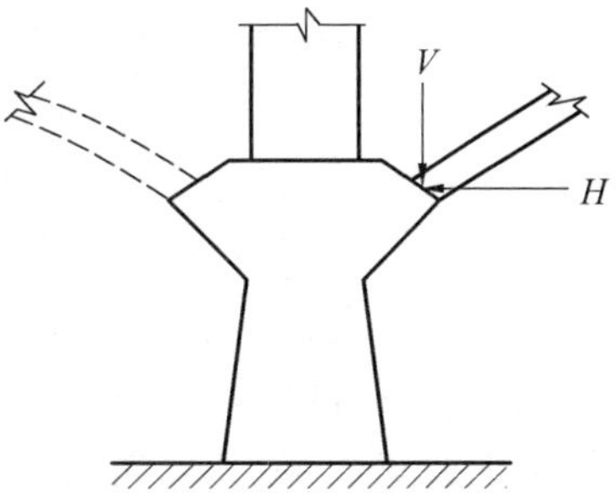

图 3.17 悬臂式单向推力墩

3.2.2 桥台构造形式

桥台通常按其形式划分为重力式U形桥台、埋置式桥台、轻型桥台、框架式桥台和组合式桥台等。

1.梁桥桥台构造

(1)重力式U形桥台。

重力式U形桥台一般采用砌石、片石混凝土或混凝土等圬工材料就地砌筑或浇筑而成,主要依靠自重来平衡台后土压力,从而保证自身的稳定。U形桥台构造简单,基础底承压面大,应力较小,但圬工体积大,并由于自身重力而增加对地基的压力,一般宜在填土高度不大而且跨径在8 m以上的桥梁中采用。

桥梁U形桥台由台帽、台身(前墙和侧墙)和基础组成,在平面上呈U字形,如图3.18所示。前墙除承受上部结构传来的荷载外,还承受路堤的水平压力。前墙顶部设置台帽,以放置支座和安设上部构造,其构造要求与墩帽基本相同。台顶部分用防护墙将台帽与填土隔开,侧墙是用以连接路堤并抵挡路堤填土向两侧的压力。U形桥台台身由前墙(含上端的防护墙)和侧墙组成。

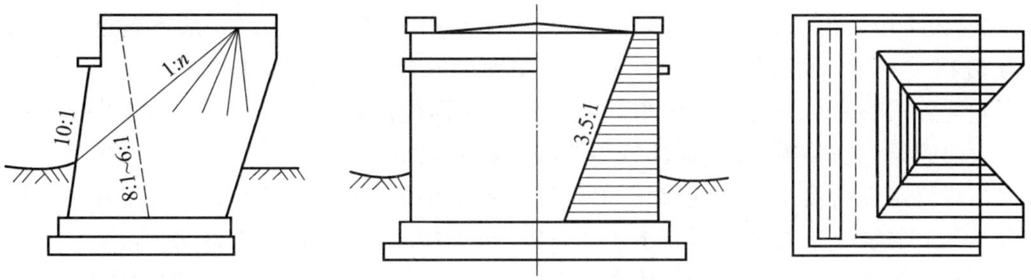

图 3.18 梁桥重力式U形桥台

梁桥U形桥台防护墙顶宽,对片石砌体不小于50 cm,对块石料石砌体及混凝土不小于40 cm。前墙任一水平截面的宽度,不宜小于该截面至墙顶高度的0.4倍,背坡一般采用5∶1~8∶1,前坡为10∶1或直立,桥台前墙的下缘一般与锥坡下缘相齐。侧墙长度可根据锥形护坡长度决定。尾端上部做成垂直，下部按一定坡度缩短，前端与前墙相连，改善了前墙的受力条件。侧墙外侧直立，内侧为 3∶1～5∶1 的斜坡，侧墙顶宽一般为 60～100 cm。任一水平截面的宽度，对片石砌体不小于该截面至墙顶高度的 0.4 倍，对块石、料石砌体及混凝土不小于 0.35 倍；如桥台内填料为透水性良好的砂性土或砂砾，则上述两项可分别相应减为 0.35 倍和 0.3 倍。

桥台内的填土容易积水，应注意防水，防止冻胀，以免桥台结构开裂。为了排除桥台前墙后面的积水，应于侧墙间略高于高水位的平面上铺一层向路堤方向设有斜坡的夯实黏土作为防水层，并在黏土层上再铺一层碎石，将积水引向设于桥台后横穿路堤的盲沟内。

桥台两侧设锥坡，坡度由纵向的 1∶1 逐渐变到横向的 1∶1.5，锥坡的平面形状为 1/4 椭圆，用土夯实填筑，其表面用片石砌筑。

(2)埋置式桥台。

当路堤填土高度超过 6～8 m 时，可采用埋置式桥台，如图 3.19 所示。

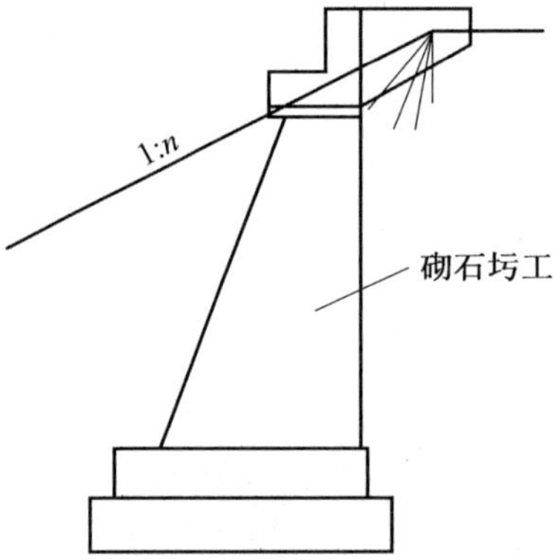

图 3.19　埋置式桥台

它是将台身埋在锥形护坡中，只露出台帽，以安放支座和上部结构。埋置式桥台，仅适用于桥头为浅滩，溜坡受冲刷较小，填土高度在 10 m 以下的中等跨径的多跨桥中。

埋置桥台的台身可用混凝土、片石混凝土或浆砌块石筑成，台帽及耳墙用钢筋混凝土做成。台身常做成向后倾斜，这样可减小台后土压力和基底合力偏心距。但施工时应注意桥台前均匀填土，以防倾倒。由于作用在桥台上的水平力较 U 形桥台小，台身底部可略大于顶部尺寸，最后由验算确定。埋置式桥台挡土采用耳墙，耳墙长度一般不超过 3～4 m，厚度为 0.15～0.3 m，高度为 0.5～2.5 m，其主筋伸入台帽或背墙借以锚固。

埋置式桥台台顶部分的内角到路堤锥坡表面的距离不应小于 50 cm，否则应在台顶缺口的两侧设置横隔板，使台顶部分与路堤锥坡的填土隔开，防止土壅到支撑平台上。桥台通过耳墙与路堤衔接，耳墙伸进路堤的长度一般不小于 50 cm。埋置衡重式高桥台，利用衡重台及其上的填土重力平衡部分土压力，在高桥中圬工较省，如图 3.20 所示。

它适用于跨径大于 20 m，高度大于 10 m 的跨深沟及山区特殊地形的桥梁。

(3)轻型桥台。

轻型桥台通常用钢筋混凝土或圬工材料砌筑。圬工轻型桥台只限于桥台高度较小的情况，而钢筋混凝土轻型台应用范围更广泛。从结构形式上分，轻型桥台有薄壁型轻型桥台和支撑梁型轻型桥台。

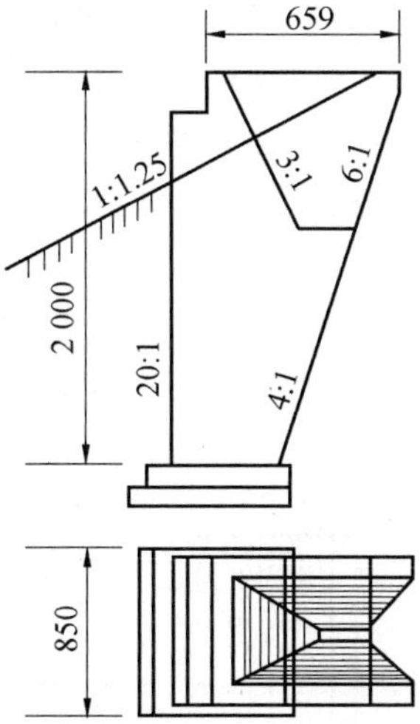

图 3.20　埋置衡重式高桥墩(单位:cm)

①薄壁轻型桥台。

薄壁轻型桥台常用的形式有悬壁式、扶壁式、撑墙式和箱式等,如图 3.21 所示,其主要特点是利用钢筋混凝土结构的抗弯能力来减少圬工体积从而使桥台轻型化。相对而言,悬臂式桥台的柔性较大,钢筋用量较大,而撑墙式和箱式桥台刚度大,但模板用量多。

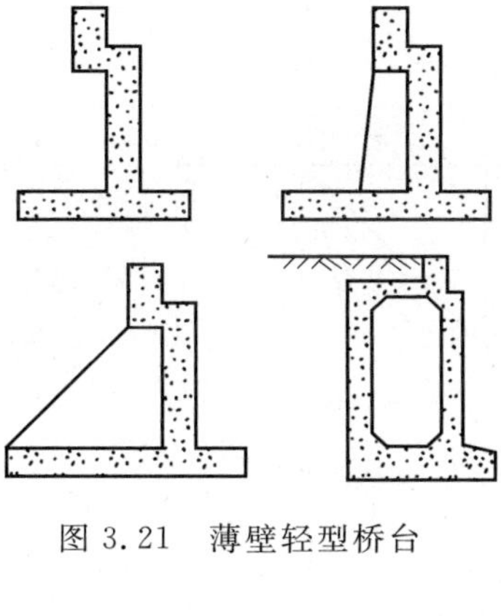

图 3.21　薄壁轻型桥台

②支撑梁轻型桥台。

轻型桥台用于跨径不大于 13 m 的板(梁)桥,且不宜多于 3 孔,全长不大于 20 m。在墩台基础间设置支撑梁,在上部结构与台帽之间设置锚固栓钉连接,使上部结构与支撑梁共同支撑桥台承受台后土压力,减小桥台尺寸,节省圬工数量。其主要特点是:①利用上部结构及下部的支撑梁作为桥台的支撑,防止桥台向跨中移动或倾覆;②整个构造物成为四铰刚构系统,台身按上下铰接支撑的弹性地基梁验算。

台帽用钢筋混凝土浇筑,混凝土强度等级不低于 C20,厚度不小于 30 cm,并应设 5～10 cm的挑檐。当填土高度较高或跨径较大时,宜采用有台背的台帽。当上部构造不设三角垫层时,可在台帽上做成有斜坡的三角垫层。

上部构造与台帽间应用栓钉连接,栓钉孔、上部结构与台背之间需用小石子混凝土(强度等级同上部结构)或砂浆(强度等级为 M12)填实。栓钉直径不宜小于上部构造主筋的直径,锚固长度为台帽厚度加上三角垫层和板厚。

台身可用混凝土或浆砌块石砌筑，混凝土强度等级不低于 C15，砂浆强度等级不低于 M5，块石强度等级不低于 MU25。台身厚度(含十字翼墙)，块石砌体不宜小于 60 cm，混凝土不宜小于 30～40 cm，两边坡度为直立。两边翼墙与桥台连成整体，成为一字形桥台[如图 3.22(a)所示]，也有把翼墙与桥台设缝分离，翼墙与水流方向成 30°夹角，成为八字形桥台[如图 3.22(b)所示]。为了节约圬工数量，也可在边柱上设置耳墙[图如 3.22(c)所示]。为了增加桥台抵抗水平推力的抗弯刚度，也可将台身做成 T 形截面[如图 3.22(d)所示]。八字翼墙的顶面宽度，混凝土不宜小于 30 cm，块石砌体不宜小于 50 cm，端部顶面应高出地面 20 cm。

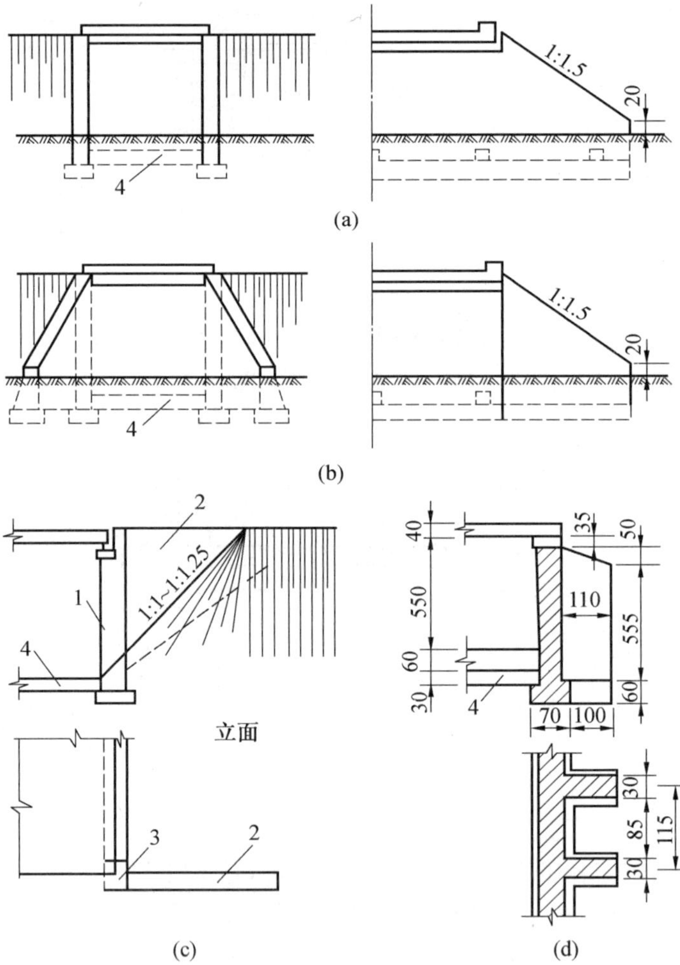

图 3.22　支撑梁轻型桥台(单位：cm)

1—桥台；2—耳墙；3—边柱；4—支撑梁

轻型桥台基础按支撑于弹性地基上的梁进行验算，一般用混凝土浇筑。当其长度大于 12 m 时，应按构造要求配筋。基础埋置深度一般在原地面(无冲刷时)或局部冲刷线以下不小于 1 m。

桥台下端与相邻桥台(墩)之间设置支撑梁，并设在铺砌层及冲刷线之下。支撑梁可用 20 cm×30 cm 的钢筋混凝土筑成，或用尺寸不小于 40 cm×40 cm 的混凝土或块石砌筑。

支撑梁按基础长度之中线对称布置，其间距 2～3 m。当基础能嵌入风化岩层 15～25 cm 时，可不设支撑梁。

(4)框架式桥台。

框架式桥台由台帽、立柱和基础组成，是一种在横桥向呈框架式结构的钢筋混凝土轻型桥台。它采用埋置式，台前设置溜坡，所受的土压力较小，适用于多种基础形式、台身较高、跨径较大的梁桥，是目前桥梁中采用较多的桥台形式。其构造形式有柱式、肋板式、半重力式和双排架式、板凳式等。

柱式桥台指台帽置于立柱上，台帽两端设耳墙以便与路堤衔接，台身与基础的构造和柱式与桩柱式桥墩相似，可以在浅置基础上设立柱，形成柱式桥台；也可在桩基础顶部直接设立柱形成桩柱式桥台，这种结构的特点是构造简单、圬工数量小，适用于填土高度小于 5 m 的情况(如图 3.23 所示)。柱式框架桥台的立柱可采用双柱式或多柱式，根据桥宽确定，尺寸可参照桩柱式桥墩拟定，并通过计算配筋。钢筋的上、下端分别伸入台帽和桩基与浅基。立柱一般用普通箍筋柱。

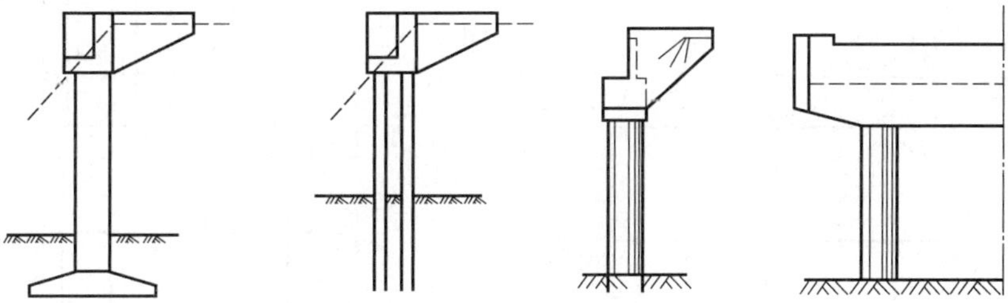

图 3.23　框架柱式桥台

当填土高度大于 5 m 时，用钢筋混凝土薄墙(肋板)代替立柱支撑台帽，即成为肋板式桥台，可以在浅置基础上设置肋板；也可在桩基础顶部设承台，承台上设置肋板支撑台帽，当水平力较大时，桩基础设置成双排或多排桩。台帽两端同样设耳墙便于同路堤衔接，必要时在台帽前方两侧设置挡土板(如图 3.24 所示)。肋板式桥台，墙厚一般为 0.4～0.8 m，通过计算配筋。

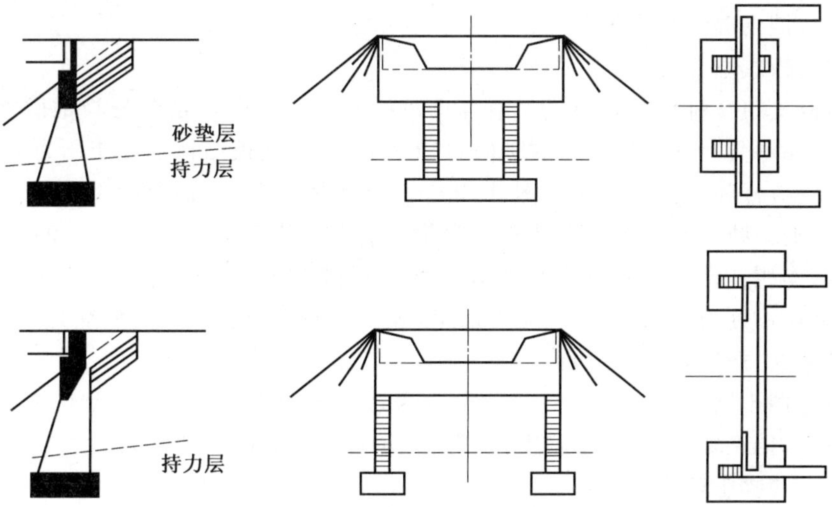

图 3.24　框架肋板式桥台

半重力式桥台与肋板式桥台相似，只是墙更厚，不设钢筋。半重力式桥台与墙式桥台常用桩作基础，桩径一般为 0.6～1.0 m，桩数根据受力情况结合地基承载力决定。当水平力较大时，桥台可采用双排架式或板凳式，它由台帽、台柱和承台组成。排架装配式桥台如图 3.25 所示。

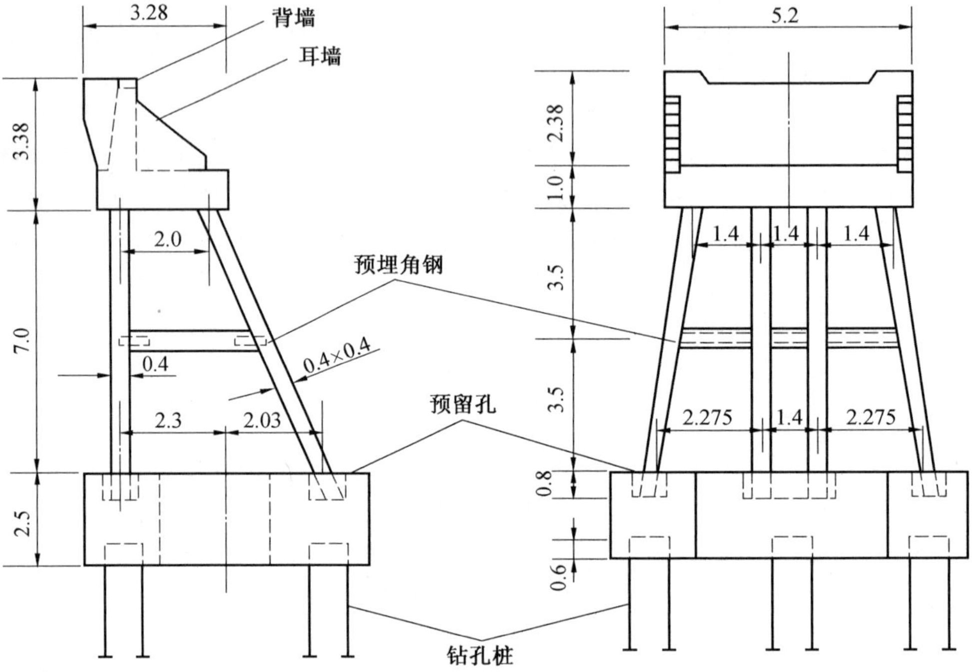

图 3.25　框架排架装配式桥台（单位：m）

(5)组合式桥台。

为使桥台轻型化，可以将桥台上的外力分配给不同对象来承担，桥台自身主要承受桥跨结构传来的竖向力和水平力，而台后的土压力由其他结构来承担，这就形成了由分工不同的结构组合而成的桥台，即组合式桥台。常见的组合式桥台有锚碇板式、过梁式、框架组合式以及桥台与挡土墙组合式等。

①锚碇板式组合桥台。

锚碇板式组合桥台有分离式与结合式两种形式。分离式是台身与锚碇板、挡土结构分离，台身主要承受上部结构传来的竖向力和水平力，锚碇板结构承受土压力。锚碇板是由锚碇板、立柱、拉杆和挡土板组成如图 3.26(a)所示，桥台与结构间预留空隙、基础于，互不影响，受力明确。结合式是锚碇板结构与台身结合在一起，台身兼做立柱和挡土板如图 3.26(b)所示。作用在台身的所有水平力假定均由锚碇板的抗拔力来平衡，台身仅承受竖向荷载，与分离式锚碇板结构相比，其结构简单，施工方便，工程量较小，但受力不明确。

②过梁式、框架式组合桥台。

桥台与挡土墙用梁结合在一起的桥台为过梁式组合桥台，使桥台与桥墩的受力相同。当梁与桥台、挡土墙刚结，则形成框架式组合桥台(如图 3.27 所示)。

③桥台与挡土墙组合桥台。

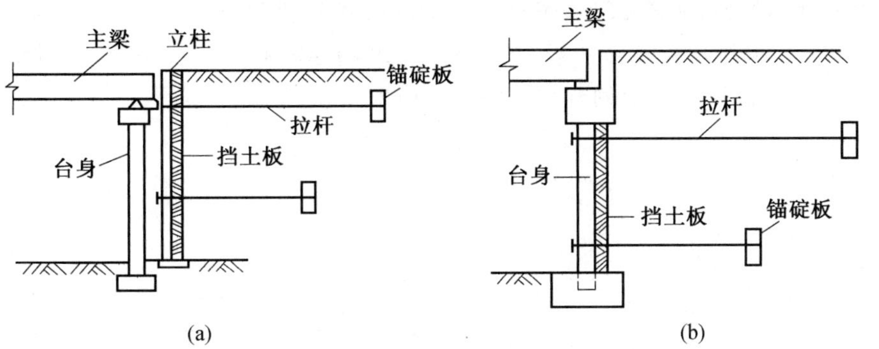

图 3.26 锚碇板式组合桥台

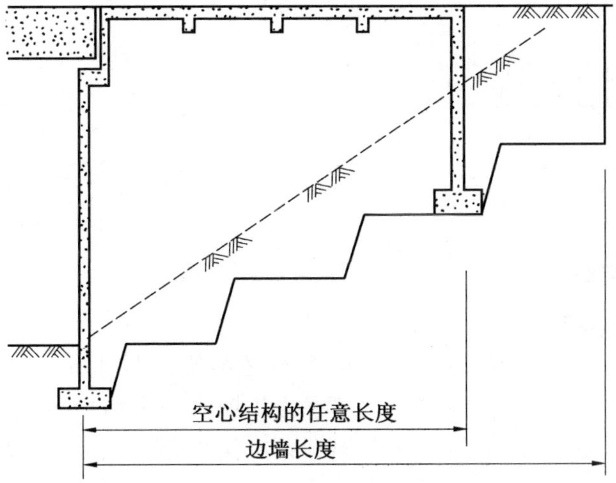

图 3.27 框架式组合桥台

由轻型桥台支撑上部结构，台后设挡土墙承受土压力的组合式桥台。台身与挡土墙分离，上端做伸缩缝，使受力明确。当地基条件比较好时，也可将桥台与挡土墙放在同一基础之上(如图 3.28 所示)。这种桥台的主要优点是可以不压缩河床，但构造比较复杂。

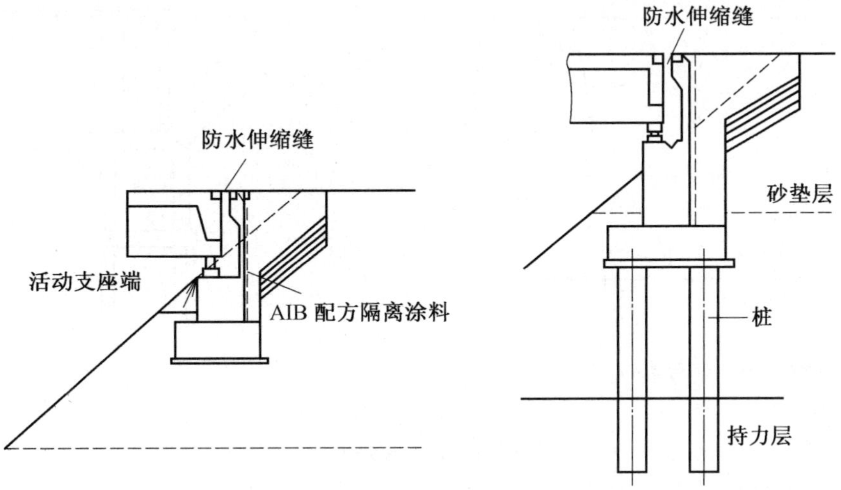

图 3.28 桥台、挡土墙组合桥台

在梁桥中，除上述桥台以外，还有一些特殊形式的桥台，如根据上部结构需要及受力要求，具有承压和承拉功能的承拉桥台(如图 3.29 所示)；桥台下土质比较密实，河床比较稳定，无冲刷，直接搁于地基上的枕梁式桥台(如图 3.30 所示)等。

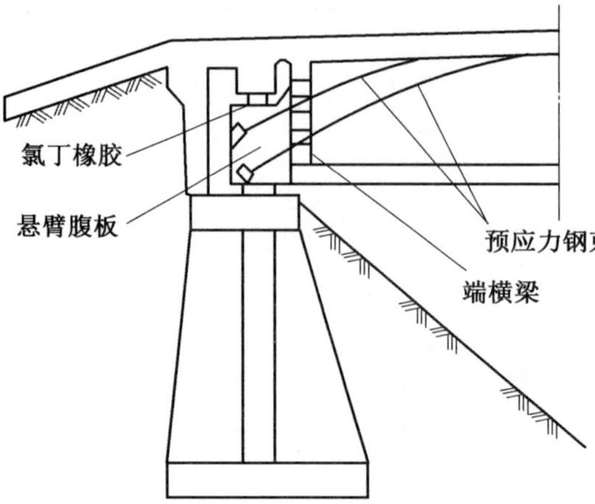

图 3.29　承拉桥台

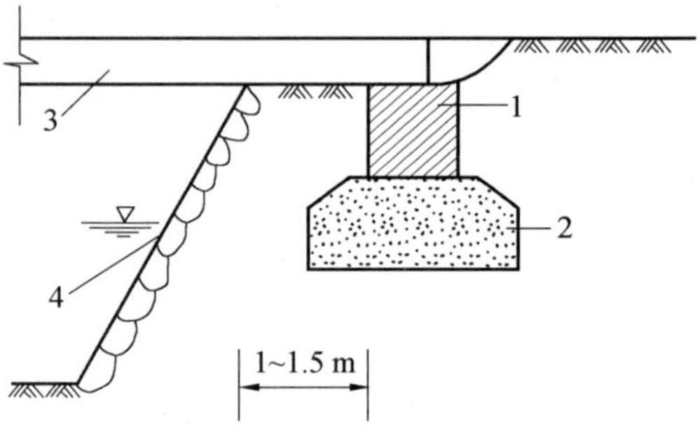

图 3.30　枕梁式桥台

1—桥台；2—桥下土质；3—梁；4—河床

2. 拱桥桥台构造

(1)重力式 U 形桥台。

重力式 U 形桥台在拱桥中用得最多，其构造与梁桥 U 形桥台相仿，也是由前墙、侧墙和基础三部分组成(如图 3.31 所示)。前墙承受拱圈推力和路堤填土压力。前墙上设有台帽，构造和墩帽相同。对空腹式拱桥，在前墙顶设有防护墙。侧墙和前墙连成整体，伸入路堤锥坡内 75 cm，并抵挡路堤填土向两侧的压力。

(2)组合式桥台。

组合式桥台由台身和后座两部分组成(如图 3.32 所示)。台身基础承受竖向力，一般采用桩基桩。

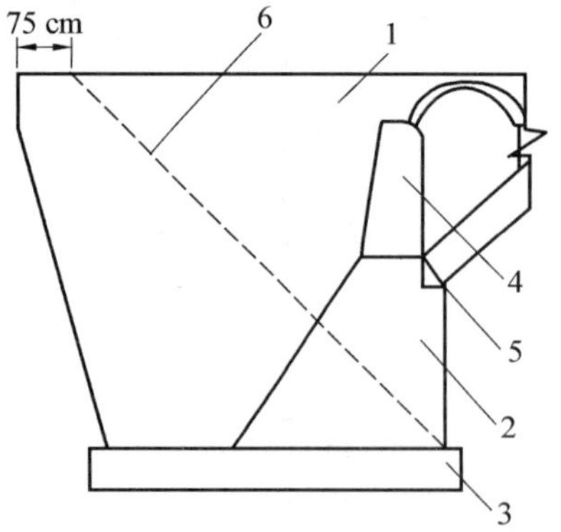

图 3.31　拱桥重力式 U 形桥台

1—侧墙；2—前墙；3—基础；4—防护墙；5—台帽；6—锥坡

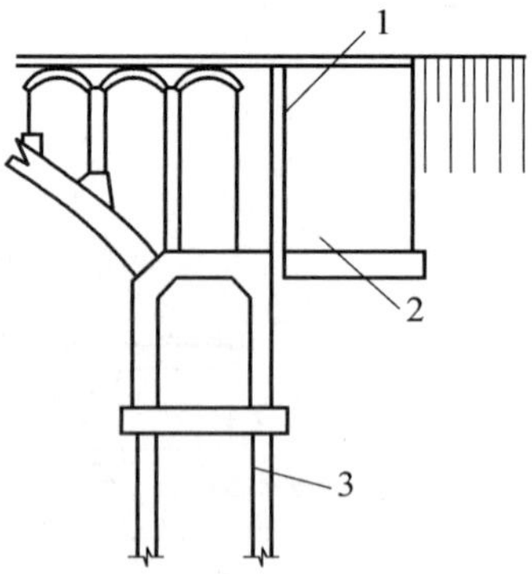

图 3.32　组合式桥台

1—沉降变形缝；2—后座；3—桩基

拱的水平推力则主要由后座基底摩阻力及台后的土侧压力来平衡。组合式桥台的承台与后座间必须密切贴合并设置沉降变形缝，以适应两者的不均匀沉降。后座基底标高应低于拱脚下缘标高，承台后土侧压力和基底摩阻力的合力作用点同拱座中心标高一致。

(3)轻型桥台。

①八字形桥台。

八字形桥台的台身可做成等厚度的或变厚度的。变厚度的台身背坡一般为 2∶1～4∶11，台口尺寸应满足抗剪强度要求。两边八字翼墙与台身分开，其顶宽为 40 cm，前坡为 10∶1，后坡为 5∶11(如图 3.33 所示)。

②前倾式一字形桥台。

前倾式桥台由于台身向桥孔方向倾斜，因此比直立台身的受力情况要好，用料要省。前倾台身做成等厚度的，前倾坡度可达 4∶1，如图 3.34 所示。其缺点是施工比较麻烦。

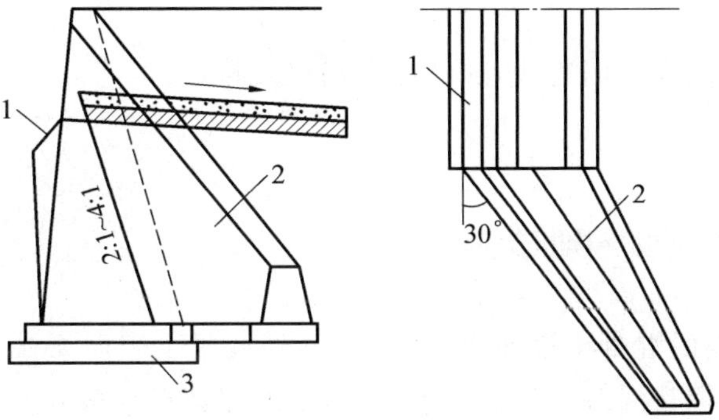

图 3.33 八字形桥台

1—台身；2—八字翼墙；3—基础

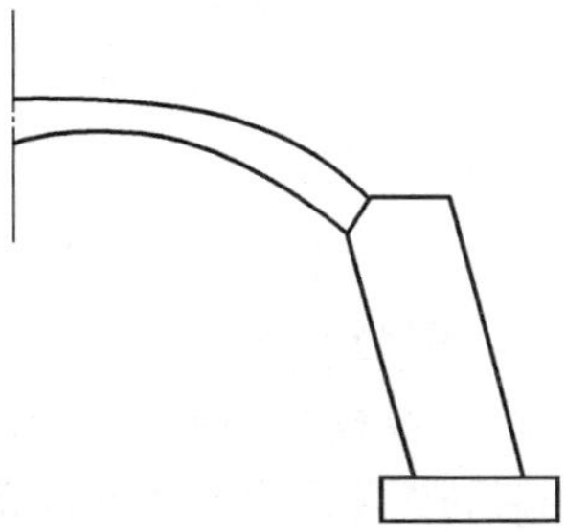

图 3.34 前倾式一字形桥台

拱桥轻型桥台还有多种形式，如 U 形桥台(如图 3.35 所示)，由前墙(等厚度的)和平行于行车方向的侧墙组成。当桥台宽度较大时，为了保证前墙和侧墙的整体性，可在 U 形桥台的中间加一道背撑，成为山字形桥台。当拱桥在软土地基而桥台自身不高时可采用空腹 L 形桥台(如图 3.36 所示)、履齿式桥台、屈膝式桥台等。

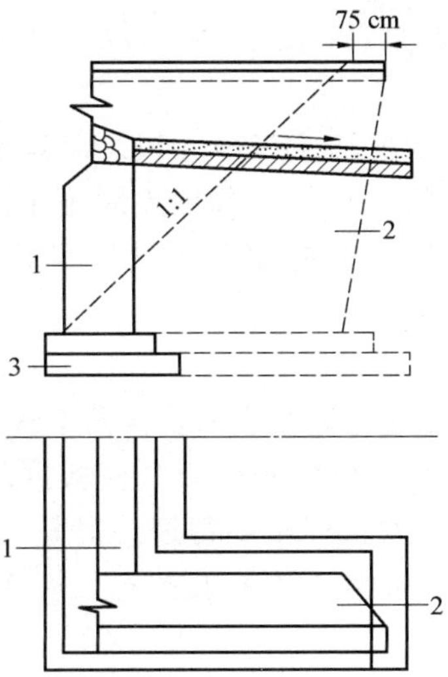

图 3.35 U 形桥台

1—前墙；2—侧墙；3—基础

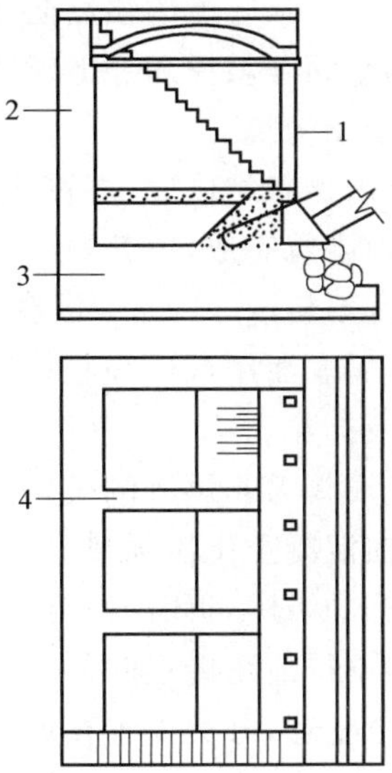

图 3.36 空腹 L 形桥台

1—前墙；2—后墙；3—基础板；4—撑墙

任务4　下部混凝土施工工作标准

4.1　耳背墙工作标准

1. 施工准备

(1)在桥台台帽上放出背墙边线和耳墙边线,并使用全站仪复核。

(2)模板脱模剂的涂刷。

2. 施工工艺

(1)工艺流程:钢筋验收→支设模板→模板拆除。

(2)钢筋安装。

在支设模板前要在放线区域内的混凝土表面进行凿毛,达到混凝土表面无松动石子或水泥浆;按照设计尺寸和间距现场绑扎焊接制作成钢筋骨架,砂浆垫块对称绑扎在钢筋骨架的四周。钢筋按照完成后,进行钢筋分项自检,自检合格后通知监理验收耳背墙钢筋,并办理隐蔽工程手续。混凝土浇筑前预埋耳墙防撞墙钢筋及背墙伸缩缝钢筋。

(3)模板安装。

支设模板时必须将脱模剂涂抹均匀,支设时要按照墨线进行施工,并及时复核模板的上口标高,如出现误差及时调整。耳背墙模板使用木模板进行支设。在背墙的外侧牛角部位模板支设时要对牛角部位的底部做单独支撑。支撑方法为在牛角底模处间隔 1 m 使用钢管做一道斜撑加强底模的强度防止底模脱落或变形。模板支设完毕后进行模板顺直度的调整。使用调整钢管斜撑和导链矫直的方法进行调直,直至达到施工规范要求。

(4)混凝土浇筑。

混凝土由拌和站供应,混凝土灌车运输,吊车配料斗起吊入模。混凝土按水平分层浇注,一次连续浇筑完成,浇筑顺序为由两端向中间立柱部分分层连续施工。用插入式振捣器,分层厚度不超过 30 cm。混凝土的浇注一次浇注完成,达到批准的施工要求为止。混凝土浇筑完毕后表面用刮尺收浆抹平。

(5)模板拆除。

耳背墙模板为非承重侧模板应在混凝土强度能保证其表面及棱角不致因拆模而受损坏时,一般应在混凝土抗压强度达到 2.5 MPa 时方可拆除侧模板。模板拆除应遵循先支后拆,后支先拆的顺序,拆时严禁抛扔。在摘除模板的过程中不得损伤混凝土表面及棱角,在操作过程中不得使用撬棍向外撬模板。以免损伤混凝土表面及棱角。模板、支架和拱架拆除后,应维修整理,分类妥善存放。

4.2 墩台工作标准

1.承台内的台身段钢筋应在浇筑承台前绑扎完毕，台身钢筋骨架的加工制作及钢筋连接方式应符合设计要求；施工过程中应重点检查承台预埋钢筋与台身主筋连接处的焊接质量，必要时采取加强措施。

2.肋板式、柱式台身主筋上绑扎箍筋时，采用粉笔画出箍筋间距线（或使用制作好的卡具），箍筋应在主筋接触紧密，如果箍筋为带钩状筋，应注意钩筋位置，保证钩筋不进入保护层内，钩筋应对角交替布置。

3.主筋连接和定位完成后，混凝土保护层的厚度应经检查满足要求后方可进行水平筋的安装绑扎，水平筋应紧贴主筋；保护层垫块宜使用高强砂浆垫块。

4.墩台模板视结构形式采用平板钢模或组合钢模，肋板的设计应使模板具有足够的强度与刚度，起吊和灌注时不易产生变形，面板变形量最大不宜超过1 mm；桥台混凝土外露面原则上应采用大块钢模，尽量将小块或非标模板配置在结构物的隐蔽位置，以减少因模板接缝过多容易漏浆、错台所造成的混凝土外观缺陷；进场模板须经验收小组验收合格后方可使用。

5.模板安装前应将基础顶面清洗干净，应根据设计图纸对立柱进行中心点和模板内外边线放样，并用墨线弹出，在位置线处应设定位装置，保证桥台轴线、边线准确，采取措施防止模板移位。

6.对模板承垫的底部应预先采用水泥砂浆设置找平层，但找平层不得侵占桥台实体；模板拼缝的螺栓应安装牢固、严密，拼缝处宜粘贴双面胶条，防止漏浆。

7.模板安装固定后，应及时检测平整度、错台、垂直度，同时应测量模板顶高程，并应根据设计高程计算出混凝土面距模板顶的高度。

8.浇筑混凝土前，应清除模板内的杂物，并采用砂浆在模板外封堵底部缝隙，同时应严格履行模板报验手续。

9.混凝土浇筑，可采用泵送或吊车配合料斗的方式浇筑混凝土，浇筑施工时应保证出料口与浇筑面之间的距离小于2.0 m，防止混凝土离析。

10.宜采用适当措施使操作人员进入模板内靠近混凝土面进行振捣，保证不漏振、过振；混凝土应水平分层浇筑，每层的浇筑厚度不宜超过300 mm。

11.混凝土的坍落度可根据现场气温适当控制。

12.模板拆除

(1)拆模不宜过早，应根据环境温度确定，且尽量安排在升温时段进行。

(2)模板拆除应遵循自上而下、分层拆除的原则。

(3)拆除模板时不得使用大锤、撬棍硬砸猛撬，应避免混凝土外形和内部受到损伤。

13.凿毛、养护，肋板式、柱式桥台应采用内包土工布，外包塑料薄膜，并采取顶部滴灌等方式进行养护，重力式桥台应采取全包裹土工布进行保湿养护，保湿养护时间不少于7 d。桥台顶部台帽或者盖梁连接处混凝土应提前凿毛处理。

4.3 盖梁工作标准

4.3.1 钢筋堆放与加工

1. 钢筋加工场地进行整平硬化，钢筋堆放在高出地面 50 cm 的平台上，并加以遮盖。

2. 钢筋加工尺寸、型号和钢筋数量必须按照设计图纸进行验收，所用主筋必须校直，无局部弯曲，盘筋用冷拉方法进行调直。钢筋表面应洁净，无锈迹。

3. 钢筋的截断弯曲及焊接均在钢筋加工场内进行，在施工现场进行焊接安装。

4. 盖梁定型钢筋骨架宜在加工场内的工作台上进行，并用拖车运至现场，用吊车吊运安装，条件不允许的可以直接在盖梁施工平台上加工。

5. 钢筋焊接前，必须根据施工条件进行试焊，合格后方可正式施焊，焊接材料要有合格证，并符合《钢筋焊接及验收规程》(JGJ 18—2012)的规定。

6. 钢筋安装完毕，应在钢筋与模板之间设置垫块来保证钢筋的保护层符合设计要求。垫块应与钢筋绑扎，并互相错开，预制的砂浆垫块强度要略高于混凝土强度。

7. 钢筋纵向焊接头应错开布置，在同一截面内，其接头的截面积不超过总截面积的 50%。

8. 在浇筑混凝土前应对已安装好的钢筋及预埋件进行检查。

4.3.2 施工平台

1. 地基处理

原地表以上的 30 cm 进行整体灰土处理，分两层摊铺、碾压。每层灰土碾压标准为无明显碾压轮压实度达到 90%以上，在压实地基上，铺设 15 cm×15 cm 方木，或者在压实地基上铺一层 10 cm 厚的 C15 混凝土。

2. 现场搭设要求

(1)立好立杆后，及时设置扫地杆和第一步大小横杆，扫地杆距基面 20 cm，支架未交圈前应随搭设随设置抛撑作临时固定。墩间系梁处必须按设计要求加密剪刀撑，以便让支架尽量整体受力。

(2)架体与各墩柱圈撑牢靠后，随着架体升高，剪刀撑应同步设置。

(3)安全网在剪刀撑等设置完毕后设置。

3. 摩擦箍处理

(1)抱箍安装在墩柱上时必须与墩柱密贴，这是个基本要求。

(2)对于圆形墩柱，抱箍应采用两个半圆形的钢板，通过连接板上的螺栓拧紧连接在一起，使钢板与墩身密贴，能够承受一定的重量而不变形，板的高度由承受上部盖梁荷载所需的摩擦力决定。

(3)抱箍内壁宜加垫摩阻力较大的柔性材料，如橡胶垫、麻袋片，以增加抱箍与墩柱之间的摩擦力。抱箍须设置足够厚度的连接板，连接板上的螺栓在竖向上宜布置成两排，螺栓预拉力必须保证抱箍与墩柱间的摩擦力可靠地传递荷载。

4. 预压

在铺设钢梁底模板时需较设计高程高出 2～3 cm，测量人员做好控制点测好高程，底模板吊装预压沙袋，测量每天观察控制点高程，关注沉降量。

4.3.3 模板安装

1. 盖梁施工前，先进行测量放样，用全站仪定出桩或柱中心位置，根据需要定出边线，并控制好高程。

2. 模板支架要通过计算控制其高程，使底模板安装后满足模板高程要求。

3. 底模板定位后绑扎好盖梁钢筋骨架或在地面上绑扎成型后直接吊装钢筋骨架，再根据边线安装侧面模板，侧模底部用螺丝固定在底模上，最后通过对拉螺栓、拉杆和纵横及斜向钢管，用扣件固定在模板支架上。

4. 模板安装完毕要符合其内部尺寸、位置及顶面高程，并用混凝土垫块垫好钢筋保护层。

5. 模板使用前用手提磨光机打磨光滑，除去锈迹，并用清机油或隔离剂涂刷，以利脱模。模板之间的接触缝应平整、严密，以防混凝土浇筑时漏浆。

4.4 台帽工作标准

4.4.1 相关要求

1. 施工前准备

(1)施工前清除桩柱顶浮浆，清理平整原地面，按设计高程于地面用砂浆找平以做底模，精确测量出轴线并做好标识。

(2)桥台台帽放样时，应注意不要以基础中心线作为台帽背墙线。

2. 钢筋制作

(1)加工前应将表皮油渍、漆皮等清除干净。钢筋平直、无局部弯折，成盘的钢筋和弯曲的钢筋要冷拉调直。

(2)钢筋网骨架的绑扎，钢筋的连接对于轴心受拉和小偏心受拉的钢筋接头不能绑接。

(3)受力钢筋焊接或绑扎接头设在内力较小处，并错开布置。电弧焊接和绑扎接头与钢筋弯曲处的距离不小于 10 倍的钢筋直径，且不位于构件的最大弯矩处。

3. 模板支立

(1)施工时，模型采用自制的大块钢模板，模板安装必须按图进行，安装校正后用拉杆和对口撑固定，加固立柱采用脚手架和方木。

(2)模板板面之间平整、接缝严密、不漏浆。为了保证模板的稳定，防止跑模，沿台身横向设置拉筋，拉筋间距为 1 m，错开布置。

(3)模板安装时轻移慢放，做到接缝紧密、平顺。混凝土灌注前，对基础底面进行凿毛清洗，确保连接质量。灌注过程中，加强振捣和观察模板工作，确保混凝土内实外美。

(4)模板安装完毕后，对其平面位置、顶部标高、接点联系及纵横向稳定性进行检查，达到设计要求后方可浇筑混凝土。

4. 混凝土施工

(1)拌制混凝土要拌和均匀，颜色一致，不得有离析和泌水现象。

(2)混凝土拌和物的坍落度在拌和地点和浇注地点分别检测，并以浇注地点的值为准。

(3)混凝土浇筑前派专人对钢筋和预埋件进行检查，浇筑前检查混凝土的均匀性和坍落度。

(4)混凝土按一定厚度、顺序和方向分层浇筑。混凝土分层浇筑厚度不超过 30 cm，混凝土浇筑连续进行，不得中断。

(5)振捣必须密实，密实的标志是混凝土停止下沉，不再冒出气泡，表面呈现平坦、泛浆。

5. 模板拆除

模板拆除应按设计的顺序进行，设计无规定时，应遵循先支后拆，后支先拆的顺序。

4.4.2 台帽工作标准

1. 施工前应按设计要求对墩顶垫石位置进行准确放样并经监理复核，复核完毕用墨线弹出垫石四边线。

2. 垫石施工前应对墩顶垫石位置混凝土进行凿毛处理，凿毛须露出密实混凝土，深度以 0.5～1 cm为宜。凿毛完毕用高压风将混凝土碎屑清理干净。

3. 垫石钢筋应在盖梁施工时预埋好，垫石钢筋进行预埋，施工时注意控制好垫石钢筋位置，采取有效措施防止钢筋偏位，并保证钢筋有足够的保护层。

4. 垫石施工前应对钢筋进行校核，对钢筋预埋偏位严重的应进行割除并在设计位置打眼植筋，打眼完毕将孔内碎屑清除干净放置钢筋并采用植筋胶进行锚固。

5. 根据图纸要求，垫石钢筋网片，需按图纸控制钢筋规格，钢筋间距等。

6. 垫石模板采用定型钢模板，模板高度按照图纸要求进行加工。

7. 模板安装前应进行打磨处理，打磨完毕涂刷优质机油。

8. 模板上下墩台顶采用汽车吊或塔吊起吊，严禁将模板、角钢及预埋钢管从墩顶向下抛掷，造成安全隐患和模板变形。

9. 模板变形超出规范要求后应对模板进行校核或更换模板。

10. 浇筑混凝土前应采用水准仪或全站仪对模板标高进行校核并报监理检验，达到要求后方能浇筑混凝土，模板加固需牢固可靠，加固可采用在垫石模板周边打眼埋置钢筋的方法进行加固。

11. 浇筑前须对墩顶垫石位置混凝土表面清理干净并洒水润湿，润湿不能出现明水。

12. 浇筑时应经常检查混凝土的各项试验指标。

13. 混凝土分层浇筑厚度不超过 30 cm，并用插入式振动器振捣密实。振动器移动间距不超过其作用半径的 1.5 倍并与模板保持 5～10 cm 的间距，插入下层 5～10 cm 左右，防止碰撞模板、钢筋及预埋件。

14. 振捣以混凝土不再下沉、表面开始泛浆、不出现气泡为度。

15. 混凝土浇筑完毕应及时检查模板顶面高程，如模板标高有变动，需及时调整并对混凝土表面标高进行相应调整。收面需在混凝土初凝后进行。

16. 如需按球型支座等需垫石浇筑预留或有预埋件时，应注意提前预留。

17. 混凝土浇筑完毕进行覆盖，待混凝土强度达到 2.5 MPa 时方可拆模。

18. 拆模需注意避免磕碰垫石棱角，拆模后需及时对垫石根部进行处理，对突出部分进行凿除，并修整至与垫石侧面相平；对有坑洼部位采用 M15 砂浆进行修补。

19. 混凝土养护需及时，采用在预留锚栓孔中加水、覆盖土工布润湿并包裹塑料薄膜的方法进行养护，养护标准以混凝土表面湿润为准。垫石须严格按照要求进行养护，养护时间为 14 d。

20. 严禁赤脚、穿拖鞋、穿硬底鞋作业，严禁在墩顶打闹休息，垫石施工时应在墩顶设置安全防护围栏，施工作业人员必须配备安全帽、安全带和防滑鞋。

21. 墩顶上下人严禁采用吊车吊运，需采用脚手架搭设上下人梯，脚手架的稳定情况要设专人进行监控，发现异常时应停止使用并进行加固处理，等安全隐患排除后继续施工。

4.5　梁板运输及吊装工作标准

根据预制梁的结构形式及大小选择吊梁吊装设备及运输设备的大小；准备安梁用品（钢丝绳，吊环，枕木，护甲）；根据现场情况和主管经理确定安梁顺序；板梁吊装运输及安装。

4.5.1　吊装

1. 板梁吊装时机械手要严格按照现场指挥人员指令进行操作，必须熟悉起重机的技术性能。启动发动机前必须按规定执行各项检查和保养。

发动机启动后，应检查各仪表指示值和听视发动机工作情况，确认正常后再操纵起重机进行试运转，以检查各机构工作是否正常，特别是制动器是否可靠。

2. 起重机作业范围内不得有影响作业的障碍物。作业时起重臂下方不得有人停留或通过，严禁用起重机载运人员。

3. 起重机必须置于坚实的水平地面上。起吊时，先将板梁吊起 20～30 cm，检查并确认起重机的稳定性、制动器的可靠性和绑扎的牢固性后，才能继续起吊。起吊时动作要平稳，并禁止同时进行两种动作。

4.5.2　运输

板梁使用平板拖车运输，车长必须能满足支撑点，间距要求。构件装车时须平稳放正，使车辆受重对称均匀。构件支点下及相邻两构件间，须垫上麻袋或草帘，防止构件相互碰撞，以免损坏车辆和构件。

为了保证梁板运输安全，施工便道必须平整、密实，无坑洞、弹簧现象。

4.5.3　安装

1. 吊装前首先进行测量放样，定出板式橡胶支座位置之后，清理干净并安放，四角高差不得超过 2 mm。

2. 板梁安装采用吊环或钢丝绳兜底捆绑吊装的办法，但不得利用锚栓捆绑吊装。

3. 支撑梁的墩台混凝土必须达到设计强度的 80%，方可进行上部结构吊装，安装前，墩、台支座垫板必须稳固。

4. 梁板安放时，必须仔细，使梁就位准确且与支座密贴。就位不准时，必须吊起重放，不得用撬棍移动板梁。

5. 相邻板之间的缝隙必须按设计要求嵌填密实。

6. 吊装全部完成后，及时用防腐木丝板封缝，以保证在施工过程中施工杂物不进入缝隙内，影响梁体自由伸缩。

4.5.4 梁板吊装安全措施

1. 协调好地方交警等有关方面，积极配合交警做好吊装作业期间的交通疏通工作。

2. 为保证各起重设备的安全行驶和工具的使用，使用前应做好全套检查。所有吊重索具应满足规定要求的安全系数。

3. 吊装由专人指挥，统一信号。遇六级大风、大雨及大雾天，能见度不够，不得进行吊装工作。

4. 梁板架设时，要做到分工明确，责任到人。

5. 架设过程中，设专人协调指挥，保证施工安全，并成立临时安全抢险小组，对突发故障进行抢险。

6. 在架梁前对职工进行施工技术安全教育，做好安全交底工作。专职操作人员须持证上岗，吊装人员必须熟练本工种操作规范。安全防护设施配备齐全，在施工现场服从负责安全的领导指挥和管理。

7. 架梁作业区做好安全保卫工作，为防止干扰架梁和意外人身安全，架梁作业区内闲杂人员不得进入。

8. 施工操作的工人佩戴必要的安全带、安全帽等防护用品。

4.6 箱梁的吊装及运输工作标准

1. 箱梁的吊装

运梁车就位前后量测的中心间距等于箱梁允许起吊间距，同时前后两车的纵轴线要重合。预制梁的吊间距应与前后车承重点间距错开，同时箱梁的纵向重心线也要与两车的纵轴线重合。

箱梁在运梁车上就位后用手拉葫芦将箱梁与车架捆成一体。梁底铺设具有防滑移、防冲击特性的方木及橡胶垫，在橡胶垫上铺一层草垫以防止因在运输过程中的刹车作用带来的梁片滑移或冲击，同时也防止对梁底的污染和损坏。

箱梁的起吊采用兜底法，在箱梁台座制作时，设置箱梁起吊时所需的活动底模板。箱梁预制时在翼板上预留穿索孔洞，吊点位置距梁端 1.0 m，箱梁吊装时为防止梁底混凝土损坏，在钢丝绳和梁底混凝土间安放 20 cm 长内直角外圆弧形的钢制抱角，抱角内垫橡胶垫。

2. 箱梁的运输

①运梁车的车况检查。运梁前对运梁车进行全面的检查，防止箱梁运输过程中出状况；加强对运梁车的定期保养。

②箱梁起吊至运梁车上后，在箱梁腹板两侧设置临时支撑。箱梁在运输时必须做好交通安全疏导工作，控制行驶速度每小时不超过 3 km，运输过程中做好防护工作如下：

a. 箱梁吊装加固好后从预制梁场出来拐弯时，封闭交通 5 min，待运梁车顺利地进入直行道安全行驶时恢复正常通车。

b. 运梁车前后方均安排一辆安全警报车带路，前车引导，后车殿后，防止运梁车在主线上正常行驶时其他车辆的撞击。

c. 运梁车行驶过程中在运梁车两侧各安排两名交通安全协管员，身穿黄马甲，手持信号旗、高音喇叭紧随协助，发出安全信号提醒。

3. 箱梁的架设

(1)永久支座的安装，先清除垫石顶面浮砂，保证顶面清洁、平整。凿毛连续段范围内的梁板表面，并用水冲洗干净，以便新浇连续段混凝土与梁板结合紧密。将支座用环氧树脂粘贴在支撑垫石上使支座就位，两个十字中心线重合。架梁、落梁时操作要平稳，防止支座偏心受压或产生初始剪切变形。

临时支座的安装，临时支座采用钢箱砂桶装砂，制作简单，操作方便，上下套筒分离，轻便，易于在高空作业搬运、操作、安装。此支撑仅起到临时支撑作用，待桥面张拉连续后，进行体积转换后，卸载时只要把下筒的螺丝扭开，把砂子卸出，上顶筒下沉缩下即可以拆除，永久支座进行受力。临时支座安装时，表面一定要水平，并左右两块一定要在同一平面上，以保证梁底在同一水平面上。

(2)预制梁架设施工步骤如下。在路基上拼装双导梁架桥机并延伸到桥头，纵移至需架梁位置就位，双导梁就位，先在桥上空载运行，使其重量落在梁体中心位置，导梁长度为桥跨长度的 2.5 倍，上铺枕木和钢轨，导梁上设置两个吊点，每吊点吊重 80 t，纵移采用 2 台单筒慢速卷扬机纵向牵引。

由架桥机两个吊点吊起，牵引到安装位置，搁置在盖梁或台帽上，架桥机只能将位于架桥机轴线上的一片箱梁不经墩顶横移直接放在支座上，其余梁片均需在墩顶横移后才能就位，故应按照先中梁后边梁的顺序架设。

当架边梁时，先将边梁吊放在次边梁跨位置，通过架桥机主桁下的边梁挂架吊起边梁横移就位。架桥机的天车可以横向小范围移动，通过架桥机前端安放的 5 箱卷扬机牵引运梁平车，使梁片进入架桥机腹巷至预定位置，吊梁台车移至大梁上方，挂好前后吊点的吊杆和底梁，检查无误后将梁吊起横移对中，到位后再横移到预定位置以完成梁片的准确就位。完成一孔梁架设后，纵移向第二孔，逐孔纵移至全桥架设完毕。

架设步骤如下：

步骤一：两台天车同步吊梁向前纵移至落梁位置。

步骤二：启动前后起重天车下落箱梁到墩顶并精确调整对位，将箱梁落在预先安装的临时支座上进行临时支撑。

步骤三：箱梁落位后，进行横向、纵向钢筋连接焊接，确保梁体安全。梁体架好后，设横向支撑，保持梁体的横向稳定，并及时现浇横隔板混凝土，进行湿接缝施工，浇筑墩顶接头混凝土等。

(3)运梁台车运梁施工技术条件。

①运梁台车运梁时，箱梁重心应落在台车纵向中心线上，偏差不得超过 20 mm。

②箱梁落在机动平车上时，梁前端应超出台车支撑横梁 2～3 m，如施工条件限制，可按照规范利用其最大悬出位置，箱梁与台车支撑间应垫放硬木板或胶板，以保护箱梁混凝土。

③运梁台车运送箱梁时，应在梁车两侧安全距离内由专人护送，预防梁片支撑松动。

④运梁台车重载速度不得超过 5 m/min，且由专人操作控制动力。

⑤运梁轨道基础应坚实平整，不得有死弯，三角坑等，枕木排列间距应不得大于 30 cm，且两轨间应有横联定位，以保证轨距准确，两轨应保持水平。

箱梁就位后按照《公路工程质量检验评定标准》(JTG F80/1—2017)进行检验。

4. 架桥机纵向行走

单跨箱梁架设完成后，架桥机纵向行走至下一跨，行走分两步进行，具体如下：

(1)辅支腿、中支腿、后支腿临时支撑时，前、后支架台车离开桥面，电动葫芦与摇滚台车用弯板和销轴连成一体，在重力作用下，电动葫芦轮子踏面接触导梁下弦，电动葫芦在下弦铺好的轨道上行走，带动前、后支架纵向移动，到达预定位置。

(2)前、后起吊平车运行至后主梁后端，作为架桥机纵向运行的配重，并将其固定，防止起吊平车在架桥机纵向运行时发生位移，影响架桥机的稳定性。架桥机纵向运行前进行全面检查，确保安全。

5. 箱梁架设施工注意事项

箱梁起吊与安装前，对起重运输工具和设备事先进行检查，确认合格后方能使用，所使用的绳索、滑车、倒链，要保持一定的安全系数，不准超载使用。

正式起吊前，要先进行试吊，吊起高度 20 cm 后进行检查，确认起吊情况正常时，才能继续进行。在起吊过程中，禁止任何人站在箱梁上，或在下面行走和停留，禁止箱梁悬空后操作人员离开现场。

箱梁在装卸车前，必须将龙门架的滚轮及运输车的车轮前后用三角木支垫好，以防滚动。箱梁在运输过程中，特别是运行至上坡或下坡路段，操作人员必须在车后随时准备打屑，防止溜车。

认真进行机械设备的维护保养与调试。组织所有参加桥梁架设工作的人员学习有关起重运输安全作业规程，对各工种人员进行详细技术交底、安全交底。

墩台顶面标出支座的精确位置，画出各片梁端线位置、边线位置；梁体就位时要按画出的位置线准确就位，支座要按位置线摆放，不得因碰撞发生移位，否则需将箱梁吊起重新安装。

施工时应确保在移梁、架梁的过程中，梁不会产生大的振动或不正常落梁，保证不使混凝土、预应力受到破坏，不影响预制箱梁的质量。

龙门吊机和架桥机应专人操作，吊梁、落梁时信号要明确、统一，吊装箱梁时设专人负责指挥，统一协调步骤，遇有下雨刮风天气影响视听时严禁架梁施工。

吊动箱梁时，梁体下面严禁站人、严禁行人通行，并必须有专人值守。

架桥机架梁时要严格控制其对桥墩的水平冲击力，做到“慢加速、匀移动”。

箱梁架设完一片后，及时与相邻梁上的横隔板预埋件焊接，并采取临时加固措施。

为保证架桥机施工正常，施工期间依靠网电提供电力，遇到突然停电依靠移动式发电机作为备用电源，同时检修工人每天定时检查卷扬抱闸、供电及行走系统，把事故隐患消灭在萌芽状态。

评价反馈：

桥梁下部结构施工学习情境评价表

序号	项目	评分标准	满分	评价			综合得分
				自评	互评	师评	

教学项目3　桥梁上部工程施工

一、目的和要求

1. 教学目标

通过项目教学活动，培养学生具有预应力混凝土桥梁施工现场施工质量、资料、安全和材料的基本管理能力，同时培养学生良好的职业道德、自我学习能力、实践动手能力、耐心细致的管理能力、能够分析和处理问题的能力，以及诚实、守信、善于沟通合作的专业素养、安全文明施工的良好意识和吃苦耐劳的精神，使学生能够胜任桥梁施工现场管理工作。

2. 职业能力目标

(1)能熟练识读桥梁工程施工图。

(2)识别并选用张拉设备和夹具，进行常规操作，并排除常见故障。

(3)进行先张法施工；进行后张法施工；控制张拉应力。

(4)能填写桥梁施工资料；收集和整理施工有关的试验报告；进行桥梁实体混凝土质量检测。

(5)能按照施工图，合理地选择桥梁施工方法，理解施工工艺，能编制预应力混凝土桥梁施工方案。

3. 知识目标

(1)常用张拉机具的类型及使用要领。

(2)张拉的方法、特点、要求及程序。

(3)预应力筋放松的方法及程序。

(4)制孔器的抽扒时间及孔道压浆的时间和要求。

4. 社会和方法能力目标

在教学过程中，注重对学生职业道德的培养；提高学生观察、分析和判断问题的能力，培养学生严谨的工作作风、实事求是的工作态度；以及诚实、守信、善于沟通合作的优良品质，使其能够胜任施工员管理工作。

二、任务书

1. 教师根据实际情况进行分组，学生自行填写学生任务分配表，如下。

学生任务分配表

任务名称			指导教师	
班级			组别	
姓名	角色	任务分工		
备注：				

2. 根据教师提供的图纸和相关资料，请各小组编写一份施工图纸识读与算量实训报告书。

班级：________________ 组别：________________

实训项目：________________

实训时间：________________

实训地点：________________

指导教师：________________

(一)实训内容

____

____

____

____

(二)实训过程描述

____

____

____

____

(三)总结与体会

____

____

____

____

任务5　简支梁桥构造与施工

5.1　简支梁桥的构造

简支梁桥构造简单，使用广泛。按建筑材料分为钢筋混凝土梁、预应力混凝土梁和部分预应力混凝土梁。钢筋混凝土简支梁桥一般适用于跨径为16 m以下的公路桥梁；预应力混凝土简支梁桥的跨越能力大一些，一般适用于50 m以下的公路桥梁。

简支梁按施工工艺分为整体式[如图5.1(a)所示]和装配式[如图5.1(b)所示]两大类。整体式简支梁一般适用于就地浇筑施工，具有整体性好的优势；装配式简支梁为预制拼装施工，具有施工方便，大量节省支架模板，不受季节性影响等优点，是目前广泛采用的桥梁类型。

(a) 整体式　　(b) 装配式

图5.1　简支梁施工

简支梁按承重结构(梁)的横截面形式，可分为板桥、肋梁桥和箱形梁桥。

5.1.1　简支板桥构造

钢筋混凝土板桥的主要承重结构是矩形截面的钢筋混凝土板。板桥的优点是建筑高度小，适用于桥下净空受限制的桥梁。它的外形简单，制作方便，既便于现场整体浇筑，又便于工厂化成批生产，并且装配式板桥构件的质量小，架设方便。板桥的主要缺点是跨径不宜过大，一般不超过20 m。

1. 整体式简支板桥

整体现浇钢筋混凝土板桥，简支时跨径不大于10 m，整体现浇预应力混凝土板桥，简支时跨径不大于20 m。一般做成实体式等厚的矩形截面[如图5.2(a)所示]，为了减轻自重也可做成矮肋板式截面[如图5.2(b)所示]，常见的城市高架桥板式截面见[如图5.2(c)、(d)所示]。

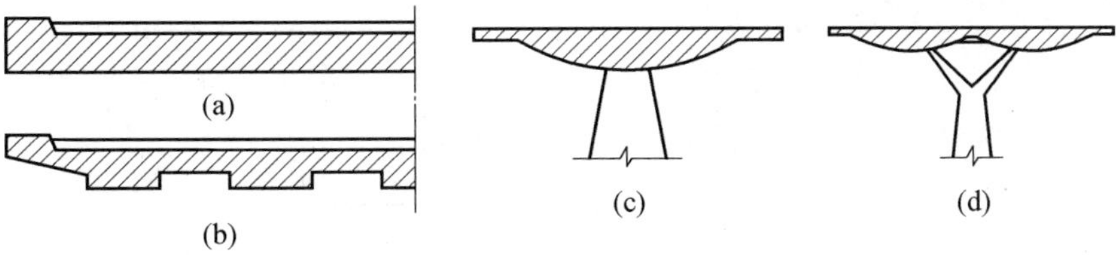

图 5.2　整体式简支板桥横截面

2. 装配式简支板桥

我国常用的装配式板桥的截面形式主要有实心板桥和空心板桥两种。矩形实心板桥具有形状简单、施工方便，建筑高度小等优点如图 5.3 所示；装配式空心板桥不仅能减轻自重，而且能充分利用材料（如图 5.4 所示）。装配式钢筋混凝土板桥的跨径不大于 10 m，装配式预应力混凝土空心板桥的跨径不大于 20 m。

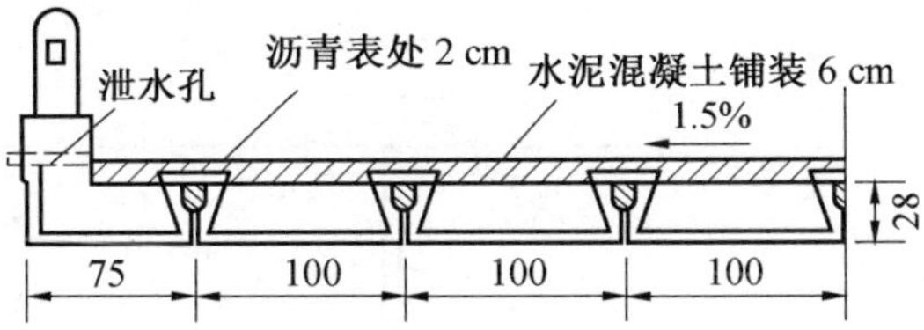

图 5.3　装配式钢筋混凝土矩形实心板桥构造

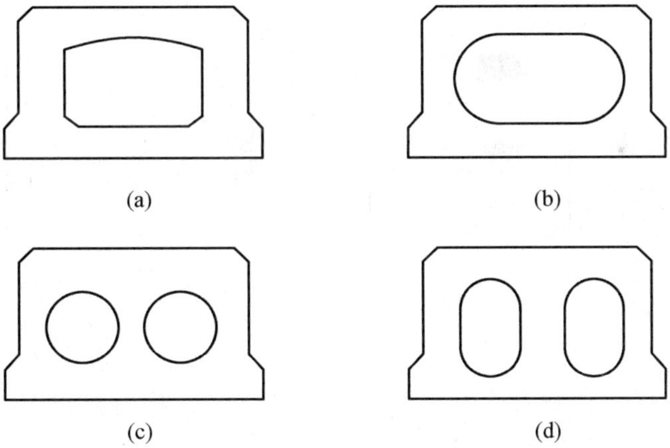

图 5.4　空心板桥截面形式

装配式板桥板块之间必须采用横向连接构造，以保证板块共同承受车辆荷载。常用的横向连接方式有企口混凝土铰连接和钢板焊接连接。

企口混凝土铰接形式有圆形、菱形和漏斗形三种[如图 5.5(a)、(b)、(c)所示]。如果要使桥面铺装层也参与受力，可以将预制板中的钢筋伸出与相邻板的同样钢筋互相绑扎，再浇筑在铺装层内[如图 5.5(d)所示)]。

由于企口缝内的混凝土需要养护一段时间才能通车，当需要加快工程进度以达到提前通车的目的时，也可采用钢板连接，如图 5.6 所示。

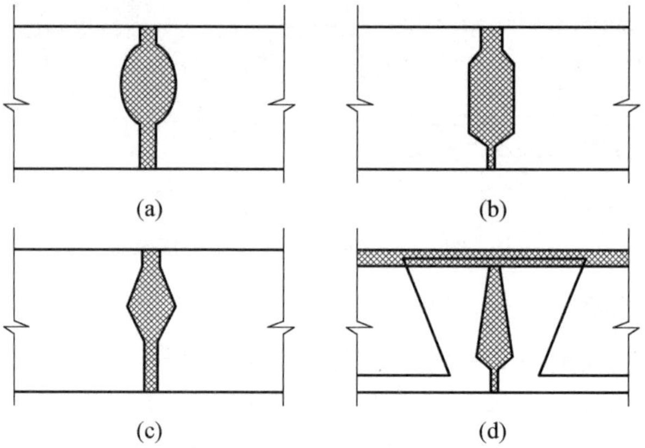

图 5.5　企口混凝土铰连接

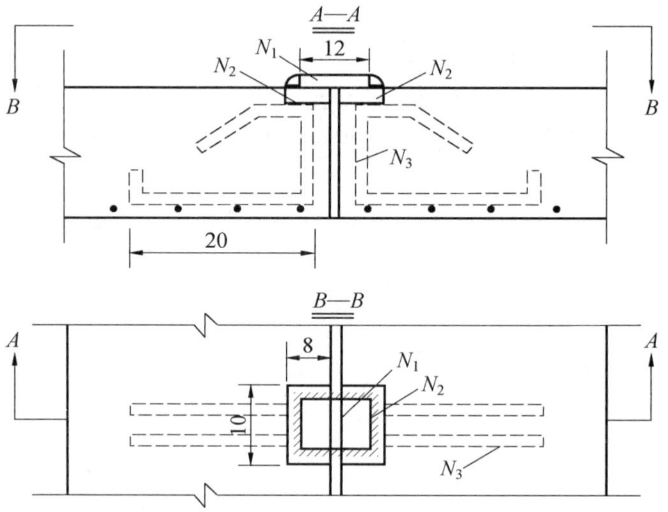

图 5.6　钢板连接构造(单位:cm)

3. 斜交板桥

桥梁纵轴线的布置与水流方向的交角不是 90°时,称为斜交板桥。桥梁纵轴线与支撑线垂线的夹角称为斜交角,用 φ 表示。

斜板的钢筋可按下列规定布置,斜板桥钢筋布置如图 5.7 所示。

(1)当整体式斜板的斜交角(支撑轴线的垂直线与桥纵轴线的夹角)不大于 15°时,主钢筋可平行于桥纵轴线方向布置;当整体式斜板斜交角大于 15°时,主钢筋宜垂直于板的支撑轴线方向布置,此时,在板的自由边上下应各设一条不少于三根主钢筋的平行于自由边的钢筋带,并用箍筋箍牢。在钝角部位靠近板顶的上层,应布置垂直于钝角平分线的加强钢筋,在钝角部位靠近板底的下层,应布置平行于钝角平分线的加强钢筋,加强钢筋直径不宜小于 12 mm,间距 100～150 mm,布置于以钝角两侧 1.0～1.5 m 边长的扇形面积内。

(2)斜板的分布钢筋宜垂直于主钢筋方向设置,其直径、间距和数量的要求与正交板相同。在斜板的支座附近宜增设平行于支撑轴线的分布钢筋;或将分布钢筋向支座方向呈扇形分布,过渡到平行于支撑轴线。

(3)预制斜板的主钢筋可与桥纵轴线平行,其钝角部位加强钢筋及分布钢筋宜按照第 1 款及第 2 款要求布置。

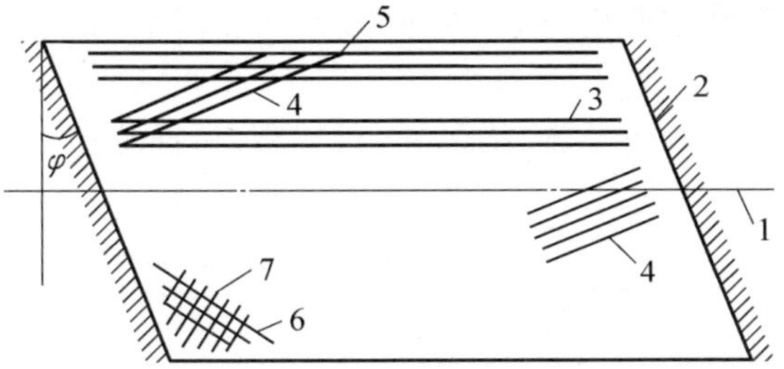

图 5.7 斜板桥钢筋布置

1—板桥纵轴线;2—支撑轴线;3—顺桥纵轴线钢筋;4—与支撑轴线正交钢筋;5—自由边钢筋带;6—垂直于钝角平分线的钝角钢筋;7—平行于钝角平分线的钝角钢筋

4. 实心板梁案例

本案例为整体式钢筋混凝土简支实心板桥(1～8 m)设计实例。

汽车荷载等级:公路—Ⅱ级。

桥:－6.5 m＋2×0.5 m。

设计基准期:50 年。

设计安全等级:三级(小桥、涵洞)。

环境类别:Ⅱ类。

设计洪水频率:小桥、涵洞 $P=1/25$。

地震作用:地震动峰值加速度系数等于 0.05g,进行抗震设计。

图 5.8 为实心板钢筋布置图。

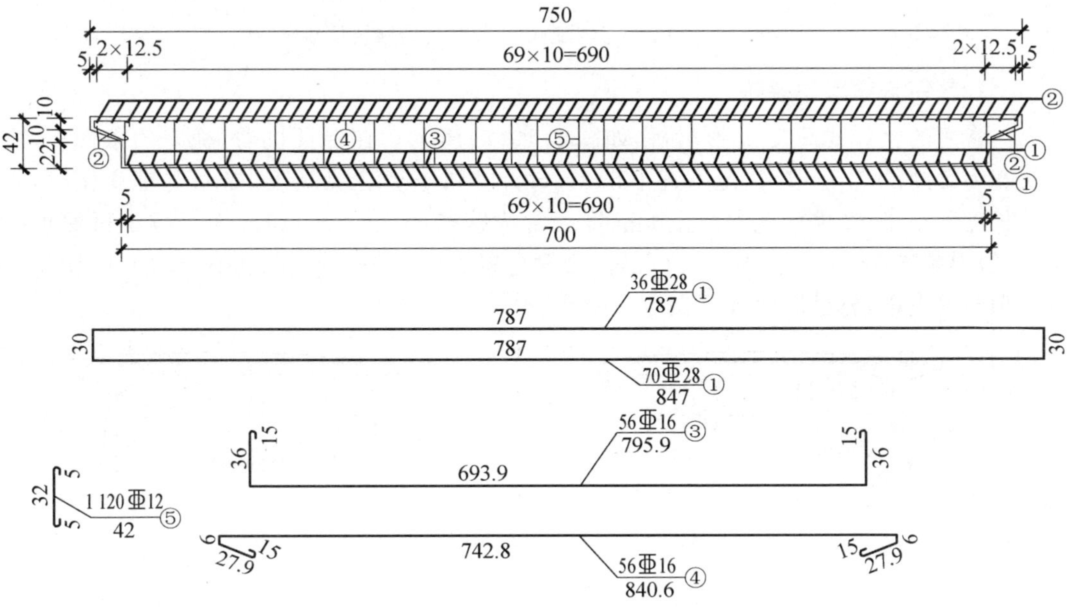

图 5.8 实心板钢筋布置图

5.1.2 简支肋梁桥构造

混凝土肋梁桥具有受力明确、构造简单、施工方便等优点，是中小跨径桥梁中应用最广的桥型。

简支肋梁桥的上部结构由主梁、横隔梁、桥面板、桥面构造等组成(如图 5.9 所示)。

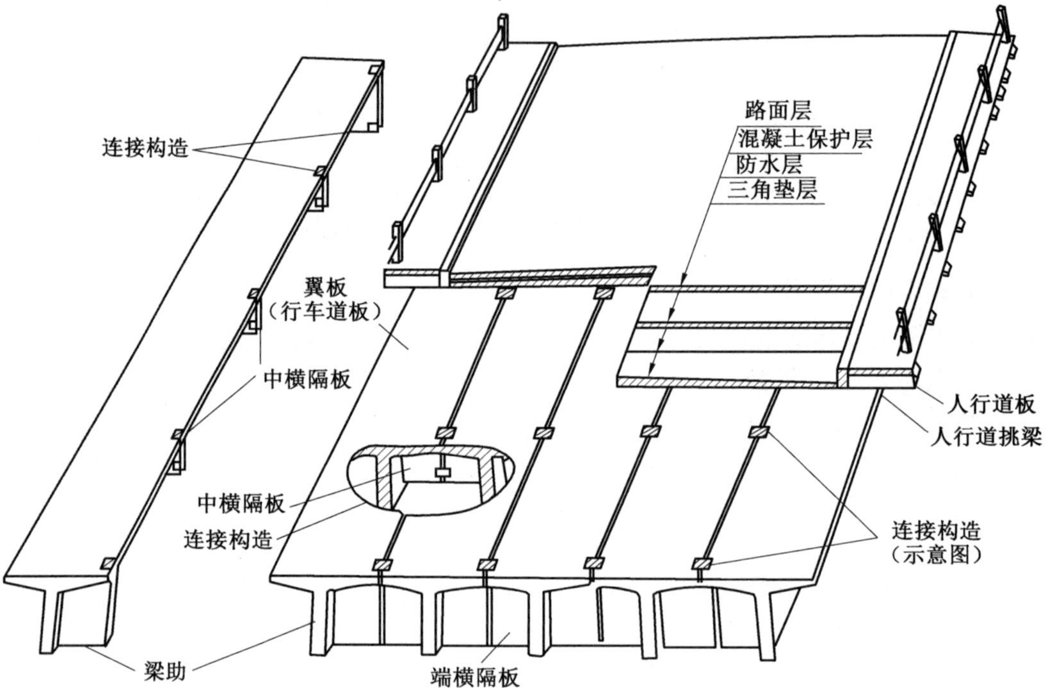

图 5.9 装配式 T 形简支肋梁桥概貌

1. 整体式简支肋梁桥

常用的整体式简支 T 形梁桥，如图 5.10(a)所示。在保证抗剪、稳定的条件下，主梁的肋宽为梁高的 1/7～1/6，但不宜小于 16 cm，以利于浇筑混凝土；当肋宽有变化时，其过渡段长度不小于 12 倍肋宽差。主梁高度通常为跨径的 1/16～1/8。为了减小桥面板的跨径(一般限制在 2～3 m 之内)，还可以在两根主梁之间设置次纵梁，如图 5.10(b)所示。为了合理布置主钢筋梁，肋底部可做成马蹄形。

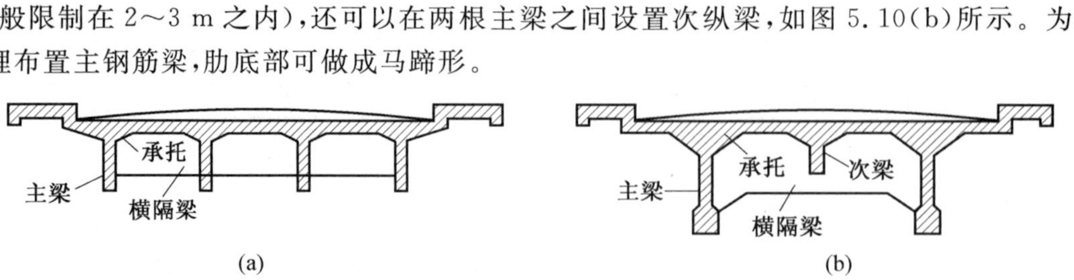

图 5.10 整体式简支 T 形梁桥横截面

整体式简支梁桥桥面板的跨中板厚不应小于 10 cm。桥面板与梁肋衔接处一般都设置承托结构，承托结构长高比一般不大于 3。

2. 装配式简支肋梁桥

装配式钢筋混凝土 T 梁桥的跨径不大于 16 m。装配式预应力混凝土 T 梁桥的跨径不大于 50 m。

(1)主梁。

①主梁横截面。

装配式简支肋梁桥主梁横截面形式可分为 π 形[(如图 5.11(a)所示)]、T 形[如图 5.11(b)所示]。π 形主梁横向联系较差,现在很少使用。T 形梁桥制造简单、整体性好,接头也方便,是使用最为普遍的结构形式。当主梁间距小于 2 m 时,梁肋一般做成全长等厚度(间);主梁间距大于 2 m 时,梁肋端部 2～5 m 范围内可逐渐加宽,以满足抗剪和安放支座要求。对于预应力主梁梁肋,为使预应力筋在梁肋底部较集中地布置并满足预加应力的受压需求,梁肋的下部应做成马蹄形[如图 5.11(c)所示]。

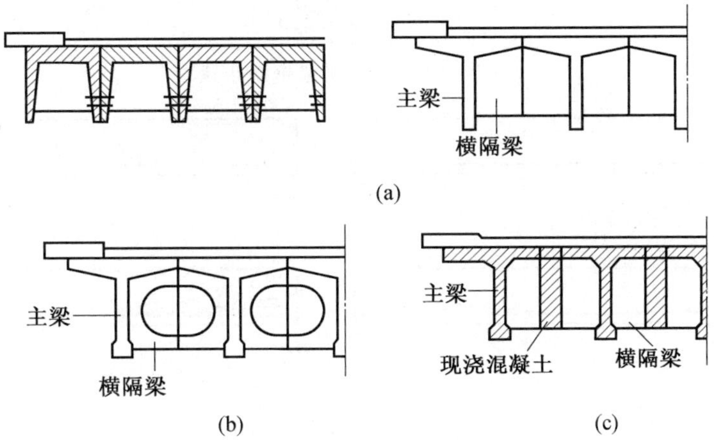

图 5.11　装配式 T 形梁桥横截面

②主梁梁肋尺寸。

主梁的合理高度与主梁的跨径、活动荷载的大小等有关。经济分析表明,梁高与跨径之比(即高跨比)的经济范围在 1∶16～1∶11 之间,跨径大的取用其中偏小的比值。

③主梁钢筋布置。

装配式 T 形梁桥的钢筋可分为纵向受力钢筋(主筋)、架立钢筋、斜钢筋、箍筋和分布钢筋等几种。T 形梁翼缘板内的受力钢筋沿横向布置在板的上缘,以承受悬臂的负弯矩,在顺主梁跨径方向还应设置少量的分布钢筋,如图 5.12 所示。

④预应力筋布置形式。

预应力筋总的布置原则是:在保证梁底保护层厚度及使预应力钢筋位于索界内的前提下尽量使预应力筋的重心靠下,在满足构造要求的同时,预应力尽量相互紧密靠拢,使构件尺寸紧凑。简支梁纵向预应力筋布置方式如图 5.13 所示。目前预应力混凝土简支梁桥上采用最多的布置方式是图 5.13(c)和图 5.13(d)两种。

(2)桥面板及横向连接构造。

装配式简支梁桥桥面板(翼缘板)一般采用变厚式,其厚度随主梁间距而定,翼缘根部(与梁肋衔接处)的厚度应不小于梁高的 1/10,翼缘悬臂端的厚度不应小于 100 mm。当预

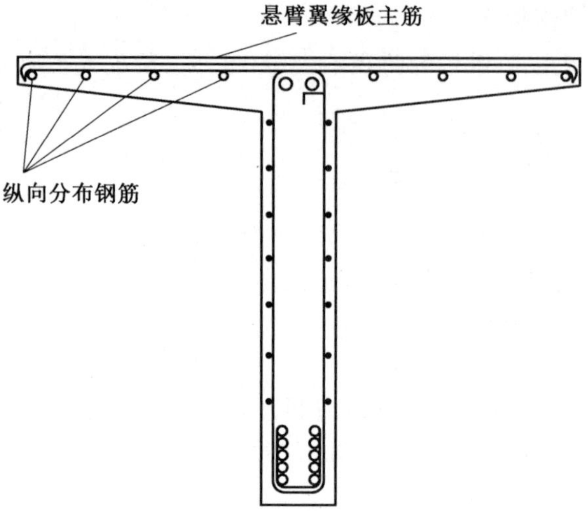

图 5.12 主梁钢筋布置

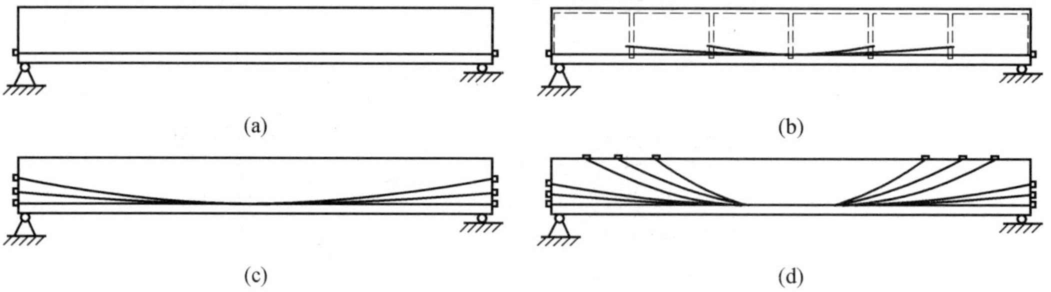

图 5.13 预应力筋布置方式

制 T 形梁之间采用横向整体现浇连接时，其悬臂端厚度不应小于 140 mm。

T 形梁桥的桥面板钢筋布置如图 5.14 所示。板上缘承受负弯矩，按《公路钢筋混凝土及预应力混凝土桥涵设计规范》要求，受力钢筋直径不小于 10 mm，间距不大于 20 cm；在垂直于主筋方向布置分布筋，其直径不小于 8 mm，间距不大于 20 cm，且分布筋的截面面积不宜小于板截面面积的 0.1%；在有横隔板的部位，分布筋的截面面积应增至主筋截面面积的 30%，以承受集中轮载作用下的局部负弯矩，所有增加的分布筋应从横隔板轴线伸出 $L/4$（L 为横隔板的间距）的长度。

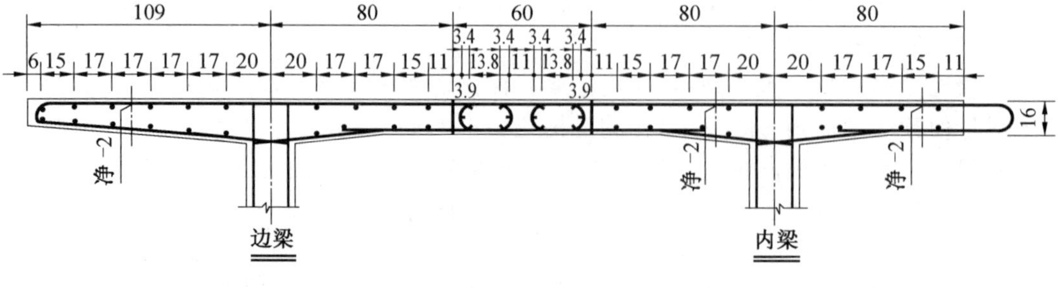

图 5.14 T 形梁桥桥面板钢筋布置图

常用的桥面板(翼缘板)横向连接有刚性接头和铰接接头两种。

a. 刚性接头既可承受弯矩,也可承受剪力,如图 5.15 所示。

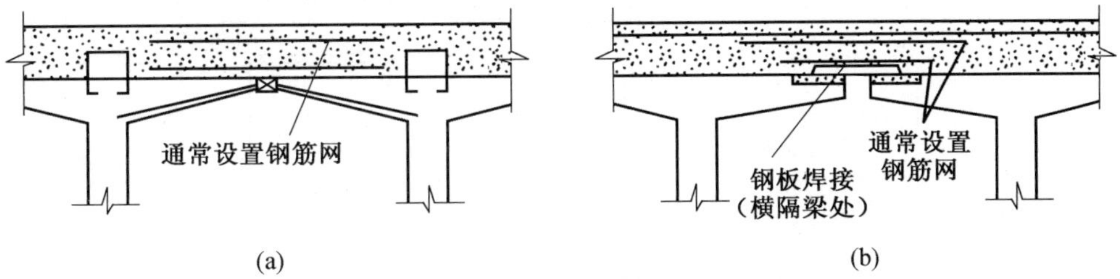

图 5.15　装配式 T 形梁桥面板刚性接头构造

b. 铰接接头只能承受剪力,如图 5.16 所示。

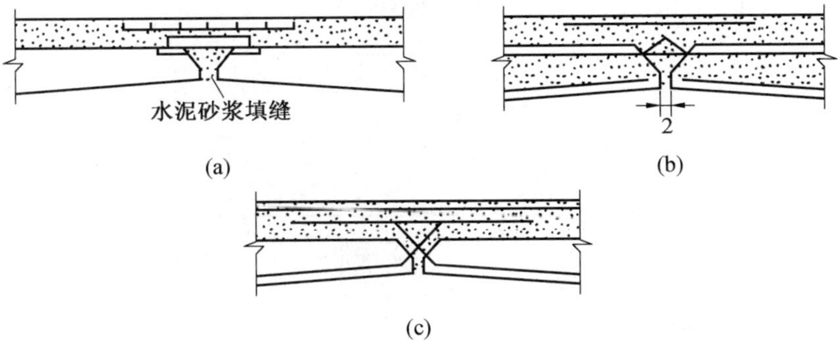

图 5.16　装配式 T 形桥面板铰接接头构造

(3)横隔梁及横向连接构造。

横隔梁在装配式 T 形梁桥中起着保证主梁之间相互连接成整体的作用,它不但有利于制造、运输和安装阶段构件的稳定性;而且能显著加强全桥的整体性;有中横隔梁的梁桥,荷载横向分布比较均匀,且可以减少翼板接缝处的纵向开裂现象。一般来说,当梁横向刚性连接时,横隔梁的间距(沿主梁肋纵向)不应大于 10 m;当为铰接时其间距可取 5 m 左右。对于钢筋混凝土简支梁桥,一般在梁端、跨中和四分点处各设置一道横隔梁即可满足要求。

横隔梁主要接头形式有焊接钢板接头[如图 5.17(a)所示]、螺栓接头[如图 5.17(b)所示]、扣环接头[如图 5.17(c)所示]。

3. 案例

图 5.18 为预应力钢筋混凝土 T 梁桥预应力钢束布置图,$A—A$ 截面为跨中,$B—B$ 截面为梁端每片梁设 2 束钢绞线,N1、N2 各有 1 束。

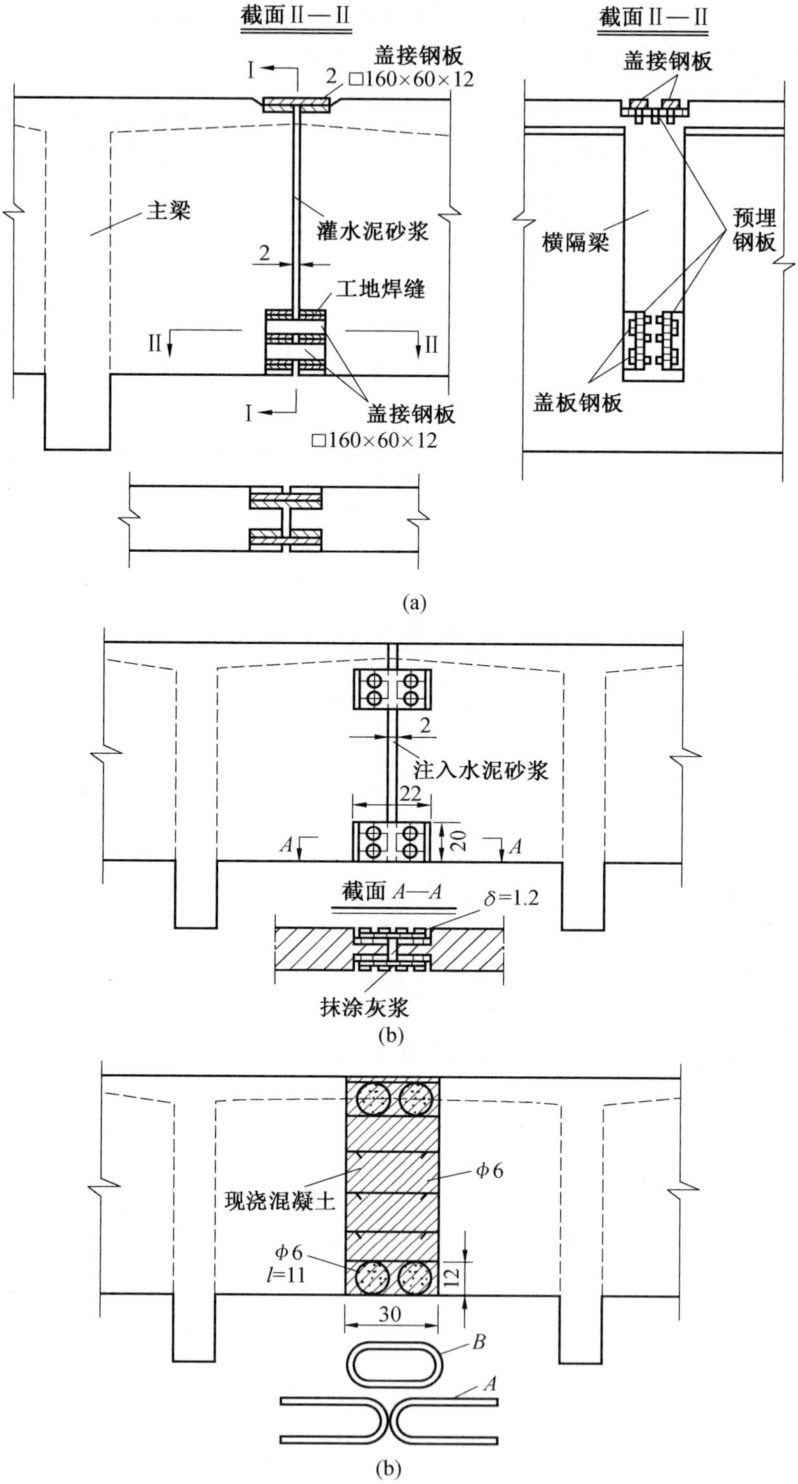

图 5.17　横隔梁连接构造(单位:cm)

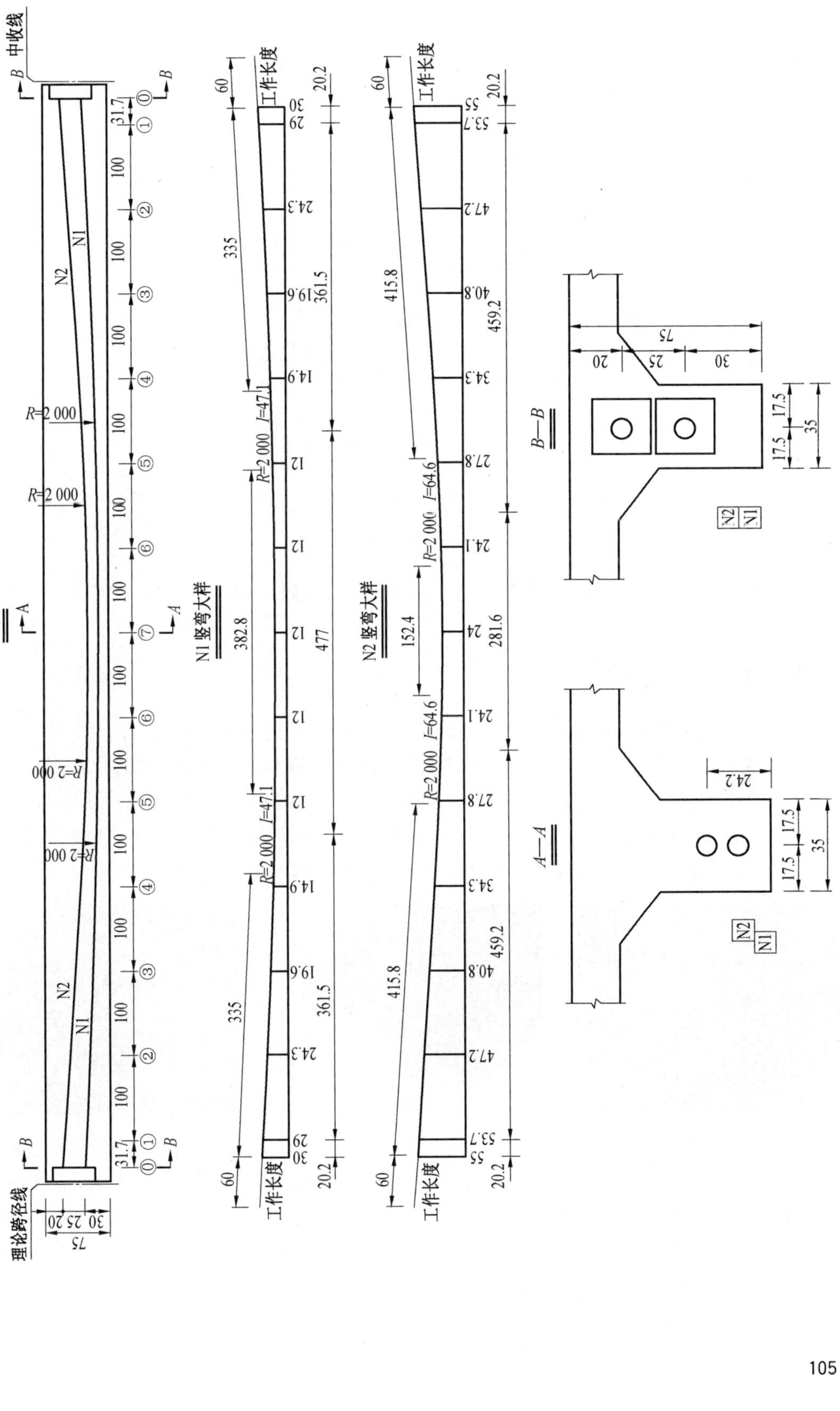

图 5.18 某桥预应力钢束布置图

5.1.3 简支箱梁桥构造

箱形截面具有良好的受力性能，与同等截面面积的肋梁桥和板桥相比，闭口的箱体具有很大的抗扭刚度和横向抗弯刚度，因而对弯桥、斜桥很有利。在修建简支弯桥、斜桥时，箱形梁是很好的备选方案，不过其构造要复杂些（如图 5.19 所示）。此外，箱形梁可做成薄壁结构，对自重占大部分荷载的大跨径简支梁是较为经济合理的。

整体式箱形梁往往在桥孔支架模板上现场浇筑，个别也有整体预制、整孔架设的情况。

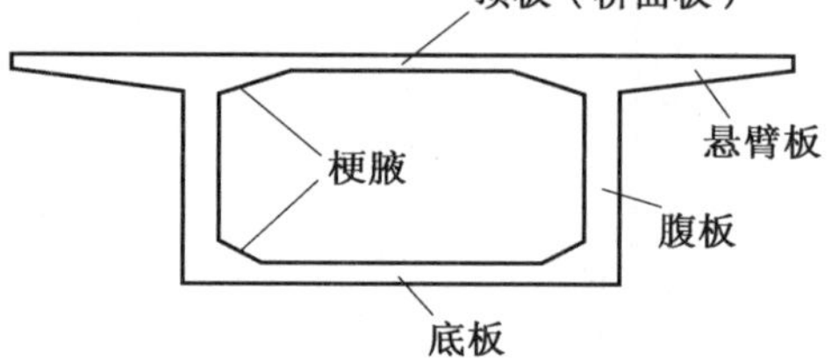

图 5.19 箱形梁一般构造形式

5.2 简支梁预制安装法施工

简支梁预制根据施加预应力的方法和时间先后，基本可以分为两大类，即先张法和后张法。

5.2.1 一般规定

预应力混凝土结构所采用的钢丝（如图 5.20 所示）、钢绞线（如图 5.21 所示）、螺纹钢筋（如图 5.22 所示）等材料的性能和质量，应符合现行国家标准的规定。钢丝应符合现行《预应力混凝土用钢丝》(GB/T 5223—2014)的规定；钢绞线应符合现行《预应力混凝土用钢绞线》(GB/T 5224—2023)的规定；螺纹钢筋应符合现行《预应力混凝土用螺纹钢筋》(GB/T 20065—2016)的规定。有涂层的预应力筋应符合相应的现行国家标准的规定。

图 5.20 钢丝

图 5.21 钢绞线

图 5.22 螺纹钢筋

锚具（如图 5.23 所示）、夹具（如图 5.24 所示）和连接器（如图 5.25 所示）应按设计规定采用，其性能和质量应符合现行《预应力筋用锚具、夹具和连接器》(GB/T 14370—2015)的规定。锚具应满足分级张拉、补张拉以及放松预应力的要求；锚固多根预应力筋的锚具除应具有整束张拉的性能外，尚应具有单根张拉的性能；用于承受低应力或动荷载的夹片式锚具应具有防松性能；锚具的锚口摩阻损失率宜不大于 6%。

图 5.23　锚具

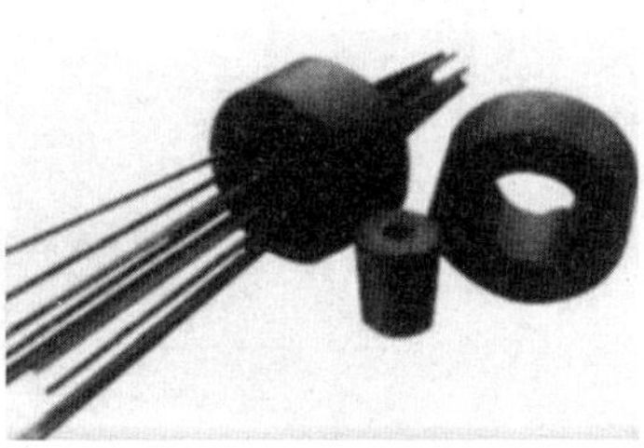

图 5.24　夹具

图 5.25　连接器

5.2.2　先张法

在浇筑混凝土之前，先张拉预应力钢筋，并将预应力筋临时固定在台座或钢模上，待混凝土达到一定强度(一般不低于混凝土设计强度标准值的 75%)，混凝土与预应力筋具有一定的黏结力时，放松预应力筋，使混凝土在预应力的反弹力作用下，使构件受拉区的混凝土承受预压应力(如图 5.26 所示)。

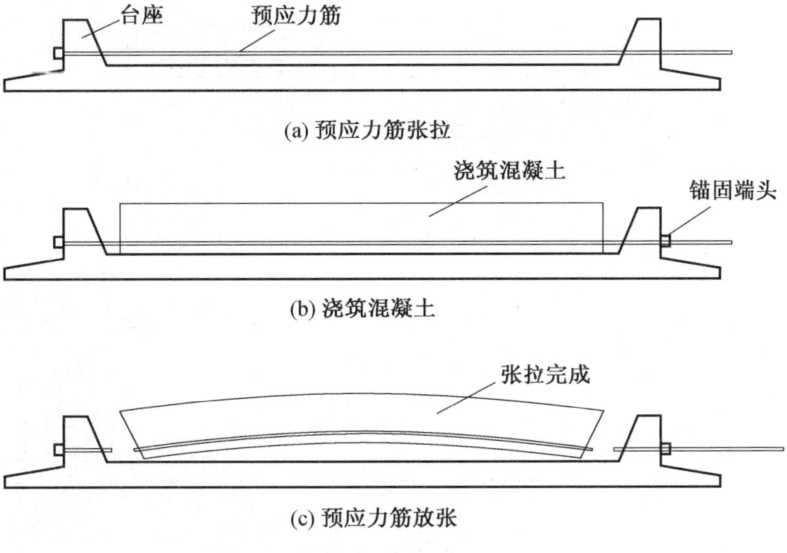

图 5.26　先张法施工程序示意图

1. 先张法台座(如图 5.27 所示)

台座承受全部预应力筋的拉力，故台座应具有足够的强度、刚度和稳定性，以免因台座变形、倾覆和滑移而引起预应力的损失。

台座由底板、承力架、横梁等组成。

(1)底板：有整体式混凝台面和装配式台面两种。

(2)承力架或支撑架：是台座的主要受力结构。其形式很多，如框架式、墩式(如图 5.28 所示)、槽式等。

承力台座应进行专门设计，并应具有足够的强度、刚度和稳定性，其抗倾覆安全系数应不小于 1.5，抗滑移系数应不小于 1.3。

③横梁：是将预应力筋的张拉力传给承力架的横向构件(如图 5.29 所示)。锚固横梁应有足够的刚度，受力后挠度应不大于 2 mm。

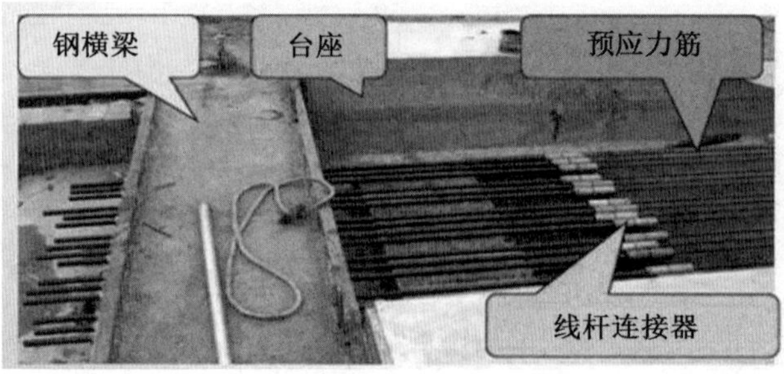

图 5.27　台座

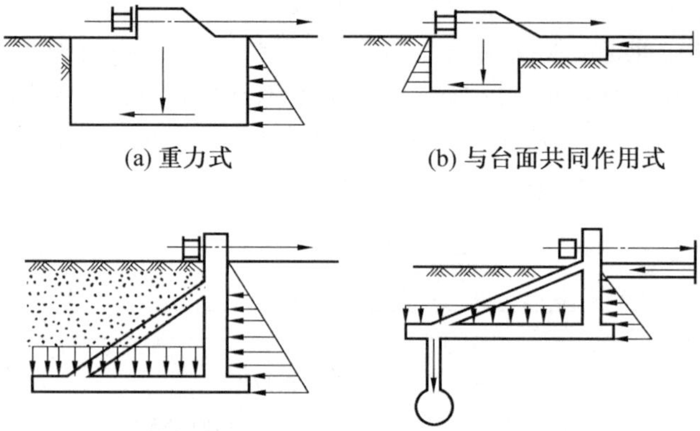

图 5.28　墩式台座的形式

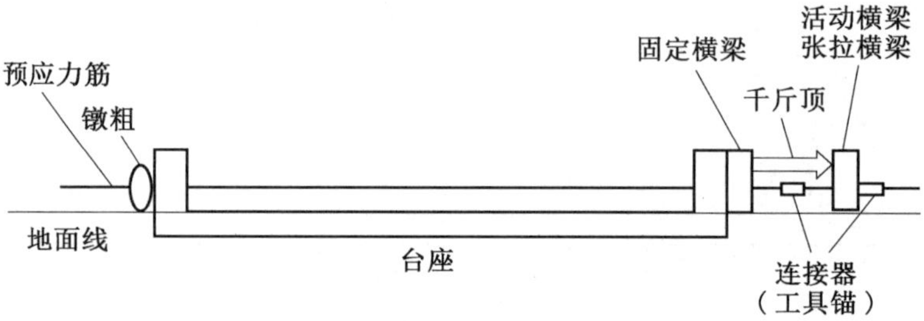

图 5.29　横梁

2.先张法预应力混凝土简支空心板预制工艺流程(如图 5.30 所示)

施工要点：

(1)预应力筋的安装宜自下而上进行,并应采取措施防止其被台座上涂刷的隔离剂污染。预应力筋与锚固横梁间的连接,宜采用张拉螺杆。

(2)先张法预应力筋的张拉除应符合下列规定。

①张拉前,应对台座、锚固横梁及各项张拉设备进行详细检查,符合要求后方可进行操作。

②同时张拉多根预应力筋时,应预先调整其单根力筋的初应力,使相互之间的应力一致,再整体张拉。张拉过程中,应使活动横梁与固定横梁始终保持平行,并应检查预应力筋的预应力值,其偏差的绝对值不得超过按一个构件全部预应力筋预应力总值的 5%。

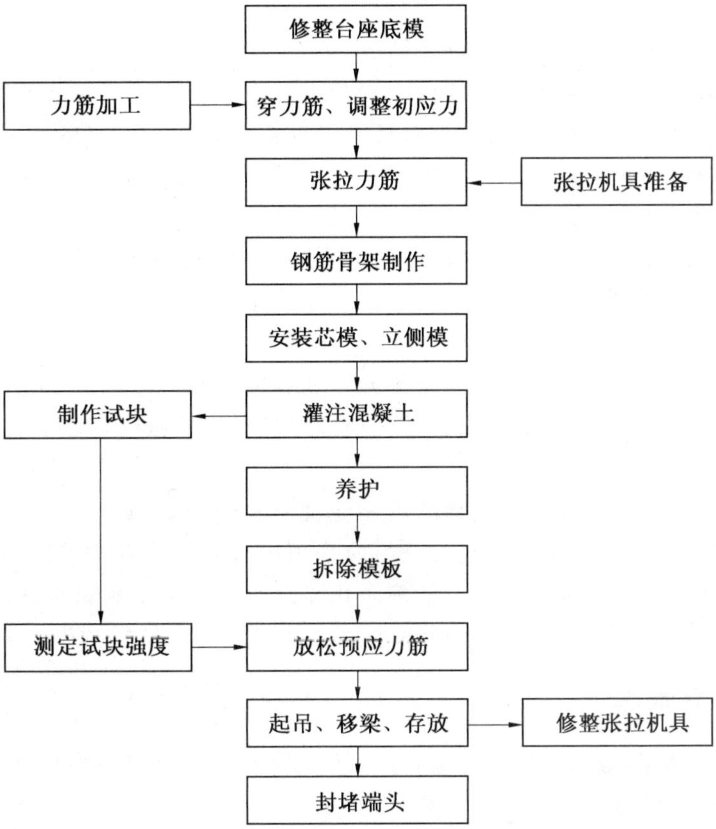

图 5.30　先张法预应力混凝土简支空心板预制工艺流程

③先张法预应力筋的张拉程序应符合设计规定；设计未规定时，其张拉程序可按表 5.1 中的规定进行。

表 5.1　先张法预应力筋张拉程序

预应力筋种类		张拉程序
钢丝、钢绞线	夹片式等具有自锚性能的锚具	低松弛预应力筋：0→初应力→σ_{con}(持荷 5 min 锚固)
	其他锚具	0→初应力→1.05 σ_{con}(持荷 5 min)→0→σ_{con}(锚固)
螺纹钢筋		0→初应力→1.05 σ_{con}(持荷 5 min)→0.9σ_{con}→σ_{con}(锚固)

注：1. 表中 σ_{con} 为张拉时的控制应力值，包括预应力损失值。

2. 超张拉数值超过最大超张拉应力限值时，应按该条规定的限制张拉应力进行张拉。

3. 张拉螺纹钢筋时，应在超张拉并持荷 5 min 后放张 σ_{con} 至 0.90 时再安装模板、普通钢筋及预埋件等。

④张拉时，预应力筋的断丝数量不得超过表 5.2 的规定。

表 5.2　先张法预应力筋断丝限制

预应力筋种类	检查项目	控制数
钢丝、钢绞线	同一构件内断丝数不得超过钢丝总数的百分比	1%
螺纹钢筋	断筋	不容许

⑤预应力筋张拉完毕后，其位置与设计位置的偏差应不大于 5 mm，同时应不大于构件最短边长的 4%，且宜在 4 h 内浇筑混凝土。

(3)先张法预应力筋的放张应符合下列规定：

①预应力筋放张时构件混凝土的强度和弹性模量(或龄期)应符合设计规定；设计未规定时，混凝土的强度应不低于设计强度等级值的 80%；弹性模量应不低于混凝土 28 d 弹性模量的 80%，当采用混凝土龄期代替弹性模量控制时应不少于 5 d。

②在预应力筋放张之前，应将限制位移的侧模、翼缘模板或内模拆除。

③预应力筋的放张顺序应符合设计规定；设计未规定时，应分阶段、均匀、对称、相互交错地放张。

④多根整批预应力筋的放张，当采用砂箱放张时，放砂速度应均匀一致；采用千斤顶放张时，放张宜分数次完成；单根钢筋采用拧松螺母的方法放张时，宜先两侧后中间，并不得一次将一根力筋松完。

⑤放张后，预应力筋在构件端部的内缩值宜不大于 1.0 mm。

⑥预应力筋放张后，对钢丝和钢绞线，应采用机械切割的方式进行切断；对螺纹钢筋，可采用乙炔一氧气切割，但应采取必要措施防止高温对其产生不利影响。

⑦长线台座上预应力筋的切断顺序，应由放张端开始，依次向另一端切断。

5.2.3 后张法

后张法是先制作构件并预留孔道，待构件混凝土达到规定强度后在孔道内穿入预应力筋，张拉并锚固，然后孔道灌浆(如图 5.31 所示)。

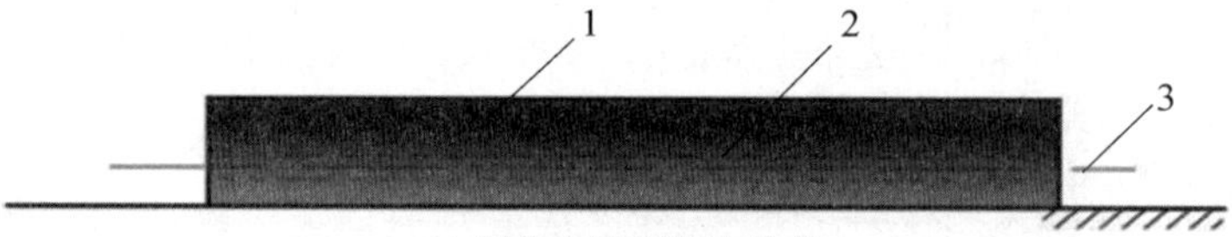

(a) 制作钢筋混凝土构件

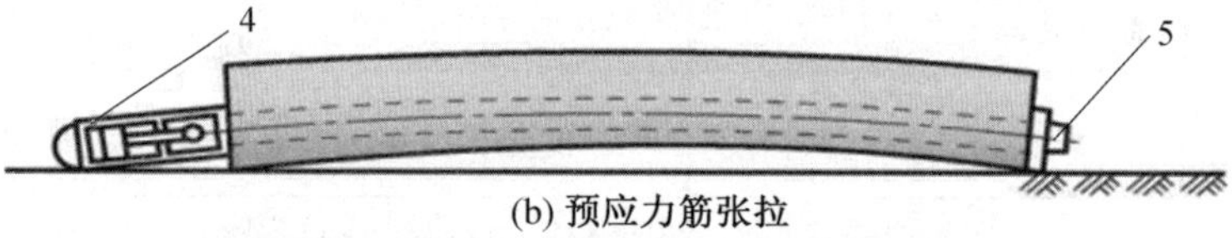

(b) 预应力筋张拉

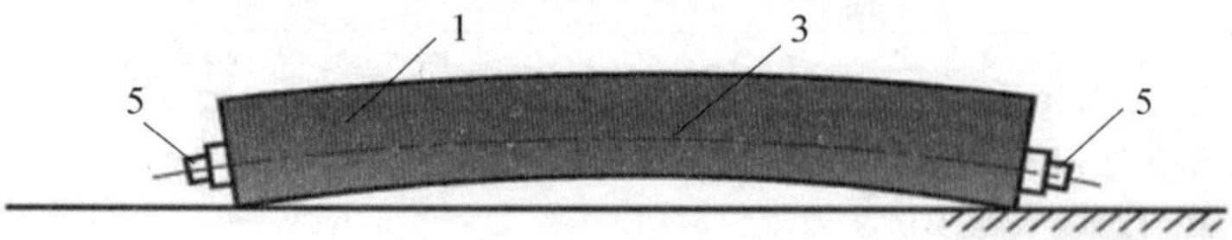

(c) 锚固和孔道灌浆

图 5.31 后张法施工程序示意图

1—钢筋混凝土构件；2—预留孔道；3—预应力筋；4—千斤顶；5—锚

1. 后张法预应力混凝土简支 T 梁施工工艺流程

后张法预应力混凝土简支 T 梁施工工艺流程如图 5.32 所示。

 (a)	(1)修整底模。 模板应采用钢模板，模板使用前应除锈和清理干净，均匀涂抹隔离剂，模板安装应接缝严密
 (b)	(2)吊装钢筋骨架。 ①钢筋品种、规格、数量应符合设计要求。 ②钢筋接头类型、位置及接头百分率符合设计要求。接头应用闪光对焊。 ③钢筋交叉点应用铁丝扎结实，也可用电焊焊牢。 ④钢筋保护层厚度符合设计要求。 ⑤梁体预埋件的类型、结构、数量位置符合设计要求
 (c)	(3)安装固定制孔器。 预应力筋的孔道形状有直线、曲线和折线三种。孔道预留方式有抽拔式(钢管、胶管)、预埋式(金属波纹管、塑料波纹管)。 管道应按设计规定的坐标位置进行安装，并应采用定位钢筋固定，使其能牢固地置于模板内的设计位置，且在混凝土浇筑期间不产生位移。 所有管道均应在每个顶点设排气孔，以及需要时在每个低点设排水孔，在每个顶点和两端设检查孔
 (d)	(4)安装侧模和端模

 (e)	(5)浇筑混凝土。 ①梁体混凝土浇筑前,应全面仔细检查模板、钢筋、预应力管道、预埋件和钢筋保护层垫块的位置、数量及其稳固程度,符合设计要求方可浇筑混凝土。 ②浇筑混凝土时,宜根据结构或构件的不同形式选用插入式、附着式或平板式等振动器进行振捣
 (f)	(6)混凝土养生。 采用蒸汽养护时,应实施跟踪养护,使棚温与梁体水化热相适应。蒸汽养护分为静停、升温、恒温、降温四个阶段。静停 4 h 后方可升温,升温速度不应大于 10 ℃/h,梁体芯部(梁端中央 300 mm 处)混凝土温度不应超过 60 ℃,棚内各部位温差不超过 5 ℃,恒温时间由试验确定。降温速度不应大于 10 ℃/h。梁体混凝土芯部与表层、表层与环境温度之差不超过 15 ℃时,方可拆除保温设施,进入自然养护。 采用自然保湿养护或蒸汽养护后进入自然养护时,混凝土梁面宜采用保温、保湿材料予以覆盖,或采用梁面蓄水保湿、保温。梁体洒水次数应能使混凝土表面保持充分湿润,保温保湿养护时间不应少于 14 d。当环境温度低于 0 ℃时,不应对混凝土表面洒水养护
 (g)	(7)拆模。 拆模时梁体混凝土强度不应低于设计要求、当设计无要求时,不应低于 2.5 MPa,且能保证梁体棱角完整,连接板根部、梁根部及梁面板部不开裂时方可拆模。梁体混凝土芯部与表层,表层与环境温差均不宜大于 15 ℃。如混凝土采用蒸汽养护时,撤除保温设施至拆模的时间间隔不应少于 2 h。气温急剧变化时不宜拆模
 (h)	(8)清孔穿束。 预应力筋穿入孔道按穿筋时机分有先穿束和后穿束。先穿束在混凝土浇筑前穿束,省力,但穿束占用工期,预应力筋保护不当易生锈。 后穿束在混凝土浇筑后养护期内进行,不占用工期,穿筋后即进行张拉,但较费力

 (i)	(9)张拉预应力筋。 张拉时，结构或构件混凝土的强度、弹性模量(或龄期)应符合设计规定；设计未规定时，混凝土的强度应不低于设计强度等级值的 80%，弹性模量应不低于混凝土 28 d 弹性模量的 80%，当采用混凝土龄期代替弹性模量控制时应不少于 5 d。 预应力筋的张拉顺序应符合设计规定；当设计未规定时，宜采用分批、分阶段的方式对称张拉。 预应力筋张拉端的设置应符合设计要求；当设计未要求时，应符合下列规定： ①对钢束长度小于 20 m 的直线预应力筋可在一端张拉；对曲线预应力筋或钢束长度大于或等于 20 m 的直线预应力筋，应采用两端张拉。 ②当同一截面中有多束一端张拉的预应力筋时，张拉端宜分别交错设置在结构预应力混凝土工程或构件的两端。 ③预应力筋采用两端张拉时，宜两端同时张拉；或先在一端张拉锚固后，再在另一端补足预应力值进行锚固。 后张预应力筋的张拉程序应符合设计规定；设计未规定时，可按表 5.3 的规定进行。 预应力钢丝和钢绞线，每束断丝或滑丝数≤1 根，且每个断面断丝率≤1%。钢筋不允许断筋
 (j)	(10)锚固。 预应力筋在张拉控制应力达到稳定后方可锚固。对夹片式锚具，锚固后夹片顶面应平齐，其相互间的错位宜不大于 2 mm，且露出锚具外的高度应不大于 4 mm。 锚固完毕并经检验确认合格后方可切割端头多余的预应力筋，切割时应采用砂轮锯，严禁采用电弧进行切割，同时不得损伤锚具
 (k)	(11)压浆。 ①预应力筋张拉锚固后，孔道应尽早压浆，且应在 48 h 内完成，否则应采取避免预 应力筋锈蚀的措施。 ②后张预应力孔道应采用专用压浆料或专用压浆剂配制的浆液进行压浆。水泥应采用性能稳定、强度等级不低于 42.5 的低碱硅酸盐或低碱普通硅酸盐水泥。 ③压浆时，对曲线孔道和竖向孔道应从最低点的压浆孔压入；对结构或构件中以上下分层设置的孔道，应按先下层后上层的顺序进行压浆。 ④浆液自拌制完成至压入孔道的延续时间不宜超过 40 min，且在使用前和压注过程中应连续搅拌。

 (k)	⑤压浆的充盈度应达到孔道另一端饱满且排气孔排出与规定流动度相同的水泥浆为止，关闭出浆口后，宜保持一个不小于0.5 MPa的稳压期，该稳压期的保持时间宜为3～5 min。 ⑥压浆时，每一工作班应留取不少于3组40 mm×40 mm×160 mm的试件，标准养护28 d，检查其抗压强度和抗折强度，作为评定水泥浆质量的依据。 ⑦压浆过程中及压浆后48 h内，结构或构件混凝土的温度及环境温度不得低于5 ℃，否则应采取保温措施，并应按冬期施工的要求处理，浆液中可适量掺用引气剂，但不得掺用防冻剂。当环境温度高于35 ℃时，压浆宜在夜间进行
 (l)	(12)封锚。 压浆完成后，应及时对锚固端按设计要求进行封闭保护或防腐处理，需要封锚的锚具，应在压浆完成后对梁端混凝土凿毛并将其周围冲洗干净，设置钢筋网浇筑封锚混凝土；封锚应采用与结构或构件同强度的混凝土并应严格控制封锚后的梁体长度。长期外露的锚具，应采取防锈措施
 (m)	(13)移梁存放

图 5.32　后张法预应力混凝土简支T梁施工工艺流程

表 5.3　后张法预应力筋张拉程序

锚具和预应力筋种类		张拉程序
夹片式等具有自锚性能的锚具	钢绞线束、钢丝束	低松弛力筋：0→初应力→σ_{con}(持荷5 min锚固)
其他锚具	钢绞线束	0→初应力→1.05σ_{con}(持荷5 min)→σ_{con}(锚固)
	钢丝束	0→初应力→1.05 σ_{con}(持荷5 min)→0→σ_{con}(锚固)
螺母锚固锚具	螺纹钢筋	0→初应力→σ_{con}(持荷5 min)→0→σ_{con}(锚固)

注：1. 表中σ_{con}为张拉时的控制应力值，包括预应力损失值。

2. 两端同时张拉时，两端千斤顶升降压、画线、测伸长等工作应基本一致。

3. 超张拉数值超过《公路钢筋混凝土及预应力混凝土桥涵设计规范》第7.6.3条规定的最大超张拉应力限值时，应按该条规定的限值进行张拉。

5.2.4 预制梁安装

1.预制梁的运输

(1)大型龙门吊(如图5.33所示)。

用大型龙门吊将预制梁从台座上吊起落到运梁平车上,再把预制梁运到存梁场地;也可用龙门吊直接将预制梁运到存梁场,当存梁场地狭小时可采用双层存梁。

图5.33 大型龙门吊

(2)千斤顶(如图5.34所示)。

用千斤顶将梁顶起,在梁下穿入滑轨和滑板,用卷扬机牵引移梁到存梁场。

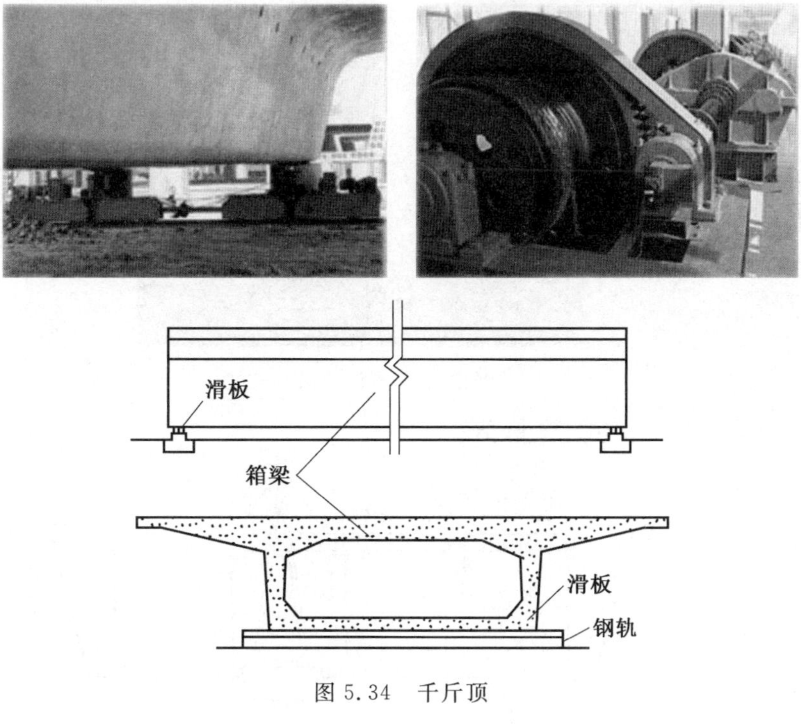

图5.34 千斤顶

(3)提梁机。

提梁机主要用于高速铁路箱梁预制场内箱梁预制生产、运梁车装梁和架桥机组装。

按走行方式,提梁机可分为轮胎式提梁机[如图5.35(b)所示]和轮轨式提梁机[如图5.35(a)所示]。

(a)　　(b)

图 5.35　提梁机

梁场规模较小，制梁台座与存梁台座匹配合适，地质条件较好，且梁场在桥位附近时，宜采用 450 t 轮轨式提梁机。相反，梁场规模大，生产周期长，制梁台座与存梁台座并列布置，梁场距桥位较远且存梁台座数量不能满足要求时，应首先考虑采用 900 t 轮胎式提梁机，实现双层存梁和地面装梁，通过运梁便道运梁，经路基上桥。

2. 预制梁的架设

(1)自行式吊车架梁(如图 5.36 所示)。

在桥不高，场内又可设置行车便道的情况下，用自行式吊车(汽车吊车或履带吊车)架设中、小跨径的桥梁十分方便。

图 5.36　自行式吊车架梁

(2)浮吊架设法(如图 5.37 所示)。

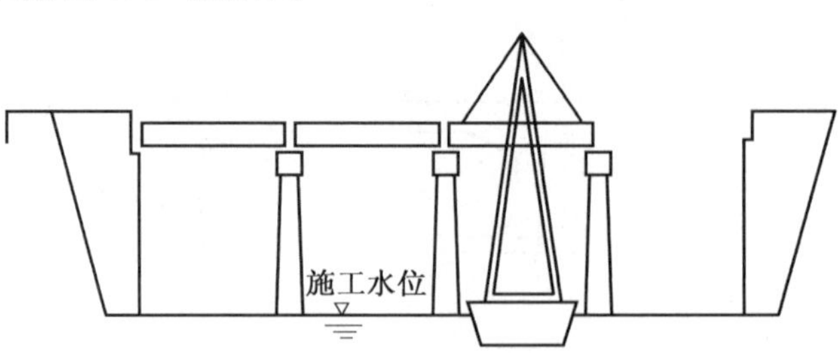

图 5.37　浮吊安装预制梁

在通航河道或水深河道上架桥，可采用浮吊安装预制梁。当预制梁分片预制安装时，浮船宜逆流而上，先远后近安装，用浮吊安装预制梁，施工速度快，高空作业较少，吊装能力强，是大跨多孔河道桥梁的有效施工方法。采用浮吊架设要配置运输驳船，岸边设置临时码头，同时在浮吊架设时应有牢固锚锭，要注意施工安全。

(3)跨墩龙门架(如图 5.38 所示)。

凡是桥孔众多，桥墩高度不大，地形较为平坦又需铺轨到达桥头前架好桥梁的工点都可以采用。

图 5.38　跨墩龙门架

(4)单梁式架桥机(如图 5.39 所示)。

单梁式架桥机实质上等于先在桥孔上架设一个高架式箱形简支梁，再用吊梁小车吊架。

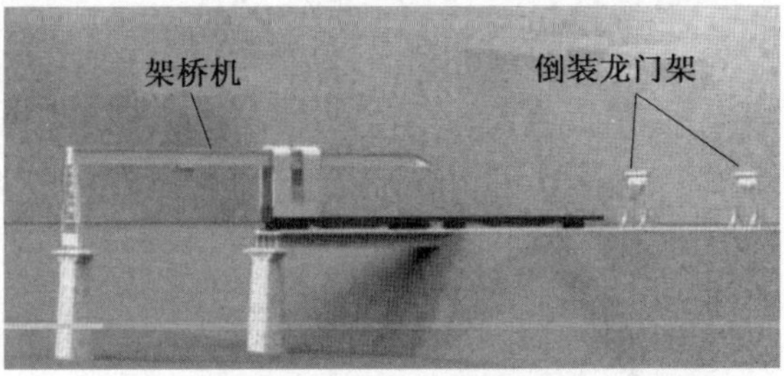

图 5.39　单梁式架桥机

(5)下导梁式架桥机(如图 5.40 所示)。

图 5.40　下导梁式架桥机

(6)轮胎运架一体式架桥机(如图 5.41 所示)。

轮胎运架一体式架桥机又称流动式架桥机，它集运梁、架梁于一身，对比原有架桥机、运梁车有明显优势。

图 5.41　轮胎运架一体式架桥机

5.3　简支梁原位现浇法施工

简支梁原位现浇法施工就是在桥孔位置搭设支架，在支架上安装模板，绑扎及安装钢筋骨架，并在现场浇筑混凝土的施工方法，如图 5.42 所示。

图 5.42　简支梁原位现浇法施工

5.3.1　简支梁原位现浇法施工工序流程

简支梁原位现浇法施工工序流程如图 5.43 所示。

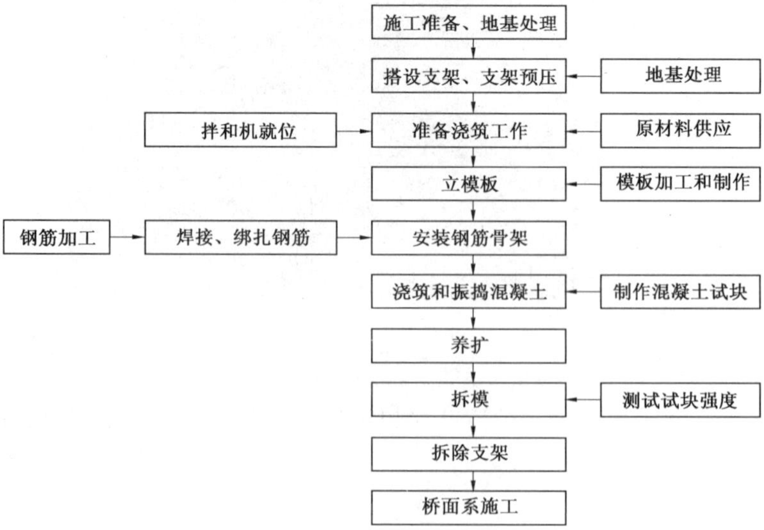

图 5.43　简支梁原位现浇法施工工序流程

5.3.2 施工要点

1. 地基处理(如图 5.44 所示)

对软土地基要进行处理,及时回填,碾压夯实,要求支架的基础必须坚实可靠,以保证其沉陷值不超过施工规范的规定。

图 5.44 地基处理

2. 搭设支架

(1)支架分类。

①支架按照材料可分为木支架、钢支架、钢木支架、万能杆件组装拼支架。

②支架按照构造可分为立柱式支架[如图 5.45(a)、(b)所示]、梁式[如图 5.45(c)、(d)所示]、梁柱式[如图 5.45(e)、(f)所示]。

(2)支架应按施工图设计的要求进行安装。立柱应垂直,节点连接应可靠。高支架应设置足够的斜向连接、扣件或缆风绳,横向稳定应有保证措施。支架在安装完成后,应对其平面位置、顶部高程、节点连接及纵、横向稳定性进行全面检查,符合要求后,方可进行下一工序。

(3) 支架预压:对位于刚性地基上的刚度较大且非弹性变形可确定控制在一定范围内的支架,在经计算并通过一定审核程序,确认其满足强度、刚度和稳定性等要求的前提下,可不预压;但在施工过程中应对支架的材料和安装施工质量采取严格的管控措施。对位于软土地基或软硬不均地基上的支架,宜通过预压的方式,消除地基的不均匀沉降和支架的非弹性变形。对支架进行预压时,预压荷载宜为支架所承受荷载的 1.05～1.10 倍。常用压重物:砂袋、水袋、混凝土压重块(如图 5.46 所示)、钢材。

(4)设置的预拱度值应包括结构自身需要的预拱度和施工需要的预拱度两部分。施工预拱度应考虑下列因素:模板、支架承受施工荷载引起的弹性变形;受载后由于杆件接头的挤压和卸落装置压缩而产生的非弹性变形;支架地基在受载后的沉降变形。

3. 模板制作安装

模板的安装要结合钢筋及预应力管道的埋设依次进行。

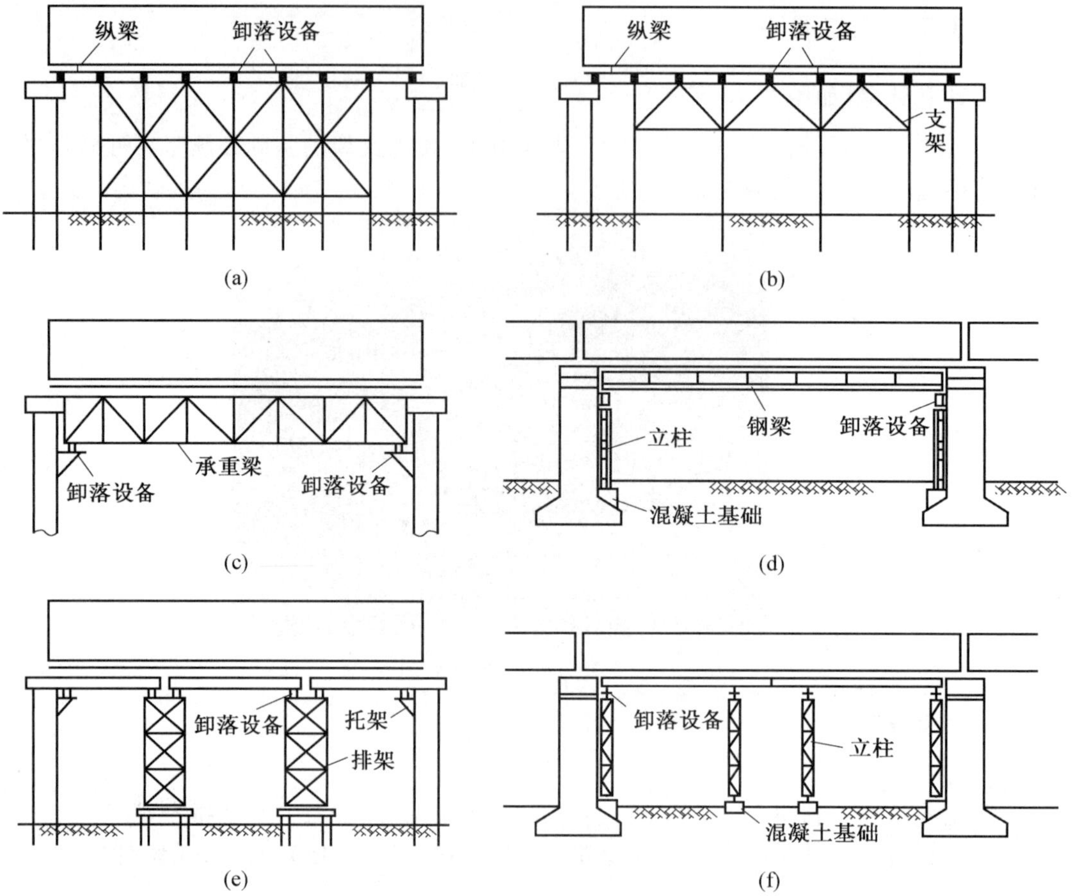

图 5.45　支架形式

图 5.46　混凝土压重块

(1)铺设底模。

采用人工为主、机械配合的方式进行施工。底模板安装前要考虑支架的预留拱度的设置调整、加载预压试验及支座板的安装。

(2)侧模安装。

先使侧模滑移或吊装到位,与底模板的相对位置对准,用顶压杆调整好侧模垂直度,并与端模连接好。

侧模安装完后，用螺栓连接稳固，并上好全部拉杆。调整其他紧固件后检查整体模板的长、宽、高尺寸及不平整度等，并做好记录。不符合规定者，要及时调整。

(3)内模安装。

内模安装要根据模板结构确定。当内模为液压整体内模时，可利用台座端部滑道，将内模滑到已绑好的底腹板钢筋骨架的内腔位置并固定。当内模为液压分段式或拼装式结构时，可采用吊装方式安装内模。内模安装完后，严格检查各部位尺寸是否正确。

(4)端模安装。

将胶管或波纹管逐根插入端模各自的孔内后，进行端模安装就位。安装过程中逐根检查是否处于设计位置。钢模安装要做到位置准确、连接紧密、侧模与底模接缝密贴且不漏浆。安装模板时要注意预埋件的安装，严格按设计图纸施工，确保每孔梁上预埋件位置准确无误，无遗漏。

4. 现浇梁梁体施工

钢筋加工绑扎、浇筑混凝土施工、养护与预制梁相同。

5. 模板和支架拆除

(1)模板、支架的拆除期限和拆除程序等应根据结构物特点、模板部位和混凝土所应达到的强度要求确定，并应严格按其相应的施工图设计的要求进行。

(2)非承重侧模板应在混凝土抗压强度达到 2.5 MPa，且能保证其表面及棱角不致因拆模而受损坏时方可拆除。

(3)芯模和预留孔道的内模，应在混凝土强度能保证其表面不发生塌陷或裂缝现象时，方可拆除。

(4)钢筋混凝土结构的承重模板、支架，应在混凝土强度能承受其自重荷载及其他可能的叠加荷载时，方可拆除。

(5)模板、支架的拆除应遵循后支先拆、先支后拆的原则顺序进行。

任务6　连续梁桥构造与施工

6.1　连续梁桥的构造

6.1.1　连续梁桥立面布置

按照桥梁的梁高可分为等高度连续梁[如图 6.1(a)所示]和变高度连续梁[如图 6.1(b)所示]。中等跨径(40～60 m)的预应力混凝土连续梁多采用等高度形式;大跨度预应力连续梁桥采用变高度为主。变截面变化规律可采用圆弧线、二次抛物线、直线等。

(a) 等高度连续梁　　(b) 变高度连续梁

图 6.1　连续梁桥的立面布置

按照桥梁跨径可分为等跨[如图 6.2(a)所示]和不等跨[如图 6.2(b)所示]两种布置方式。

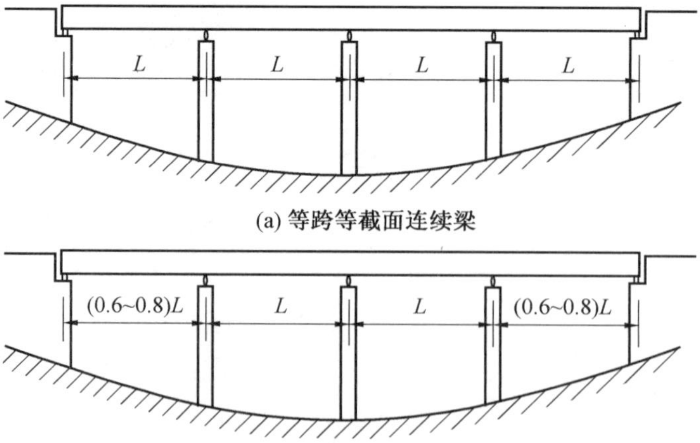

(a) 等跨等截面连续梁

(b) 不等跨等截面连续梁

图 6.2　等截面连续梁桥的立面布置

6.1.2 横截面形式

预应力连续梁桥横断面形式主要有板式、肋梁式和箱形截面。

板式截面分实体截面[如图 6.3(a)、(b)所示]和空心截面[如图 6.3(c)、(d)所示]。

肋梁式截面[如图 6.3(e)所示]常用于预制架设施工,并在梁段安装后经体系转换为连续梁桥。其常用跨径为 25～50 m,梁高取 1.3～2.6 m。

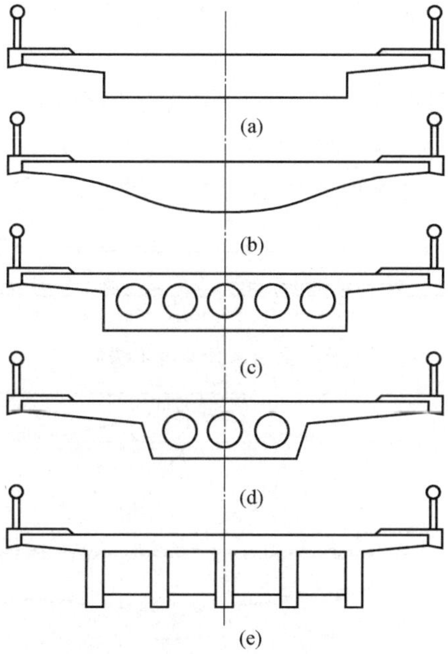

图 6.3 板式和肋梁式截面

箱形截面常用于当跨径 40～60 m 或更大时,常用的箱形截面有单箱单室、单箱双室和双箱单室等几种(如图 6.4 所示)。

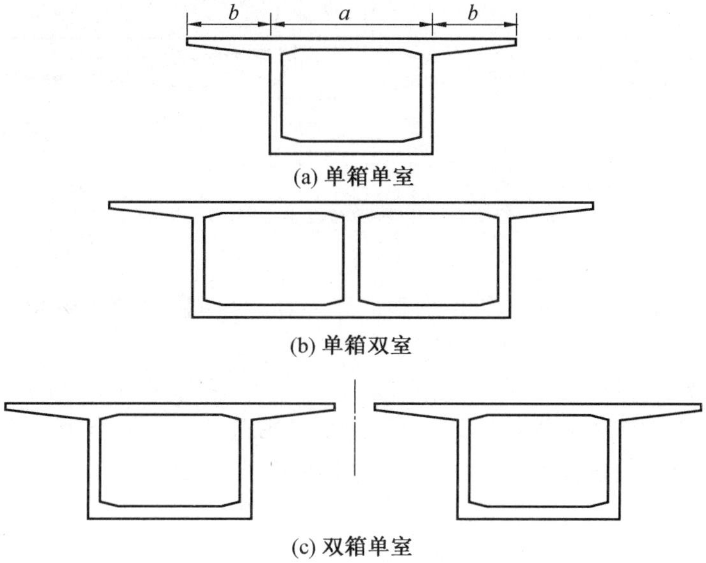

图 6.4 箱形截面形式

6.1.3 预应力筋布置

连续梁主梁的内力主要有三个:纵向受弯、受剪以及横向受弯。

(1)纵向预应力筋。

沿桥跨方向的纵向力筋又称为主筋,是用以保证桥梁在恒、活载作用下纵向跨越能力的主要受力钢筋,可布置在顶板、底板和腹板中。预应力混凝土连续梁桥中纵向预应力筋的布置方式有多种多样,与所采用的施工方法以及预应力筋的种类等有密切的关系。

图 6.5(a)所示为采用顶推法施工的直线形预应力筋布置方式。

图 6.5(b)所示为采用先简支后连续施工方法的预应力筋布置方式。

图 6.5(c)和(d)所示为采用悬臂施工方法的预应力筋布置方式。

图 6.5(e)所示为整根曲线形通束锚固于梁端的布置方式,一般用于整联现浇的情形。

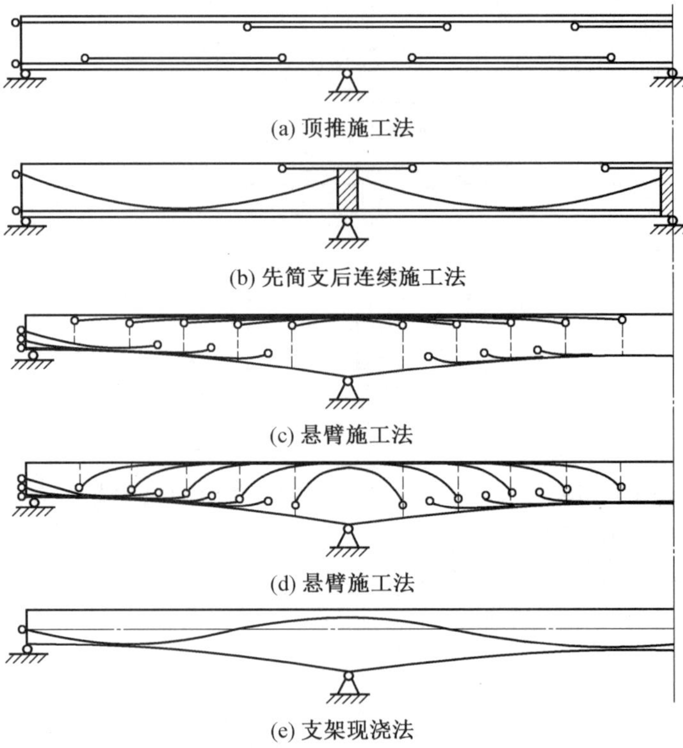

图 6.5　预应力混凝土连续梁配筋方法

(2)横向预应力筋。

横向预应力筋是用以保证桥梁的横向整体性、桥面板及横隔板横向抗弯能力的主要受力钢筋,一般布置在横隔板和顶板中。

(3)竖向预应力筋。

竖向预应力筋布置在腹板中,主要作用是提高截面的抗剪能力。

箱梁横向及竖向配筋布置方式如图 6.6 所示。

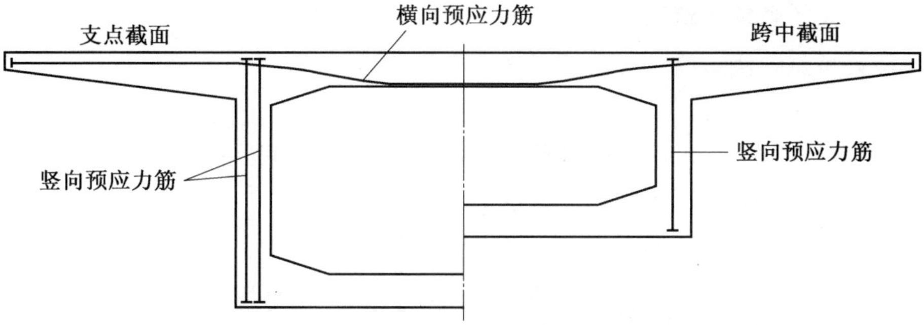

图 6.6 箱梁横向及竖向配筋布置方式

6.2 连续梁悬臂法施工

悬臂施工就是从已建桥墩开始，对称逐段地向两边延伸施工，并通过张拉预应力筋将梁段结成为整体。悬臂施工方法是大跨径连续梁桥的主要施工方法。悬臂对称施工，根据施工方法的不同可分为悬臂浇筑和悬臂拼装两类，本节课内容讲解悬臂浇筑施工。

6.2.1 悬臂浇筑施工

悬臂浇筑法是以桥墩为中心，对称向两岸浇筑段混凝土，待混凝土强度达到强度要求后，张拉预应力钢筋，前移挂篮，依次进行剩余节段施工的方法。

1. 悬臂浇筑施工分段

悬臂浇筑施工时桥梁结构可分五个区段，如图 6.7 所示。Ⅰ为墩顶及安装挂篮前梁段(0 号段一般为 5～16 m)；Ⅱ 为 0 号段两侧对称分段悬臂浇筑的部分梁段，简称悬臂段(一般为 2～5 m)；Ⅲ为在支架上现浇的边跨部分梁段(一般为 2～3 个悬臂浇筑分段长)；Ⅳ为中跨合龙梁段；Ⅴ为边跨合龙梁段(合龙段一般为 2 m)。

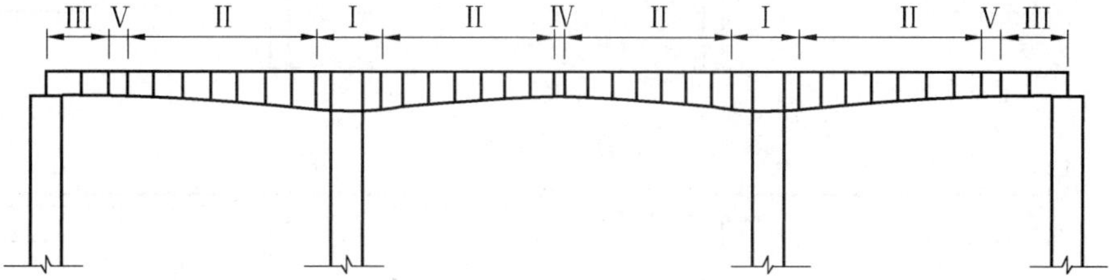

图 6.7 悬臂浇筑施工分段示意图

2. 连续梁桥悬臂浇筑施工方法示意

连续梁桥悬臂浇筑施工方法示意如图 6.8 所示。

(a) 0 号梁段施工

(b) 悬臂浇筑 1 号段

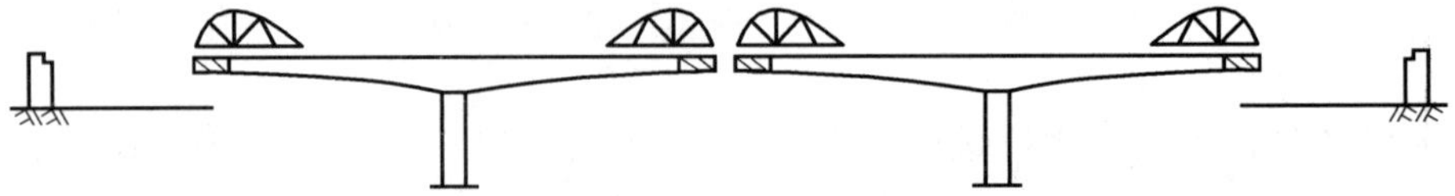

(c) 悬臂浇筑 一般梁段

(d) 边跨非对称梁段施工

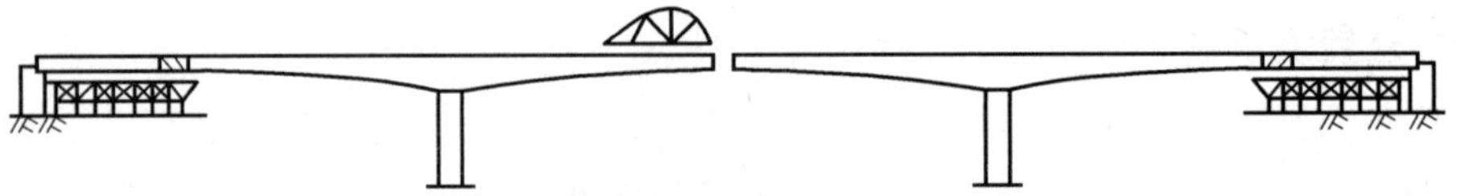

(e) 边跨合龙段施工

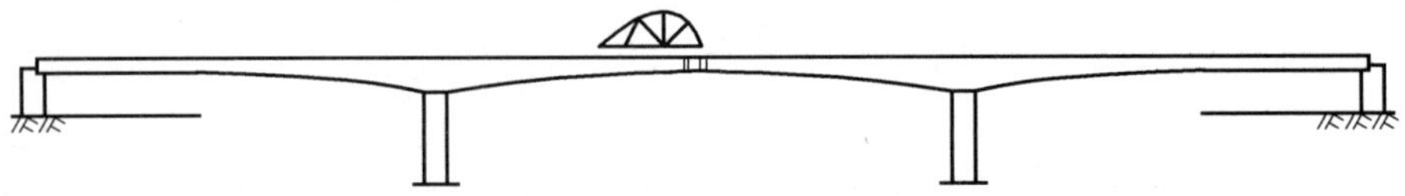

(f) 中跨合龙段施工

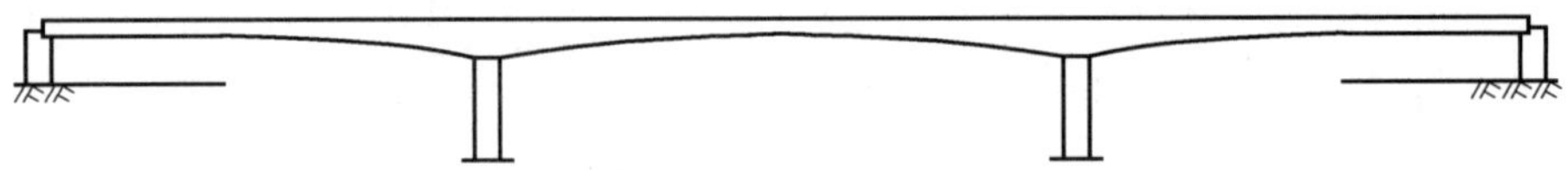

(g) 形成连续梁（刚构）

图 6.8　连续梁(刚构)桥悬臂浇筑施工方法示意图

3. 施工工艺

(1)0 号段施工流程(如图 6.9 所示)。

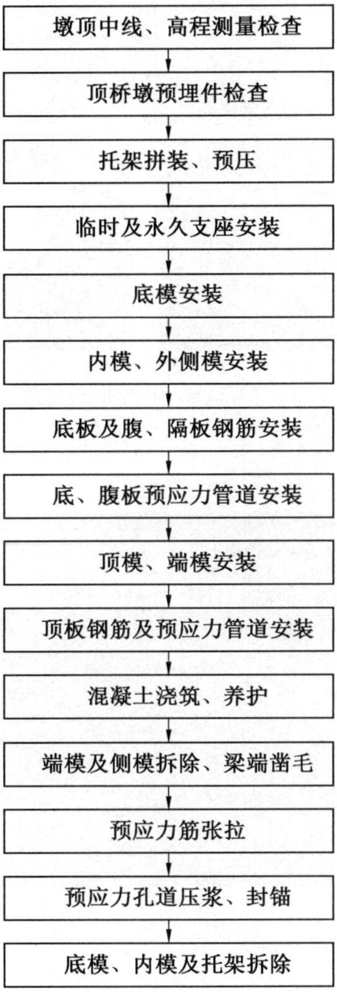

图 6.9　0 号段施工流程

以上主要施工程序图片如图 6.10 所示。

图 6.10　0 号段施工图片

(2)挂篮施工(如图 6.11 所示)。

安装挂篮,进行载重试验。

图 6.11　挂篮施工

(3)悬浇梁段施工

悬浇梁段施工如图 6.12 所示。

图 6.12　悬浇梁段施工

①对 0 号段与 1 号段的施工缝进行处理。

②绑扎底板及腹板钢筋、预埋腹板预应力管道、安装内模及顶板钢筋、绑扎顶板钢筋、预埋顶板预应力管道。

③进行对侧1号段钢筋模板施工。

④对称浇筑两侧1号段混凝土，确保两端平衡，强度达到要求后，进行1号段预应力施工。

⑤1号块施工完毕后，进行挂篮前移，进行2号段施工，直至合龙段。

(4)边跨部分梁段(如图6.13所示)。

①安装边跨桥墩支座、搭设边跨支架。

②安装底模板、侧模板、绑扎底板腹板钢筋、预埋预应力孔道、安装内模板吊装顶板钢筋骨架、预埋顶板预应力管道。

③浇筑混凝土。

④边跨段施工完成后，拆除模板。

图6.13 边跨部分梁段

(5)边跨合龙段施工。

①施工准备。

②边跨合龙段吊架及模板(挂篮底蓝改吊架的方法进行施工)。

③设平衡重(采用在悬臂端的水箱中加水的方法设平衡重)。

④普通钢筋及预应力管道安装。

⑤合龙锁定。

⑥浇筑合龙段混凝土。

⑦预应力施工。

(6)中跨合龙工艺(如图6.14所示)。

图6.14 中跨合龙

①吊架及模板安装。

②设置平衡重。

③普通钢筋及预应力管道安装。

④合龙锁定。

⑤解除连续梁墩顶的临时固结，完成体系转换。

⑥浇筑合龙段混凝土。

⑦预应力施工

中跨合龙完成后，先张拉中跨合龙预应力束，再张拉边跨底板第二批预应力束，合龙段施工完毕后，拆除临时预应力束并对其管道压浆。

6.3 连续梁预制拼装法施工

预制拼装架设方法可以分为平衡悬臂法、逐孔架设法和悬臂拼装法。本节介绍悬臂拼装法（如图 6.15 所示）。

悬臂拼装法（简称"悬拼"）是利用移动式悬拼起重机将预制梁段起吊至桥位，然后采用环氧树脂胶和预应力钢丝束连接成整体。其采用逐段拼装，一个节段张拉锚固后，再拼装下一节段。

图 6.15　悬臂拼装

6.3.1 概述

悬臂拼装施工包括块件的预制、运输、拼装及合龙。它与悬浇施工具有相同的优点，不同之处在于悬拼以吊机将预制好的梁段逐段拼装。此外还具备以下优点：

(1)梁体的预制可与桥梁下部构造施工同时进行，平行作业缩短了建桥周期。

(2)预制梁的混凝土龄期比悬浇法的长，从而减少了悬拼成梁后混凝土的收缩和徐变。

(3)预制场或工厂化的梁段预制生产利于整体施工的质量控制。

同时，悬臂拼装也具有以下缺点：

(1)悬臂拼装采用梁段间的接缝、预应力束的穿束连接张拉，使结构整体性相对差些。

(2)因梁段已完成预制，能调整的余地相对较小，再加上施工中有许多不确定因素造成施工变形控制难度较大。

(3)悬臂拼装需要起吊大块预制梁段，对预制场地、设备等配置要求高，致使造价偏高。

6.3.2　悬臂拼装施工方法

1. 施工流程

施工流程如图 6.16 所示。

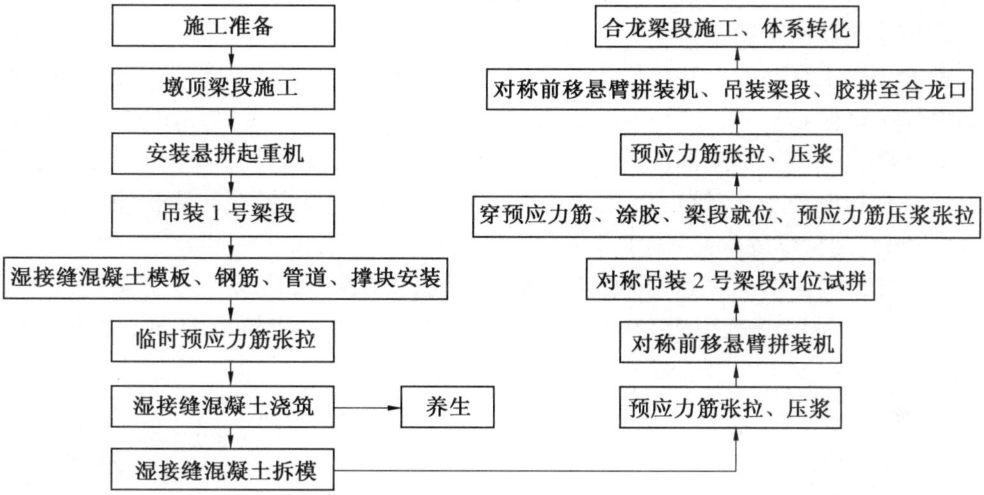

图 6.16　悬臂拼接法施工流程

2. 施工要点

(1)梁段预制。

预制场地的布置应便于节段的预制、移运、存放及装车(船)出运;预制台座应稳定、坚固,梁段预制方法分长线法及短线法。

①长线法预制节段。

长线法预制节段(如图 6.17 所示)是指将一跨或至少半跨悬臂节段在预制场台座上相互匹配预制,先期施工节段与后期施工节段相邻的端面作为后期施工节段的一侧端模,在预制若干节段、先期浇筑的节段达到设计要求的强度后,将先期浇筑的节段采用大型龙门式起重机吊出台座,移至存梁台座。

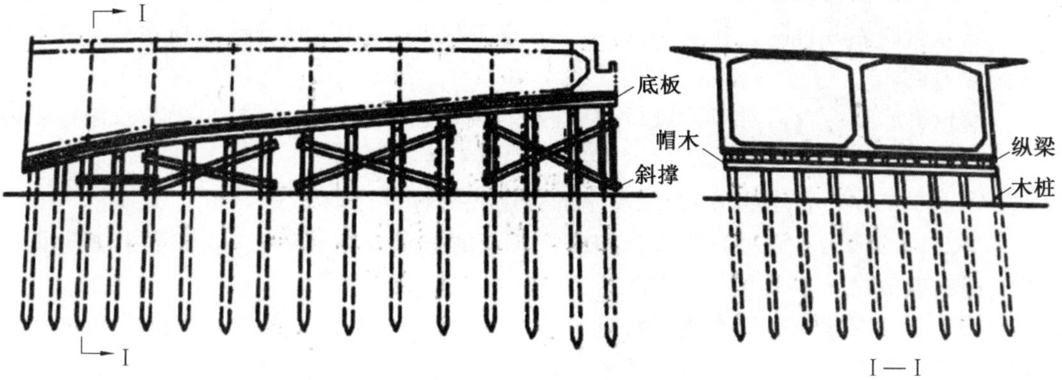

图 6.17　长线法预制节段示意图

优点是由于台座固定可靠，成桥后梁体线性较好，缺点是占地较大，地基要求坚实，混凝土的浇筑和养护移动分散。

长线法梁段预制工序：预制台座建造→台座立面、平面线形调整→外模安装→刷隔离剂，堵缝→安装底腹板普通钢筋及预应力管道→内模安装→安装普通钢筋及预应力管道→混凝土浇筑及养护→拆除模板→台座立面、平面线形调整(预制下一节段)。

②短线法预制节段。

梁段在固定台座能纵移的模内浇筑称为短线法预制节段(如图 6.18 所示)。待浇梁段一端设固定模架，另一端为已浇梁段(配筑梁段)，浇毕达到强度后运出原配筑梁段，达到强度要求梁段为下一待浇梁段配筑，如此周而复始，台座仅需 3 个梁段长。

优点是场地较小，浇筑模板及设备基本不需要移机，可调的底、侧模便于平竖曲线梁段的预制；缺点是精度要求高，施工要求严，施工周期相对较长。

短线法梁段预制工序：台车及模板系统加工→端模、底模及外侧模安装→匹配梁段定位→钢筋骨架吊装→内模就位→固定端模复测→混凝土浇筑及养护→拆除模板→匹配梁段。

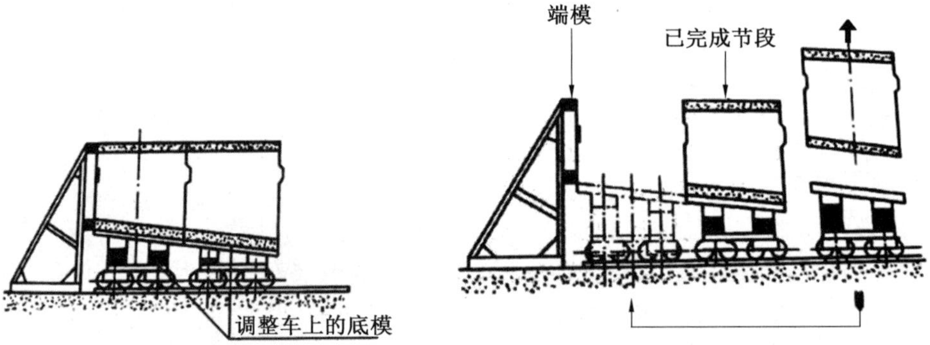

图 6.18　短线法预制节段示意图

节段预制混凝土的浇筑应根据环境温度、水泥品种、外加剂、施工进度及对混凝土性能的要求等制定养护方案，总体养护时间宜不少于 14 d，对节段的外立面混凝土宜采用喷湿或其他适宜的方式进行养护。

节段的脱模时间应符合设计规定；设计未规定时，应在混凝土强度达到设计强度的 75%后方可脱模并拆除。在脱模、拆除或移动节段时，应采取措施防止损伤节段混凝土的棱角和剪力键。

模板拆除后应及时对节段进行检查验收，测量其外形尺寸，并标出梁高及纵横轴线。

(2)梁段起吊、移运、存放。

①节段从预制台座起吊时，混凝土的强度应符合设计规定。

②节段的移运应满足运输安全和施工安全的要求。在移运时，应采取措施防止对节段产生冲击或碰撞。

③节段在存放台座的叠放层数宜不超过两层，并应对存放台座及其地基的承载力进行验算。节段支点的位置应符合设计规定，且宜采用垫木或橡胶板等弹性支撑物进行支撑。

④节段的存放时间应符合设计要求；设计未达要求时，宜不少于 90 d。对未达到养护时间的节段，应在存放时继续养护。

(3)节段运输。

节段从预制到桥位的运输根据场地情况可以采用汽车、轮渡运输;陆地上节段可以采用汽车吊对称拼装;位于河流、海洋场地的桥位,可以采用轮渡运输,悬机吊机拼装。

(4)墩顶梁段(0 号段)施工(如图 6.19 所示)。

对于 0 号段墩顶现浇的桥梁,0 号段和 1 号段间采用湿接缝,其基准块为 1 号段;对于 0 号段预制、没有设置湿接缝的桥梁,其基准块为 0 号段。

具体步骤:搭设支架、支座安装、墩顶支座固结、墩顶处铺设临时支撑、铺底模、堆载预压及卸载、立侧模、绑扎底板及腹板钢筋、安装箱梁内模、安装顶板钢筋、安装端模、浇筑 0 号段混凝土、张拉预应力筋、拆除模板及支架。

图 6.19 0 号段施工

(5)1 号段湿拼施工(如图 6.20 所示)。

起重机调整好 1 号段的空间位置、1 号段与 0 号段临时锁定、安装湿接缝模板及钢筋、浇筑混凝土,张拉永久预应力筋,起重机行走。

图 6.20 1 号段施工

(6)2 号段胶拼施工。

起重机调整好 2 号段的空间位置、在 1 号段段端面涂抹环氧树脂胶、1 号段与 2 号段张拉挤胶。

(7)边跨合龙段施工(如图 6.21 所示)、体系转换、中跨合龙。

悬臂拼装合龙段施工工艺流程图:合龙段起吊就位→合龙段临时锁定→湿接缝预应力管道连接→穿合龙预应力束→安装湿接缝模板→现浇湿接缝、养护、脱模→张拉预应力束→解除临时锁定。

图 6.21　合龙段施工

6.4　连续梁顶推法施工

预应力混凝土连续梁桥顶推法施工(如图 6.22 所示)是沿桥纵轴方向,在桥台后设置预制场浇筑梁段,达到设计强度后,施加预应力,向前顶推,空出底座继续浇筑梁段,随后施加预应力与下一段梁联结,直至将整个桥梁梁段浇筑并顶推完毕,最后进行体系转换而形成连续梁桥。

图 6.22　顶推法施工

1. 顶推法施工特点

(1)节省施工用地,工厂化制作,结构整体性好,能保证构件质量。桥梁节段固定在一个场地预制,便于施工管理改善施工条件,避免高空作业;节约劳力,施工安全。

(2)由于作业场所限定在一定范围内,可于作业场上方设置顶棚而使施工不受天气影响,全天候施工。

(3)机具设备简便,模板、机具设备可多次周转使用,施工平稳无噪声;无须大型起吊设备、大量的施工脚手架,可不中断交通或通航。可在深谷和宽深河道上的桥梁、高架桥以及等曲率曲线桥、带有曲线的桥和坡桥上采用。

(4)连续梁的顶推跨径 30～50 m 最为经济有利,如果跨径大于此值,则需要临时墩等辅助手段。逐段顶推施工宜在等截面的预应力混凝土连续梁桥中使用,也可在组合梁、斜拉桥和拱桥的主梁上使用。

(5)不适应多跨变高梁,曲率变化的曲线桥和竖向曲率大的桥梁,受顶推悬臂弯矩的限制,顶推跨径大于 70～80 m 不经济。顶推过程中需承受反复应力变化,使梁高取值大,临时束多，张拉工序烦琐。随着桥长的增大，施工进度较慢。

2. 顶推方式

(1)按顶推设备布置情况分为单点顶推和多点顶推。

单点顶推是顶推装置集中设置在主梁预制场靠近的桥台上，前方墩各支点上设置滑动支撑。

多点顶推是在每个墩台上设置一对小吨位的水平千斤顶，将集中的顶推力分散到各墩上利用水平千斤顶传给墩台的反力来平衡梁体滑移时在桥墩产生的摩阻力。但要注意多点顶推法中的同步运行问题，一般均需通过中心控制各千斤顶的出力等级，保证同时启动、同步前进、同时停止和同时换向。

(2)按顶推方向可分单向顶推和双向(相对)顶推，如图 6.23 所示。

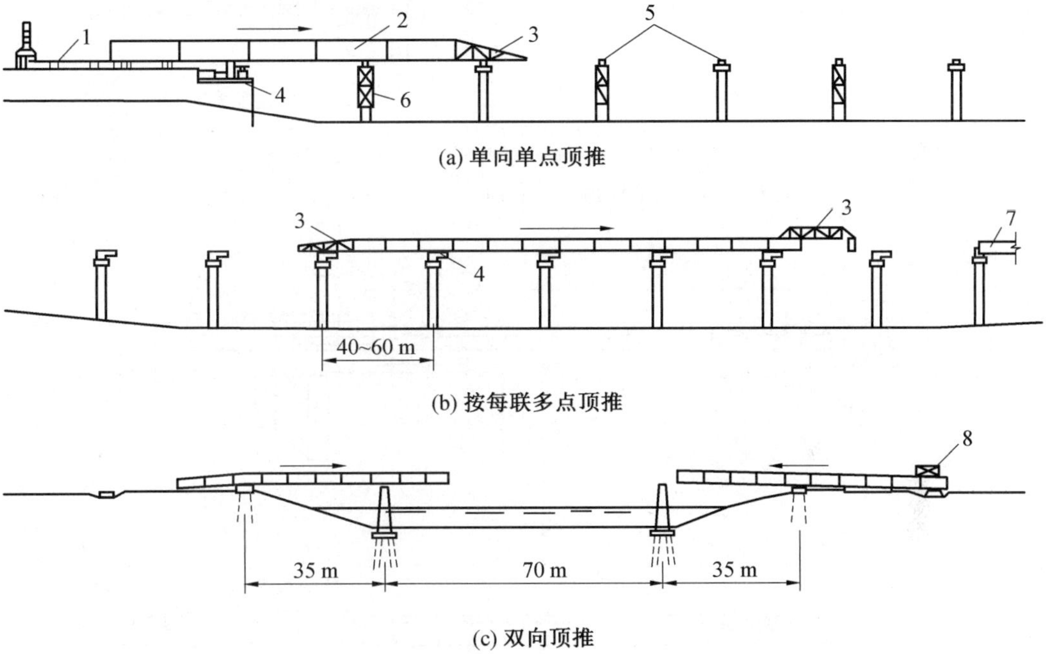

图 6.23 连续梁顶推法施工示意图

1—制梁场；2—梁段；3—导梁；4—千斤顶；5—支座；6—临时墩；7—建成梁段；8—平衡重

3. 施工设施

(1)顶推装置。

①水平千斤顶和竖直千斤顶联合使用(如图 6.24 所示)。

顶推程序为顶梁、推移、落下竖直千斤顶的活塞杆收回水平千斤顶的活塞杆。

②用拉杆顶推(如图 6.25 所示)。

图 6.25(a)的顶推工艺为水平千斤顶通过传力架固定在桥墩(台)顶部靠近主梁的外装配式的拉杆用连接器接长后与埋固在箱梁腹板上的锚固器相连接，驱动水平千斤顶后活塞杆拉动拉杆，使梁借助梁底滑板装置向前滑移水平顶每走完一个行程后，就卸下一节拉杆然后水平顶回油使活塞杆退回，再连接拉杆并进行下一顶推循环。图 6.25(b)中所示为穿心式水平千斤顶来拉梁前进，在此情况下，拉杆的一端固定在梁的锚固器上，另一端穿过水平

顶后用夹具锚固在活塞杆尾端，水平顶每走完一个行程，活塞杆退回，夹具自动放松，然后重新用夹具锚固拉杆并进行下一顶推循环。

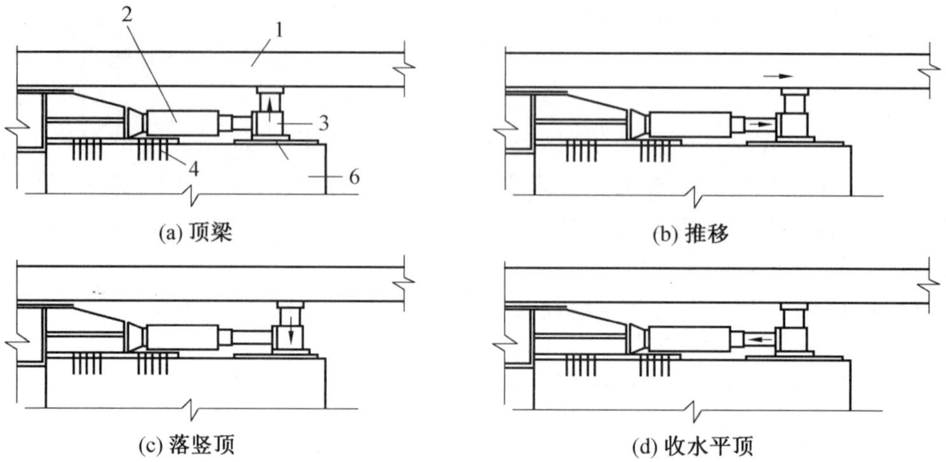

图 6.24　水平千斤顶与垂直千斤顶联用的装置

1—梁体；2—水平千斤顶；3—竖向千斤顶；4—锚栓；5—滑板；6—桥台

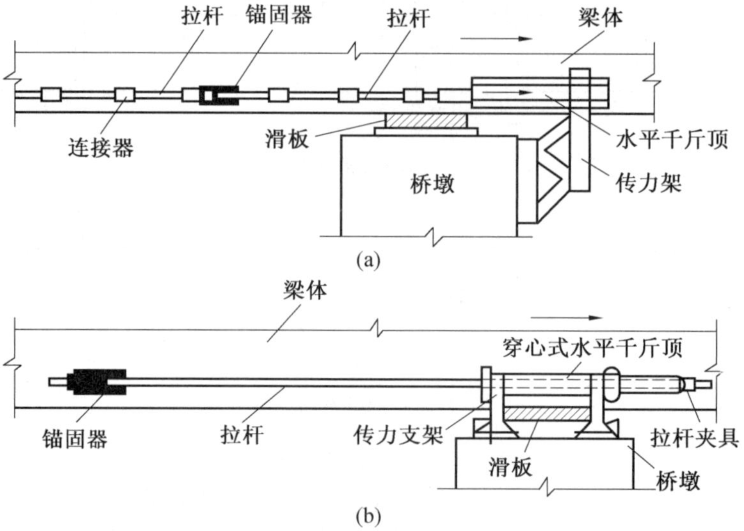

图 6.25　拉杆式顶推装置

在桥台前安装一对具有顶推力的千斤顶。牵引拉杆采用一根或两根高强螺纹钢筋，钢筋前端通过锥形楔块固定在水平千斤顶活塞杆的头部，另一端使用特制的拉锚器、锚定板等连接器与箱梁连接。

③滑动装置及顶推导向。

滑道支撑设置在桥墩上的混凝土临时垫块上，由光滑的不锈钢板与组合的聚四氟乙烯滑块组成(如图 6.26 所示)。其中，滑块由四氟板与具有加劲钢板的橡胶块构成。

为了使顶推能正确就位，施工中须设置横向导向(如图 6.27 所示)。通常在桥墩台上主梁的两侧各安置一个横向水平千斤顶，千斤顶的高度与主梁的底板位置齐平。在千斤顶的顶杆与主梁侧面外缘之间放置滑块，顶推时千斤顶的顶杆与滑块的聚四氟乙烯板形成滑动面。顶推时，由专人负责不断更换滑块。

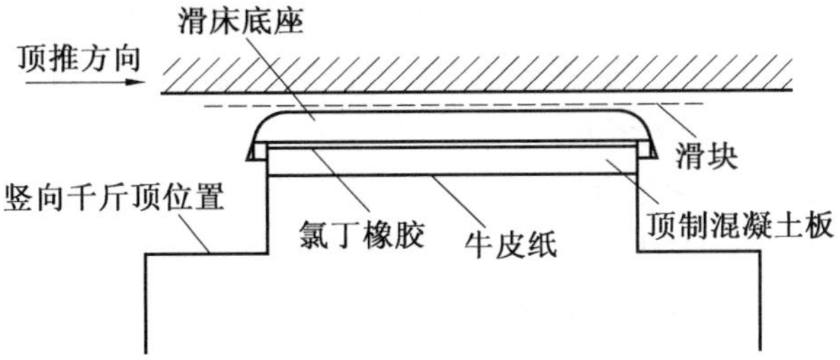

图 6.26　顶推使用的滑道装置

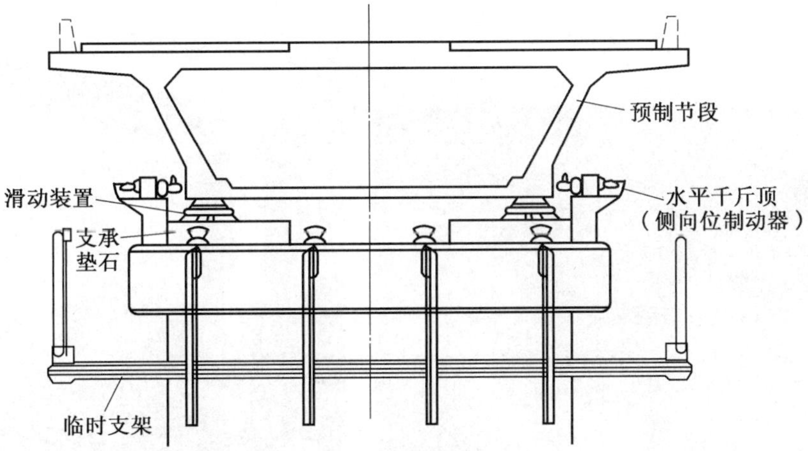

图 6.27　顶推施工的横向导向设施

(2)施工场地。

预制场地是预制梁体和顶推过渡的场地，包括主梁节段的浇筑平台和模板、钢筋和钢索的加工场地，混凝土搅拌站以及砂、石、水泥的堆放和运输路线用地。

预制场地上空宜搭设固定或活动的作业棚，长度大于 2 倍预制梁段长度，使梁段作业不受天气影响，便于混凝土养护。

预制台座（如图 6.28 所示）包括平台及预制模板。模板工作是保证预制质量的关键，梁底的平整度将影响顶推时梁的内力，所以预制平台的平整度要严格控制。

图 6.28　预制场地

过渡墩:通过在预制台座前布置小距离过渡墩,使梁段逐步顶推过渡到标准跨径。

(3)导梁(如图 6.29 所示)。

导梁设置在主梁前端、末端等截面或变截面的钢桁梁或钢板梁。主梁前端有预埋件与钢导梁栓接。导梁底缘呈向上圆弧形,以便于顶推时顺利通过桥墩。

(4)临时墩(如图 6.30 所示)。

单向顶推适宜建造跨度为 40～60 m 的多跨连续梁,当跨度更大时需要在桥墩间设置临时支墩。临时墩由于仅在施工中使用,应便于安装拆除,造价要低。临时支墩常采用混凝土薄壁空心墩、混凝土预制板或轻便钢架组成的临时墩。临时墩基础依据地质和水深情况,可采用桩基础或混凝土浅置基础。通常临时墩上不设顶推装置,仅设置滑移装置。使用临时墩会增加桥梁的施工费用,但是可以节省上部结构材料用量,需要综合考虑是否采用临时支墩。

图 6.29 导梁

图 6.30 临时墩

(5)拉索(如图 6.31 所示)。

用拉索加劲主梁,以抵消顶推时的悬臂弯矩。拉索系统由钢制塔架、连接构件、竖向千斤顶和钢索组成,牵拉的范围为 2 倍顶推跨径。

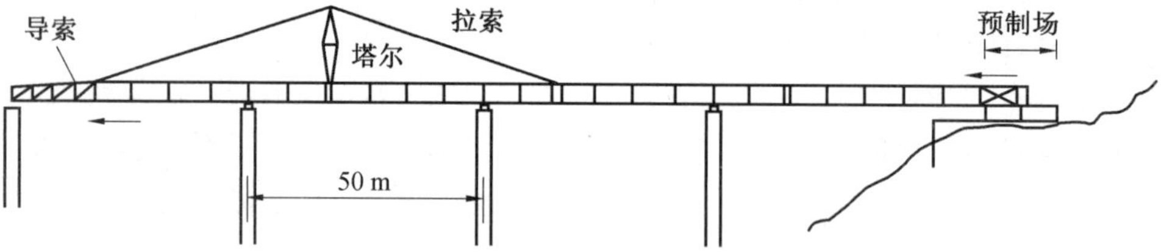

图 6.31 用拉索加劲的顶推法施工

4. 施工流程

顶推法主要施工流程图如图 6.32 所示。

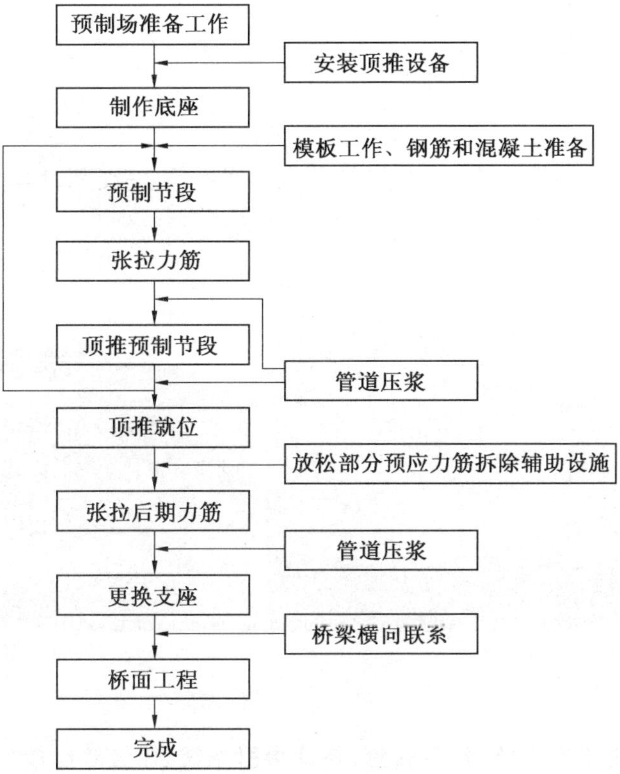

图 6.32　顶推法主要施工流程图

6.5　连续梁转体法施工

连续梁转体施工是指将桥梁结构在非设计轴线位置制浇筑成型后，利用摩擦系数较小的转盘和滑道，通过水平或竖向转动调整结构至设计轴线位置的一种新型施工方法(如图 6.33 所示)。

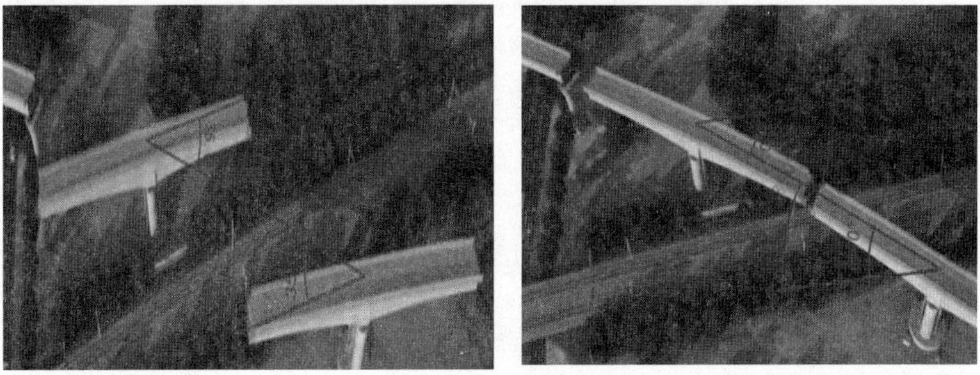

图 6.33　连续梁转体施工

它的特点是可以将位于障碍上的桥梁结构置于障碍外或近地面施工，大大减小了安全风险，降低了施工难度。

6.5.1 概述

1. 分类

(1)根据桥梁结构的转动方向可以划分为竖向转体、水平转体以及竖向和水平向结合转体施工三种。

(2)根据转体部位不同可分为墩顶[如图 6.34(a)所示]或墩底[如图 6.34(b)所示]转体。

(a) 墩顶　　(b) 墩底

图 6.34　转体部位

2. 转体系统主要有上转盘、下转盘、转体牵引系统、球铰等组成(如图 6.35 所示)。

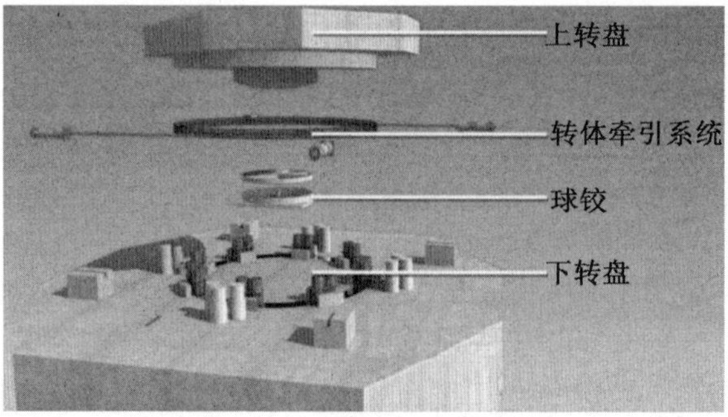

图 6.35　转体系统

6.5.2 施工流程

1. 墩顶转体施工

墩顶转体施工如图 6.36 所示。

	(1)钻孔灌注桩施工
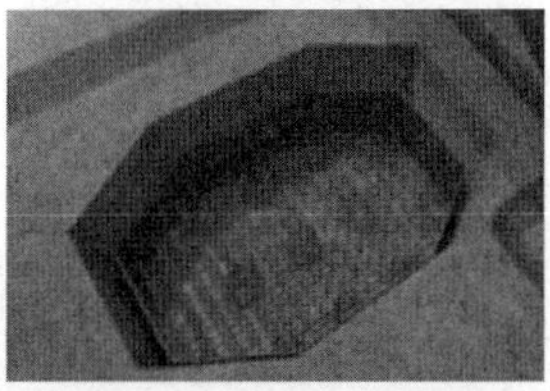	(2)承台施工
	(3)转体部位以下墩身施工
 	(4)转体施工。 具体步骤:①下转盘及牵引反力座浇筑。 ②上转盘及牵引索施工
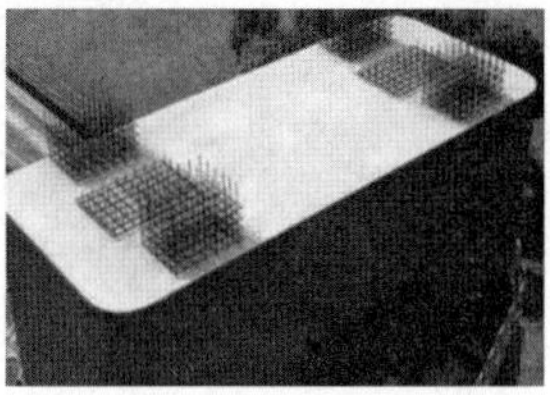	(5)上部墩身及支座施工、安装永久支座和临时支墩

	(6)0 号段施工
 	(7)1 号段悬臂对称浇筑施工,节段重复施工
	(8)转体施工(试转、正式转体)
	(9)合龙及支座体系转换、桥面安装

图 6.36　墩顶转体施工流程

任务7 上部混凝土施工工作标准

7.1 模板、支架和拱架

(1)模板、支架和拱架的设计原则。

①宜优先使用胶合板和钢模板。

②在计算荷载作用下，对模板、支架及拱架结构按受力程序分别验算其强度、刚度及稳定性。

③模板板面之间应平整，接缝严密，不漏浆，保证结构物外露面美观，线条流畅，可设倒角。

④结构简单，制作、装拆方便。

(2)浇筑混凝土之前，模板应涂刷脱模剂，外露面混凝土模板的脱模剂应采用同一品种，不得使用废机油等油料，且不得污染钢筋及混凝土的施工缝处。

(3)重复使用的模板、支架和拱架应经常检查、维修。

模板、支架和拱架拆除后，应维修整理，分类妥善存放。

(4)模板、支架和拱架制作应根据设计要求确定模板的型式及精度要求，在设计无规定时，可按表7.1执行。

表7.1 模板、支架及拱架制作时的允许偏差

项目			允许偏差/mm
木模板制作	模板的长度和宽度		±5
	不刨光模板相邻两板表面高低差		3
	刨光模板相邻两板表面高低差		1
	平板模板表面最大的局部不平	刨光模板	3
		不刨光模板	5
	拼合板中木板间的缝隙宽度		2
	支架、拱架尺寸		±5
	榫槽嵌接紧密度		2

续表 7.1

项目			允许偏差/mm
钢模板制作	外形尺寸	长和高	0,−1
		肋高	±5
	面板端偏斜		≤0.5
	连接配件(螺栓、卡子等)的孔眼位置	孔中心与板面的间距	±0.3
		板端中心与板端的间距	0,−0.5
		沿板长、宽方向的孔	±0.6
	板面局部不平		1.0
	板面和板侧挠度		±1.0

注:①木模板中第 5 项已考虑木板干燥后在拼合板中发生缝隙的可能。2 mm 以下的缝隙,可在浇筑前浇湿模板,使其密合。

②板面局部不平用 2 m 靠尺、塞尺检测。

(5)模板、支架和拱架安装的允许偏差,在设计无要求时,应符合表 7.2 的规定。

表 7.2　模板、支架及拱架安装的允许偏差

项目		允许偏差/mm
模板标高	柱、墙和梁	±10
模板内部尺寸	上部构造的所有构件	+5,0
轴线偏位	梁	10
装配式构件支撑面的标高		+2,−5
模板相邻两板表面高低差		2
模板表面平整		5
预埋件中心线位置		3
预留孔洞中心线位置		10
预留孔洞截面内部尺寸		+10,0

7.2　钢筋的加工

1. 钢筋调直和清除污锈的要求

钢筋调直和清除污锈应符合下列要求:

(1)钢筋的表面应洁净,使用前应将表面油渍、漆皮、鳞锈等清除干净。

(2)钢筋应平直,无局部弯折,成盘的钢筋和弯曲的钢筋均应调直。

(3)采用冷拉方法调直钢筋时,I 级钢筋的冷拉率不宜大于 2%;HRB335、HRB400 牌号钢筋的冷拉率不宜大于 1%。钢筋的形状、尺寸应按照设计的规定进行加工。

2. 钢筋的弯制和末端的弯钩的要求

钢筋的弯制和末端的弯钩应符合设计要求，如设计无规定时，应符合表 7.3 的规定。

表 7.3　受力主钢筋制作和末端弯钩形状

弯曲部位	弯曲角度	形状图	钢筋种类	公称直径 d /mm	弯曲直径 D	平直部分长度
末端弯钩	180°	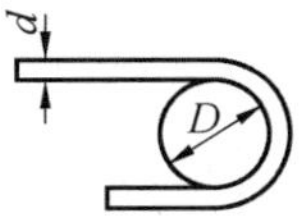	HPB235 HPB300	6～22	≥2.5d	≥3d
	135°		HRB335	6～25	≥3d	≥5d
				28～40	≥4d	
				50	≥5d	
			HRB400	6～25	≥4d	
				28～40	≥5d	
				50	≥6d	
			RRB400	8～25	≥3d	
				28～40	≥4d	
	90°	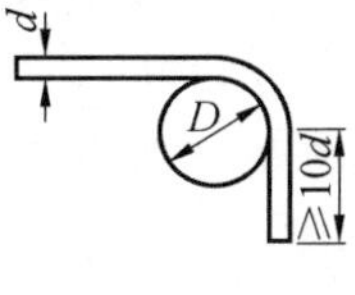	HRB335	6～25	≥3d	≥10d
				28～40	≥4d	
				50	≥5d	
			HRB400	6～25	≥4d	
				28～40	≥5d	
				50	≥6d	
			RRB400	8～25	≥3d	
				28～40	≥4d	
中间弯折	90°以下	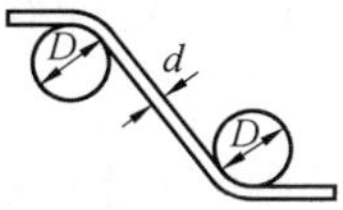	各种钢筋		≥20d	—

注：环氧树脂涂层钢筋当进行弯曲加工时，对直径 d 不大于 20 mm 的钢筋，其弯曲直径不应小于 4d，对直径 d 大于 20 mm 的钢筋，其弯曲直径不小于 6d；直线段长度不应小于 5d。

3. 钢筋弯钩的形式

箍筋的末端应做弯钩，弯钩的形状应符合设计规定。弯钩的弯曲直径应大于被箍受力主钢筋的直径，且 HPB235 级钢筋不小于箍筋直径的 2.5 倍，HRB335 级钢筋应不小于箍筋直径的 4 倍。弯钩平直部分的长度，一般结构不宜小于箍筋直径的 5 倍，有抗震要求的结构，不应小于箍筋直径的 10 倍。弯钩的形式，如设计无要求时，可按图 7.1(a)、(b)加工；有抗震要求的结构，应按图 7.1(c)加工。

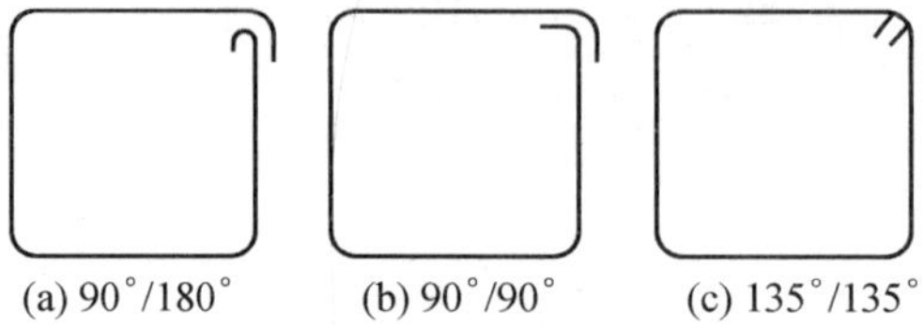

图 7.1　钢筋弯钩形式

4. 钢筋的连接

钢筋的连接宜采用焊接接头或机械连接接头。绑扎接头仅当钢筋构造复杂施工困难时方可使用，绑扎接头的钢筋直径不宜大于 28 mm。

(1)轴心受拉和小偏心受拉杆件中的钢筋接头，不应绑接。

(2)钢筋的纵向焊接应采用闪光对焊(HRB500 钢筋必须采用闪光对焊)。当缺乏闪光对焊条件时，可采用电弧焊、电渣压力焊、气压焊。钢筋的交叉连接，无电阻点焊机时，可采用手工电弧焊。各种预埋件 T 形接头钢筋与钢板的焊接，也可采用预埋件钢筋埋弧压力焊。电渣压力焊只适用于竖向钢筋的连接，不能用作水平钢筋和斜筋的连接。钢筋焊接的接头型式、焊接方法、适用范围应符合现行《钢筋焊接及验收规程》(JGJ 18—2012)的规定。

(3)钢筋焊接前，必须根据施工条件进行试焊，合格后方可正式施焊。焊工必须持考试合格证上岗。

(4)电弧焊宜采用双面焊缝，仅在双面焊缝无法施焊时采用单面焊缝。

(5)钢筋接头采用搭接电弧焊时，两钢筋搭接端部应预先折向一侧，使两接合钢筋轴线一致。接头双面焊缝的长度不应小于 $5d$(d 为钢筋直径)，单面焊缝的长度不应小于 $10d$，且不宜位于构件的最大弯矩处。

钢筋接头采用帮条电弧焊时，帮条应采用与主筋同级别的钢筋，其总截面面积不应小于被焊钢筋的截面积。帮条长度，如用双面焊缝不应小于 $5d$，如用单面焊缝不应小于 $10d$。

(6)凡施焊的各种钢筋、钢板均应有材质证明书或试验报告单。焊条、焊剂应有合格证，各种焊接材料的性能应符合现行《钢筋焊接及验收规程》(JCJ 18—2012)的规定。各种焊接材料应分类存放和妥善管理，并应采取防止腐蚀、受潮变质的措施。

(7)电渣压力焊、气压焊、预埋件钢筋埋弧压力焊的技术规定及电弧焊中的坡口焊、窄间隙焊、熔槽帮条焊和钢筋与钢板焊接的技术规定可参照现行《钢筋焊接及验收规程》(JCJ 18—2012)的规定执行。

(8)受力钢筋焊接或绑扎接头应设置在内力较小处，并错开布置，对于绑扎接头，两接头间距离不小于 1.3 倍搭接长度。对于焊接接头，在接头长度区段内，同一根钢筋不得有两个接头，配置在接头长度区段内的受力钢筋，其接头的截面面积占总截面面积的百分率应符合

表 7.4 的规定。对于绑扎接头，其接头的截面面积占总截面面积的百分率，亦应符合表 7.4 的规定。

表 7.4 接头长度区段内受力钢筋接着面积的最大百分率

接头型式	接头面积最大百分率/%	
	受拉区	受压区
主钢筋绑扎接头	25	50
主钢筋焊接接头	50	不限制

注：①焊接接头长度区段内是指 $35d$（d 为钢筋直径）长度范围内，但不得小于 500 mm，绑扎接头长度区段是指 1.3 倍搭接长度；

②在同一根钢筋上应尽量少设接头；

③装配式构件连接处的受力钢筋焊接接头可不受此限制；

④绑扎接头中钢筋的横向净距不应小于钢筋直径且不应小于 25 mm；

⑤环氧树脂涂层钢筋绑扎搭接长度，对受拉钢筋应至少为涂层钢筋锚固长度的 1.5 倍且不小于 375 mm；对受压钢筋为无涂层钢筋锚固长度的 1.0 倍且不小于 250 mm。

(9)电弧焊接和绑扎接头与钢筋弯曲处的距离不应小于 $10d$，也不宜位于构件的最大弯矩处。

(10)焊接时，对施焊场地应有适当的防风、雨、雪、严寒设施。低于 −20 ℃时，不得施焊。

(11)受拉钢筋绑扎接头的搭接长度，应符合表 7.5 的规定；受压钢筋绑扎接头的搭接长度，应取受拉钢筋绑扎接头搭接长度的 0.7 倍。

表 7.5 受拉钢筋绑扎接头的搭接长度

钢筋类型		混凝土强度等级		
		C20	C25	高于 C25
HPB235		$35d$	$30d$	$25d$
月牙纹	HRB335	$45d$	$40d$	$35d$
	HRB400、RRB400	—	$50d$	$45d$

注：①当带肋钢筋直径 d 不大于 25 mm 时，其受拉钢筋的搭接长度应按表中值减少 $5d$ 采用；当带肋钢筋直径 d 大于 25 mm 时，其受拉钢筋的搭接长度应按表中值增加 $5d$ 采用。

②当混凝土在凝固过程中受力钢筋易受扰动时，其搭接长度宜适当增加。

③在任何情况下，纵向受拉钢筋的搭接长度不应小于 300 mm；受压钢筋的搭接长度不应小于 200 mm。

④环氧树脂涂层钢筋的绑扎接头搭接长度，受拉钢筋按表值的 1.5 倍采用。

⑤对有抗震要求的受力钢筋的搭接长度，当抗震烈度为七度（及以上）时应增加 $5d$。

⑥两根不同直径的钢筋的搭接长度，以较细的钢筋直径计算。

受拉区内 HPB235 钢筋绑扎接头末端应做弯钩；HRB335、HRB400、RRB400 钢筋的绑扎接头末端可不做弯钩；直径不大于 12 mm 的受压 HPB235 的钢筋末端可不做弯钩，但搭接长度应不小于钢筋直径的 30 倍。钢筋搭接处，应在其中心和两端用铁丝扎牢。

5. 钢筋骨架组成及安装

(1)预制钢筋骨架必须具有足够的刚度和稳定性。

(2)骨架的焊接拼装应在坚固的工作台上进行，操作时应符合下列要求：

①拼装时应按设计图纸放大样，放样时应考虑焊接变形和预留拱度。

②钢筋拼装前，对有焊接接头的钢筋应检查每根接头是否符合焊接要求。

③拼装时，在需要焊接的位置用楔形卡卡住，防止电焊时局部变形。待所有焊接点卡好后，先在焊缝两端点焊定位，然后进行焊缝施焊。

④骨架焊接时，不同直径的钢筋的中心线应在同一平面上。为此，较小直径的钢筋在焊接时，下面宜垫以厚度适当的钢板。

⑤施焊顺序宜由中到边对称地向两端进行，先焊骨架下部，后焊骨架上部。相邻的焊缝采用分区对称跳焊，不得顺方向一次焊成。

⑥当焊接网的受力钢筋为Ⅰ级或冷拉Ⅰ级钢筋时，如焊接网只有一个方向为受力钢筋，网两端边缘的两根锚固横向钢筋与受力钢筋的全部相交点必须焊接；如焊接网的两个方向均为受力钢筋，则沿网四周边缘的两根钢筋的全部相交点均应焊接，其余的交叉点，可根据运输和安装条件决定，一般可焊接或绑扎一半交叉点。

⑦钢筋的交叉点应用铁丝绑扎结实，必要时，亦可用点焊焊牢。

⑧除设计有特殊规定者外，梁中的箍筋应与主筋垂直。

⑨箍筋弯钩的叠合处，在梁中应沿梁长方向置于上面并交错布置，在柱中应沿柱高方向交错布置，若是方柱则必须位于箍筋与柱角竖向钢筋交接点上。但有交叉式箍筋的大截面柱，其接头可位于箍筋与任何一根中间纵向钢筋的交接点上。圆柱或圆管涵螺旋形箍筋的起点和终点应分别绑扎在纵向钢筋上。

6. 质量检查和质量标准

(1)加工钢筋的偏差不得超过表 7.6 的规定。

表 7.6　加工钢筋的允许偏差

项目	允许偏差/mm
受力钢筋顺长度方向加工后的全长	±10
弯起钢筋各部分尺寸	±20
箍筋、螺旋筋各部分尺寸	±5

(2)焊接钢筋的验收和允许偏差见表 7.7 和表 7.8。

表 7.7　钢筋焊接骨架质量标准

项目	允许偏差/mm
骨架的宽和高	±5
骨架长度	±10
箍筋间距	±10

表 7.8 焊接钢筋网质量标准

项目	允许偏差/mm
网的长宽	±10
网眼尺寸	±10
网眼对角线差	15

(3)安装钢筋的允许偏差。

钢筋的级别、直径、根数和间距均应符合设计要求。绑扎或焊接的钢筋网和钢筋骨架不得有变形、松脱和开焊，钢筋位置的偏差不得超过表 7.9 的规定。

表 7.9 钢筋位置允许偏差

<table>
<tr><th colspan="3">检查项目</th><th>允许偏差/mm</th></tr>
<tr><td rowspan="4">受力钢筋间距</td><td colspan="2">两排以上排距</td><td>±5</td></tr>
<tr><td rowspan="2">同排</td><td>梁、板、拱肋</td><td>±10</td></tr>
<tr><td>基础、锚碇、墩台、柱</td><td>±20</td></tr>
<tr><td colspan="2">灌注桩</td><td>±20</td></tr>
<tr><td colspan="3">箍筋、横向水平钢筋、螺旋筋间距</td><td>0，−20</td></tr>
<tr><td colspan="2" rowspan="2">钢筋骨架尺寸</td><td>长</td><td>±10</td></tr>
<tr><td>宽、高或直径</td><td>±5</td></tr>
<tr><td colspan="3">弯起钢筋位置</td><td>±20</td></tr>
<tr><td colspan="2" rowspan="3">保护层厚度</td><td>柱、梁、拱肋</td><td>±5</td></tr>
<tr><td>基础、锚碇、墩台</td><td>±10</td></tr>
<tr><td>板</td><td>±3</td></tr>
</table>

7.3 混凝土及钢筋混凝土工程

7.3.1 混凝土的运输

(1)混凝土的运输能力应适应混凝土凝结速度和浇筑速度的需要，使浇筑工作不间断并使混凝土运到浇筑地点时仍保持均匀性和规定的坍落度。当混凝土拌和物运距较近时，可采用无搅拌器的运输工具运输；当运距较远时，宜采用搅拌运输车运输。运输时间不宜超过表 7.10 的规定。

表 7.10 混凝土拌和物运输时间限制

气温/℃	无搅拌设施运输/min	有搅拌设施运输/min
20～30	30	60
10～19	45	75
5～9	60	90

注：①当运距较远时，可用搅拌运输车运干拌料到浇筑地点后再加水搅拌；

②掺用外加剂或采用快硬水泥拌制混凝土时，应通过试验查明所配制混凝土的凝结时间后，确定运输时间限制；

③表列时间系指从加水搅拌至入模时间。

(2)用搅拌运输车运输已拌成的混凝土时，途中应以 2～4 r/min 的慢速进行搅动，混凝土的装载量约为搅拌筒几何容量的 2/3。

(3)混凝土运至浇筑地点后发生离析、严重泌水或坍落度不符合要求时，应进行第二次搅拌。二次搅拌时不得任意加水，确有必要时，可同时加水和水泥以保持其原水灰比不变。如二次搅拌仍不符合要求，则不得使用。

7.3.2 混凝土的浇筑

1. 浇筑混凝土前，应对支架、模板、钢筋和预埋件进行检查，并做好记录，符合设计要求后方可浇筑。模板内的杂物、积水和钢筋上的污垢应清理干净。模板如有缝隙，应填塞严密且不漏浆，模板内面应涂刷脱模剂。浇筑混凝土前，应检查混凝土的均匀性和坍落度。

2. 自高处向模板内倾卸混凝土时，为防止混凝土离析，应符合下列规定：

(1)从高处直接倾卸时，其自由倾落高度不宜超过 2 m，以不发生离析为度。

(2)当倾落高度超过 2 m 时，应通过串筒、溜管(槽)或振动溜管(槽)等设施下落；倾落高度超过 10 m 时，应设置减速装置。

3. 混凝土应按一定厚度、顺序和方向分层浇筑，应在下层混凝土初凝或能重塑前浇筑完成上层混凝土。上下层同时浇筑时，上层与下层前后浇筑距离应保持 1.5 m 以上。在倾斜面上浇筑混凝土时，应从低处开始逐层扩展升高，保持水平分层。混凝土分层浇筑厚度不宜超过表 7.11 的规定。

表 7.11 混凝土分层浇筑厚度

<table>
<tr><th colspan="2">捣实方法</th><th>浇筑层厚度/mm</th></tr>
<tr><td colspan="2">用插入式振动器</td><td>300</td></tr>
<tr><td colspan="2">用附着式振动器</td><td>300</td></tr>
<tr><td rowspan="2">用表面振动器</td><td>无筋或配筋稀疏时</td><td>250</td></tr>
<tr><td>配筋较密时</td><td>150</td></tr>
<tr><td rowspan="2">人工捣实</td><td>无筋或配筋稀疏时</td><td>200</td></tr>
<tr><td>配筋较密时</td><td>150</td></tr>
</table>

注：表列规定可根据结构物和振动器型号等情况适当调整。

4. 浇筑混凝土时，除少量塑性混凝土可用人工捣实外，宜采用振动器振实。用振动器振捣时，应符合下列规定：

(1)使用插入式振动器时，移动间距不应超过振动器作用半径的1.5倍；与侧模应保持50～100 mm的距离；插入下层混凝土50～100 mm；每一处振动完毕后应边振动边徐徐提出振动棒；应避免振动棒碰撞模板、钢筋及其他预埋件。

(2)表面振动器的移位间距，应以使振动器平板能覆盖已振实部分100 mm左右为宜。

(3)附着式振动器的布置距离，应根据结构物形状及振动器性能等情况并通过试验确定。

(4)对每一振动部位，必须振动到该部位混凝土密实为止。密实的标志是混凝土停止下沉，不再冒出气泡，表面呈现平坦、泛浆。

5. 混凝土的浇筑应连续进行，如因故必须间断时，其间断时间应小于前层混凝土的初凝时间或能重塑的时间。混凝土的运输、浇筑及间歇的全部时间不得超过表7.12的规定。当需要超过时应预留施工缝。

表7.12　混凝土的运输、浇筑及间歇的全部允许时间 min

混凝土强度等级	气温不高于25 ℃	气温高于25 ℃
≤C30	210	180
>C30	180	150

注：当混凝土中掺有促凝或缓凝剂时，其允许时间应根据试验结果确定。

6. 施工缝的位置应在混凝土浇筑之前确定，宜留置在结构受剪力和弯矩较小且便于施工的部位，施工缝宜设置成水平面或垂直面。对施工缝按照下列要求进行处理：

(1)应凿除处理层混凝土表面的水泥砂浆和松弱层，但凿除时，处理层混凝土须达到下列强度：

①用水冲洗凿毛时，须达到0.5 MPa。

②用人工凿毛时，须达到2.5 MPa。

③用风动机凿毛时，须达到10 MPa。

(2)经凿毛处理的混凝土面，应采用洁净水冲洗干净，在浇筑次层混凝土前，对垂直施工缝宜刷一层水泥净浆，对水平缝宜铺一层厚为10～20 mm的1∶2的水泥砂浆。

(3)重要部位及有防震要求的混凝土结构或钢筋稀疏的钢筋混凝土结构，应在施工缝处补插锚固钢筋或石榫；有抗渗要求的施工缝宜做成凹形、凸形或设置止水带。

(4)施工缝为斜面时应浇筑成或凿成台阶状。

(5)施工缝处理后，须待处理层混凝土达到一定强度后才能继续浇筑混凝土。需要达到的强度，一般最低为1.2 MPa，当结构物为钢筋混凝土时，不得低于2.5 MPa。混凝土达到上述抗压强度的时间宜通过试验确定。

7. 在浇筑过程中或浇筑完成时，如混凝土表面泌水较多，须在不扰动已浇筑混凝土的条件下，采取措施将水排出。继续浇筑混凝土时，应查明原因，采取措施，减少泌水。

8. 结构混凝土浇筑完成后，对混凝土裸露面应及时进行修整、抹平，待定浆后再抹第二遍并压光或拉毛。当裸露面面积较大或气候不良时，应加盖防护，但在开始养生前，覆盖物不得接触混凝土面。

9. 浇筑混凝土期间，应设专人检查支架、模板、钢筋和预埋件等稳固情况，当发现有松动、变形、移位时，应及时处理。

10. 浇筑混凝土时，应填写混凝土施工记录。

7.3.3 混凝土养护

1. 对于在施工现场集中养护的混凝土，应满足其对温度、湿度和时间的要求，应根据施工对象、环境条件、水泥品种、外加剂或掺合料以及对混凝土性能的要求，提出具体的养护方案，并应严格执行规定的养护制度。

2. 一般混凝土浇筑完成后，应在收浆后尽快予以覆盖和洒水养护。对于硬性混凝土、高强度和高性能混凝土、炎热天气浇筑的混凝土以及桥面等大面积裸露的混凝土，应加强初始保湿养护，具备条件的可在浇筑完成后立即加设棚罩，待收浆后再予以覆盖和洒水养护。覆盖时不得损伤或污染混凝土的表面。混凝土面有模板覆盖时，应在养护期间经常使模板保持湿润。

3. 当气温低于 5 ℃时，应覆盖保温，不得向混凝土面上洒水。

4. 混凝土养护用水的条件与拌和用水相同。

5. 混凝土的洒水养护时间一般为 7 d，可根据空气的湿度、温度和水泥品种及掺用的外加剂和掺和物等情况，酌情延长或缩短养护时间。每天洒水次数以能保持混凝土表面经常处于湿润状态为度。用加压成型、真空吸水等法施工的混凝土，其养护时间可酌情缩短。采用塑料薄膜或喷化学浆液等养护层时，可不洒水养护。

6. 当结构物混凝土与流动性的地表水或地下水接触时，应采取防水措施，保证混凝土在浇筑后 7 d 以内且强度达到设计强度的 50%以前，不受水的冲刷侵袭。当环境水具有侵蚀作用时，应保证混凝土在 10 d 以内，且强度达到设计强度的 70%以前，不受水的侵袭。

7. 对大体积混凝土的养护，应根据气候条件采取控温措施，并按需要测定浇筑后的混凝土表面和内部温度，将温差控制在设计要求的范围内，当设计无要求时，温差不宜超过 25 ℃。混凝土处于冻融循环作用的环境时，宜在结冰期到来的 4 周前完成浇筑施工，且在混凝土强度未达到设计强度等级的 80%前不得受冻，否则应采取技术措施，防止发生冻害。

8. 混凝土强度达到 2.5 MPa 前，不得使其承受行人、运输工具、模板、支架及脚手架等荷载。

9. 用蒸汽养护混凝土时，按本教材任务 5 的规定执行。

7.3.4 混凝土的修饰

1. 混凝土表面的光洁程度依不同部位而异，外露面无装饰设计时，对浇筑时无模板的外露面进行压光或拉毛；对有模板的外露面应安装同一类别的模板和涂刷同一类别的脱模剂，模板应光洁，无变形、无漏浆。发现表面质量有缺陷时，应报有关部门批准后再进行修饰。

2. 对表面有一般抹灰（水泥砂浆抹面）和装饰抹灰（水刷石、水磨石、剁斧石）等装饰设计的结构，应在浇筑混凝土时采用表面平整的模板，拆模后按设计要求的装饰类别进行装饰。

3. 实施混凝土质量控制应符合下列规定：

（1）通过对原材料的质量检验与控制、混凝土配合比的确定与控制、混凝土生产和施工过程各工序的质量检验与控制，以及合格性检验控制，使混凝土的质量符合规定要求。

（2）在施工过程中应进行质量检测，应用各种质量管理图表，掌握动态信息，控制整个生产和施工期间的混凝土质量，制订保证质量的措施，完善质量控制过程。

(3)必须配备相应的技术人员和必要的检验及试验设备，建立和健全必要的技术管理与质量控制制度。

7.3.5 混凝土质量检验

1. 各种材料、各工程项目和各个工序，应经常进行检验，保证符合设计和施工技术规范的要求。检验项目和次数应符合下列规定：

(1)浇筑混凝土前的检验：

①施工设备和场地。

②混凝土组成材料及配合比(包括外加剂)。

③混凝土凝结速度等性能。

④养护方法及设施，安全设施。

(2)拌制和浇筑混凝土时的检验：

①混凝土组成材料的外观及配料、拌制，每一工作班至少2次，必要时随时抽样试验。

②混凝土的和易性(坍落度等)每工作班至少2次。

③砂石材料的含水率，每日开工前1次，气候有较大变化时随时检测；当含水率变化较大、将使配料偏差超过规定时，应及时调整。

④钢筋、模板、支架等的稳固性和安装位置。

⑤混凝土的运输、浇筑方法和质量。

⑥外加剂使用效果。

⑦制取混凝土试件。

(3)浇筑混凝土后的检验：

①养护情况。

②混凝土强度，拆模时间。

③混凝土外露面或装饰质量。

④结构外形尺寸、位置、变形和沉降。

2. 隐蔽工程检查、分部工程检查、工程变更设计、施工技术修改、施工方案变更、质量事故的发生和处理等事项，应按有关规定及时通知有关人员。

3. 对混凝土的强度，应制取试件检验其在标准养护条件下28 d龄期的抗压极限强度。试件制取组数应符合下列规定：

(1)不同强度及不同配合比的混凝土应分别制取试件，试件应在浇筑地点或拌和地点随机制取。

(2)连续浇筑大体积结构物混凝土时，每80～200 m^3 或每一工作班应制取2组。

(3)每片梁长16 m以下应制取1组，16～30 m制取2组，31～50 m制取3组，50 m以上者不少于5组。

(4)就地浇筑混凝土小桥涵，每一座或每一工作班制取不少于2组；当原材料和配合比相同，并由同一拌和站拌制时，可几座合并制取2组。

4. 应根据施工需要，制取与结构物同条件养护的试件作为考核结构混凝土在拆模、出池、吊装、预施应力、承受载荷等阶段强度的依据。

7.3.6 混凝土质量标准

1.混凝土抗压强度应以标准条件下养护 28 d 龄期试件的抗压强度进行评定，其合格条件如下。

(1)应以强度等级相同、龄期相同以及生产工艺条件和配合比相同的混凝土组成同一验收批，同一验收批的混凝土强度应以同批内所有各组标准尺寸试件的强度测定值(当为非标准尺寸试件时应进行强度换算)为代表值。

(2)大桥等重要工程及中小桥、涵洞工程的试件大于或等于 10 组时，应以数理统计方法按下述条件评定：

$$R_n - K_1 S_n \geqslant 0.9R \tag{7.1}$$

$$R_{\min} \geqslant K_2 R \tag{7.2}$$

式中 R_n——同批 n 组试件强度的平均值(MPa)；

n——同批混凝土试件组数；

S_n——同批 n 组试件强度的标准差(MPa)，当 $S_n < 0.06R$ 时，取 $S_n = 0.06R$；

R——设计的混凝土强度等级(MPa)；

$R_{\min}$——n 组试件中强度最低一组的值(MPa)；

K_1, K_2——合格判定系数，见表 7.13。

表 7.13 K_1, K_2 的值

n	10～14	15～24	≥25
K_1	1.70	1.65	1.60
K_2	0.9	0.85	

(3)中小桥及涵洞等工程，同批混凝土试件少于 10 组时，可用非统计方法按下述条件进行评定：

$$R_n \geqslant 1.15R \tag{7.3}$$

$$R_{\min} \geqslant 0.95R \tag{7.4}$$

2.当混凝土强度按试件强度进行评定达不到合格条件时，可采用钻取试样或以无损检测法查明结构实际混凝土的抗压强度和浇筑质量，如仍有不合格，应由有关单位共同研究处理。

3.结构混凝土应符合下列规定：

(1)表面应密实、平整。

(2)如有蜂窝、麻面，其面积不超过结构同侧面积的 0.5%。

(3)如有裂缝，其宽度不得大于设计规范的有关规定。

(5)小型构件无翘曲现象。

(6)对蜂窝、麻面、掉角等缺陷，应凿除松弱层，用钢丝刷清理干净，用压力水冲洗、湿润，再用较高强度的水泥砂浆或混凝土填塞捣实，覆盖养护；用环氧树脂等胶凝材料修补时，应先经试验验证。

(7)如有严重缺陷，影响结构性能时，应分析情况，研究处理。

4.混凝土和钢筋混凝土结构物的位置及外形尺寸允许偏差应符合本教材各章节的有关规定。

5.抹灰工程应符合下列规定：

(1)一般抹灰成分、颜色必须一致，黏结牢固，不得有脱层、空鼓、掉角等现象。

(2)水刷石必须石粒清晰、分布均匀、平整密实，不得有掉粒和接茬痕迹。

(3)水磨石必须表面平整、光滑，石子显露均匀，格条位置正确，不得有砂眼、磨纹和漏磨。

(4)剁斧石必须剁纹均匀，深浅一致，棱角完整。

(5)干粘石必须石粒分布均匀，黏结牢固，不露浆，不漏粘，阳角处不得有明显的黑边。

(6)拉毛灰必须花纹、斑点分布均匀，同一平面上不显接茬。

(7)抹灰允许偏差见表7.14和表7.15。

表7.14　一般抹灰允许偏差

项目	允许偏差/mm
平整度	5
阴阳角方正	5
墙面平整度	5

表7.15　装饰抹灰允许偏差

项目	允许偏差/mm			
	水磨石	水刷石	剁碎石	干粘石
平整度	2	4	4	5
阴阳角方正	2	4	4	4
墙面平整度	3	5	5	5
分格条子直	2	5	5	5

教学项目4　桥梁附属结构施工

一、目的和要求

1. 教学目标

通过项目教学活动，培养学生具有桥梁附属结构现场施工的基本组织与管理能力，同时培养学生良好的职业道德、自我学习能力、实践动手能力和耐心细致的管理能力。使学生具备能够分析和处理问题的能力，以及锻炼团队合作、诚实、守信、善于沟通和吃苦耐劳的专业素养，胜任桥梁施工现场管理工作。

2. 职业能力目标

(1)能熟练识读桥梁附属工程施工图。

(2)能按照施工图，合理地选择桥梁附属施工方法，理解施工工艺，会进行桥梁附属工程施工组织。

(3)能独立完成典型工程附属工程施工组织工作。

3. 知识目标

(1)掌握桥梁附属工程的基本组成。

(2)掌握桥梁附属工程施工内容。

(3)掌握桥梁附属工程施工缺陷预处理。

4. 社会和方法能力目标

在教学过程中，注重对学生职业道德的培养；提高学生观察、分析和判断问题的能力；培养学生团队合作精神、严谨的工作作风、实事求是的工作态度；以及诚实、守信、善于沟通合作的优良品质，使其能够胜任桥梁施工员管理工作。

二、任务书

1. 教师根据实际情况进行分组，学生自行填写学生任务分配表，如下。

学生任务分配表

<table>
<tr><td>任务名称</td><td colspan="2"></td><td>指导教师</td><td></td></tr>
<tr><td>班级</td><td colspan="2"></td><td>组别</td><td></td></tr>
<tr><td>姓名</td><td>角色</td><td colspan="3">任务分工</td></tr>
<tr><td></td><td></td><td colspan="3"></td></tr>
<tr><td></td><td></td><td colspan="3"></td></tr>
<tr><td></td><td></td><td colspan="3"></td></tr>
<tr><td></td><td></td><td colspan="3"></td></tr>
<tr><td></td><td></td><td colspan="3"></td></tr>
<tr><td></td><td></td><td colspan="3"></td></tr>
<tr><td colspan="5">备注：</td></tr>
</table>

2.根据教师提供的图纸和相关资料，请各小组编写一份施工图纸识读与算量实训报告书。

班级：______________________组别：______________________

实训项目：______________________

实训时间：______________________

实训地点：______________________

指导教师：______________________

（一）实训内容

____

____

____

____

（二）实训过程描述

____

____

____

____

（三）总结与体会

____

____

____

____

任务8　桥梁附属结构的施工

8.1　板式橡胶支座的安装

板式橡胶支座用于反力较小的中小跨径桥梁，如图 8.1 所示。板式橡胶支座在安装前的检查和力学性能检验，包括支座长、宽、厚、硬度、容许荷载、容许最大温差以及外观检查等，如不符合设计要求，不得使用。支座安装时，支座中心应对准梁的计算支点，必须使整个橡胶支座的承压面上受力均匀。

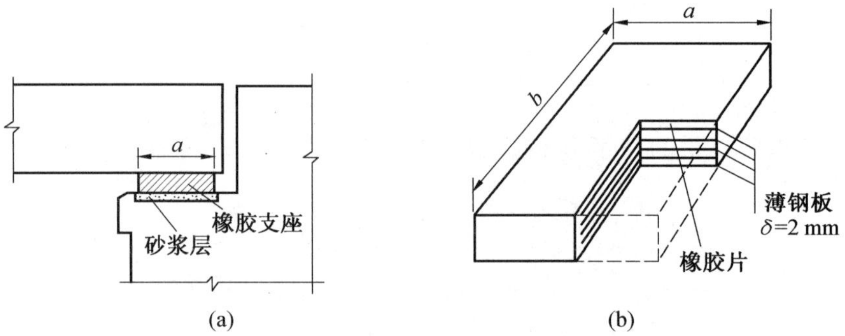

图 8.1　板式橡胶支座

安装时应注意下列事项：

(1)支座下设置的承垫石混凝土强度应符合设计要求，顶面标高准确、表面平整，在平坡情况下同一片梁两端支撑垫石水平面应尽量处于同一平面内，其相对误差不得超过 3 mm，避免支座发生偏斜、不均匀受力和脱空现象。

(2)安装前应将墩台支座支垫处和梁底面清洗干净，去除油污，用水灰比 1:3 的水泥砂浆抹平，使其顶面标高符合设计要求。

(3)支座安装尽可能安排在接近年平均气温的季节里进行，以减少由于温差变化大而引起的剪切变形。

(4)当墩台两端标高不同，顺桥向有纵坡时，支座安装方法应按设计规定安装。

(5)梁板安放时，必须细致稳妥，使梁、板就位准确且与支座密贴，就位不准或支座与梁板不密贴时，必须吊起，采取措施(垫钢板)，使支座位置限制在允许偏差内，不得用撬棍移动梁、板。

8.2　盆式橡胶支座安装

盆式橡胶支座用于反力较大的大跨径桥梁，如图 8.2 所示。盆式橡胶支座顶、底面积大，支座下埋设在墩顶的钢垫板面积也较大，浇筑墩顶混凝土必须密实。盆式橡胶支座的规格和质量应符合设计要求，支座组装时其底面与顶面（埋置于墩顶和梁底面）的钢垫板，必须埋置密实。垫板与支座间平整密贴，支座四周探测不得有 0.3 mm 的缝隙，严格保持清洁。活动支座的聚四氟乙烯板和不锈钢板不得有刮伤、撞伤。氯丁橡胶板块密封在钢盆内，安装时应排除空气，保持紧密。

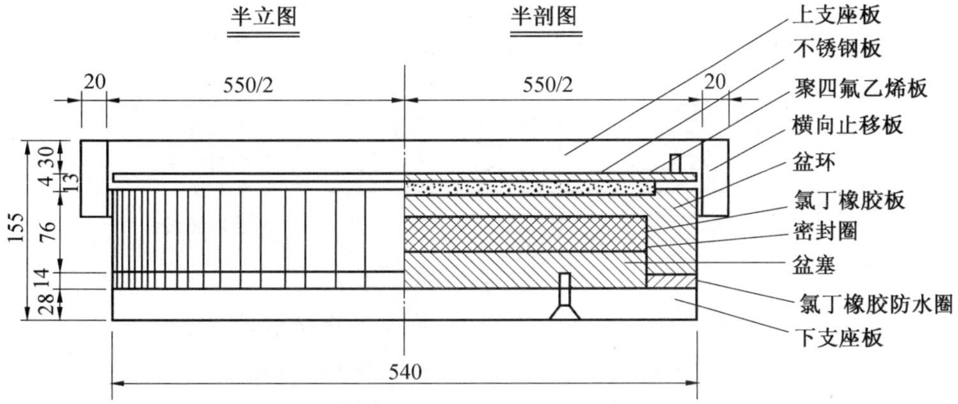

(a)

(b)

图 8.2　盆式橡胶支座（单位：cm）

施工时应注意下列事项：

(1)安装前应将支座的各相对滑移面用酒精或丙酮擦洗干净，擦净后在四氟滑板的储油槽内注满硅脂类润滑剂并保洁。

(2)支座的顶板和底板可用焊接或锚固螺栓接在梁体底面和墩台顶面的预埋钢板上。采用焊接时，应防止烧坏混凝土。安装锚固螺栓时，其外露螺杆的高度不得大于螺母的厚度。支座安装顺序：宜先将上座板固定在大梁上，然后根据其位置确定底盆在墩台的位置，最后予以固定。

(3)支座的安装标高应符合设计要求，中心线要与梁的轴线重合，水平最大位置偏差不大于 2 mm。

(4)安装固定支座时，上下各部件的纵轴线必须对正；安装活动支座时，上下纵轴线必须对正，横轴线应根据安装时的温度与年平均温度的差，由计算确定其错位的距离。支座的上下导向挡块必须平行，最大偏差的交叉角不得大于 5°。

8.3　球形支座的安装

球形支座各向转动性能一致，如图 8.3 所示，适用于弯桥、坡桥、斜桥、宽桥及大跨径桥。球形支座无承重橡胶块，特别适用于低温地区。

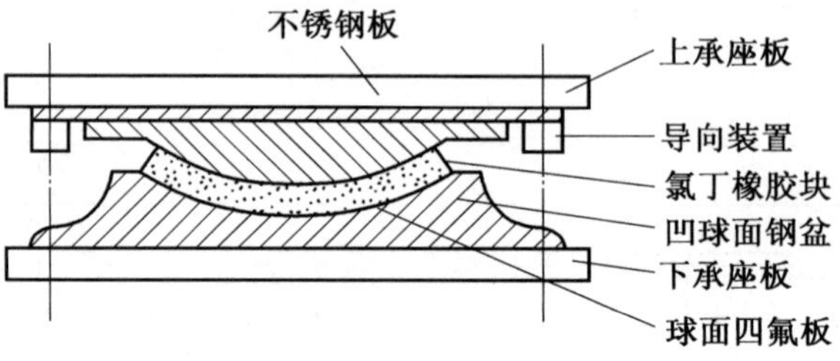

图 8.3　球形支座

1. 支座出厂时，应由生产厂家将支座调平，并拧紧连接螺栓，以防止支座在安装过程中发生转动和倾覆。支座可根据设计需要预设转角及位移，但施工单位应在订货前提出预设转角及位移量的要求，由生产厂家在装配时预先调整好。

2. 支座安装前方可开箱，并检查装箱清单，包括配件清单、检验报告复印件、支座产品合格证书及支座安装养护细则。施工单位开箱后，不得任意转动连接螺栓，并不得任意拆卸支座。

3. 支座安装还应注意下列事项：

(1)支座开箱并检查清单及合格证。

(2)安装支座板及地脚螺栓：在下支座板四周用钢楔块调整支座水平，并使下支座板底面高程符合设计要求，找出支座纵、横向中线位置，使之符合设计要求。用环氧砂浆灌注地脚螺栓孔及支座底面垫层。

(3)环氧砂浆硬化后，拆除支座四角临时钢楔块，并用环氧砂浆填满抽出楔块的位置。

(4)在梁体安装完毕后，或现浇混凝土梁体形成整体并达到设计强度后，在张拉梁体预应力之前，拆除上、下支座连接板，以防止约束梁体正常转动。

(5)拆除上、下支座连接板后，检查支座外观，并及时安装支座外防尘罩。

(6)当支座与梁体及墩台采用焊接连接时，应先将支座准确定位后，用对称间断焊接，将下支座板与墩台上预埋钢板焊接，焊接时应防止烧伤支座及混凝土。

8.4　伸缩装置

1. 梳形钢板伸缩装置

梳形钢板伸缩装置是由梳形板、锚栓、垫板、锚板、封头板及排水槽等组成，有的还在梳齿之间填塞合成橡胶，以起防水作用。图 8.4 为一梳形钢板伸缩装置的构造实例。

安装梳型钢板伸缩装置时，应首先按设计高程将锚栓预埋入预留孔内，然后焊接锚板，并调整封头板使之与垫板齐平，最后再安装梳形板和浇筑混凝土。

安装程序为：桥面整平铺装→切缝→缝槽表面清理→将构件放入槽内→用定位角铁固

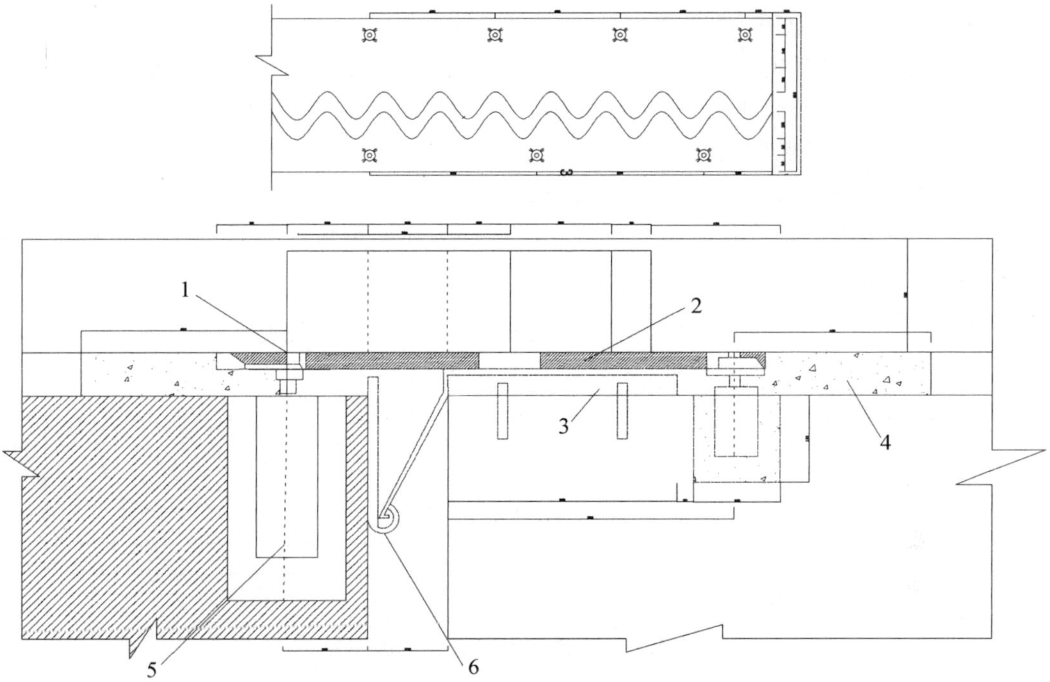

图 8.4 梳形钢板伸缩装置

1—封头板；2—垫板；3—锚板；4—C40 混凝土；5—锚拴；6—排水槽

定构件位置及高程→布设焊接锚固筋，在混凝土接缝表面涂底料→浇筑树脂混凝土→及时拆除定位角铁→养生→填缝→结束。

安装时要将构件固定在定位角铁上，以保证安装精度，并防止产生梳齿不平、扭曲及其他变形，要严格控制好梳齿间的横向间隙。构件的位置固定好后，可进行锚固系统的树脂混凝土浇筑。为使锚固系统牢固可靠，要配置较多的连接筋及钢筋网，这将给混凝土的浇筑带来不便，故浇筑混凝土时要认真细致，尤其对角隅周围的混凝土一定要振捣密实，不得有空洞。为使混凝土中的空气能顺利排出，可在钢梳齿根部钻适量为 ϕ20 mm 的小孔。混凝土浇筑完成后，应及时将定位角铁拆除，以保证伸缩装置在温度变化时能自由伸缩。

2. 滑动钢板伸缩装置

滑动钢板伸缩装置一侧用螺栓锚定牵引板，另一侧搁置在桥台边缘处的角钢上，角钢与牵引板间设置滑板，用钢板的滑动适应结构的伸缩。缝间可填充压缩材料或加设盖板，滑动钢板通过橡胶垫块始终紧压在护缘角钢上，这样既消除了不利的拍击作用，又显著减小了车辆的冲击作用。

3. 橡胶伸缩装置

橡胶伸缩装置是指伸缩体采用橡胶构件的伸缩装置。伸缩体所用的橡胶需要有良好的耐老化、耐气候和抗腐蚀的性能。

使用温度范围：

氯丁胶型(普通型)：+60～－25 ℃；

三元乙丙胶型(耐寒型)：+60～－45 ℃；

橡胶硬度(邵氏硬度):50±5～60±5。

伸缩体两端固定用A3号钢。

纯橡胶伸缩装置有空心板型、W型或M型。这类装置具有构造简单、伸缩性好、防水防尘、安装方便、价格低廉等优点,伸缩量为30～50 mm,一般用于低等级公路的中小桥梁。

(1)空心板型橡胶伸缩装置。

空心板型橡胶伸缩装置,是指利用橡胶富有弹性和耐老化特性,将其嵌入型钢制成的槽内,使橡胶在气温升降变化时始终保持受压状态的伸缩装置。根据伸缩量的不同需要做成两孔或三孔的形式,如图8.5所示。施工安装程序如图8.6所示。

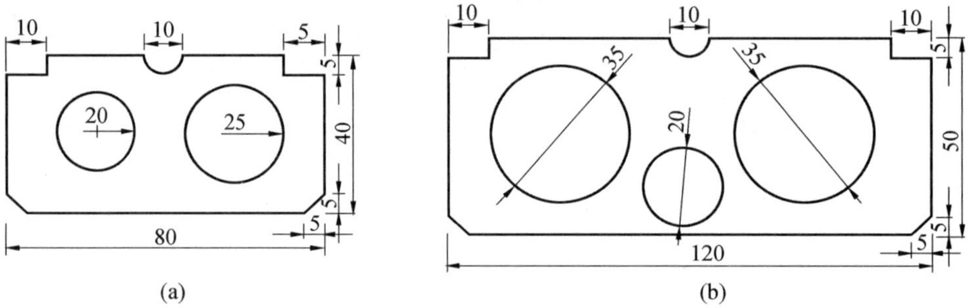

图8.5　空心板型橡胶伸缩装置(单位:cm)

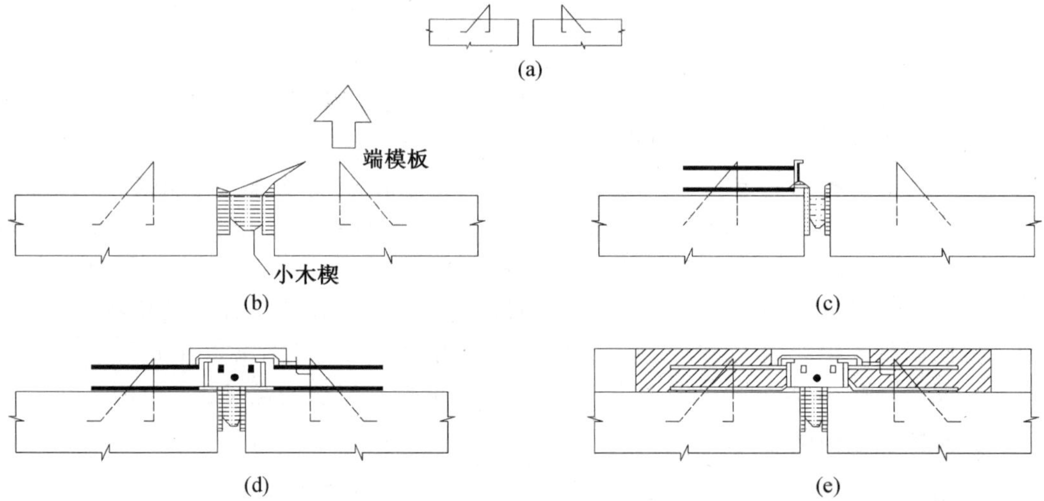

图8.6　空心板型橡胶伸缩装置施工安装程序

①安装准备。

如图8.6(a)所示,安装前须清理梁端、顶面凿毛、冲洗。各梁伸出不齐者应予以修整,以利设置端模板。

②立端模板。

如图8.6(b)所示,两端模板要用小木楔挤紧。木楔横桥向尺寸应尽量小,以使其在梁伸出时能被挤碎,缩短时可自由脱落,模板由下面设法取出。模板应尽量薄,顶端削成45°角,楔子应打入适当深度,使其顶部不阻碍胶条压缩时向下凸变。

③左侧型钢定位。

如图 8.6(c)所示,将左侧型钢组件焊好后,按设计要求用定位钢筋点焊于架立钢筋上,然后将胶条相互接触的表面进行除锈去油污等清理工作。

④涂胶、对合、加压、右侧型钢定位。

如图 8.6(d)所示,将右侧型钢与胶条相互接触的表面除锈去油污,并将橡胶伸缩条两侧胶面打毛,然后涂以“202”或“203”胶水,立即对合,用特别夹具加压至计算的安装定位值后,与左侧同样方法点焊定位。定位完毕拆除所有夹具。

⑤浇筑混凝土。

如图 8.6(e)所示,定位完毕后,伸缩装置两侧各浇筑 50 cm 的 C30 混凝土,并注意养护。

4. 模数式伸缩装置

模数式伸缩装置的橡胶件,一般起防水、防尘、密封等作用。模数式伸缩装置必须在工厂组装,按照用户提供施工安装温度定位,固定后出厂,若施工安装时温度有变化,一定要重新调整定位后再安装就位。

(1)伸缩装置由异形钢梁与单元橡胶密封带组合而成的称为模数式伸缩装置。它适用于伸缩量为 40～1 200 mm 的桥梁工程。

(2)伸缩装置中所用异形钢梁沿长度方向的直线度应满足 1.5 mm/m,全长应满足 10 mm/10 rm的要求。伸缩装置钢构件外观应光洁、平整,不允许变形扭曲。

(3)伸缩装置必须在工厂进行组装。组装钢构件应进行有效的防护处理。吊装位置应用明显颜色标明。出厂时应附有效的产品质量合格证明文件。

(4)伸缩装置在运输中应避免阳光直接暴晒,雨淋雪浸,并应保持清洁,防止变形,且不能与其他物质相接触,注意防火。

(5)伸缩装置施工安装时应注意下列事项:

①要按照设计核对预留槽尺寸,预埋锚固筋若不符合设计要求,必须优先处理,满足设计要求后方可安装伸缩装置。

②伸缩装置安装之前,应按照安装时的气温调整安装时的定位值,用专用卡具将其固定。

③安装时,伸缩装置的中心线与桥梁中心线重合,并使其顶面高程与设计高程相吻合,按桥面横坡定位、焊接。

④浇筑混凝土前将间隙填塞,防止浇筑混凝土把间隙堵死,影响伸缩,并防止混凝土渗入模数式伸缩装置位移控制箱内,也不允许将混凝土溅填在密封橡胶带缝中及表面上,如果发生此现象,应立即清除,然后进行正常养护。

⑤待伸缩装置两侧混凝土强度满足设计要求后,方可开放交通。

5. 弹塑体材料填充式伸缩装置

填充式伸缩装置是由高黏弹塑性材料和碎石结合而成的。其中 TST 类黏弹性结合材料最具代表性,其特点是在高频的作用下(如冲击、振动)呈现高弹性,在低频作用下(如温度作用下的伸缩、自然状态下的徐变)则呈现可塑性,就物理性能而言其优于沥青。其构造如图 8.7 所示。TST 碎石弹性伸缩缝应按设计要求设置,弹塑体材料物理性能应符合有关规定，产品应附有效的合格证书。弹塑体材料加热熔化温度应按要求严格控制。主层石料压碎值不大于30%，扁平及细长石料含量少于15%～20%，石料使用前应清洗干净。其加热温度控制在100～150 ℃。风力大于3级，气温低于10 ℃及有雨时不宜施工。施工可采用分段分层浇灌铺筑法，亦可采用分段分层拌和铺筑法。

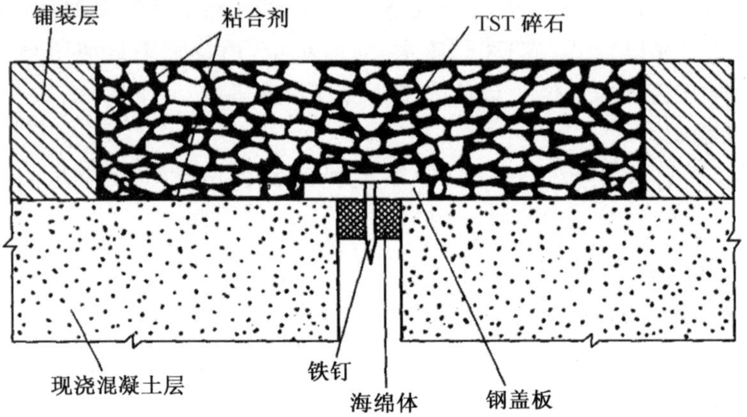

图 8.7　TST 碎石弹塑性伸缩缝构造

6. 复合改性沥青填充式伸缩装置

(1)伸缩体由复合改性沥青及碎石混合而成。适用于伸缩量小于50 mm的中、小跨径桥梁工程，适用温度－30～70 ℃。应按设计要求设置。

(2)复合改性沥青应符合产品有关规定，其加热熔化温度要控制在170 ℃以内。

8.5　桥面防水与排水

1. 卷材防水层

热铺卷材防水层应采用石油沥青油毡、沥青玻璃布油毡、再生胶油毡等。铺贴石油沥青卷材必须使用石油沥青胶结材料；铺贴焦油沥青卷材，必须使用胶油沥青胶结材料。

防水层所用的沥青软化点应较基层及防水层周围介质的可能最高温度高出20～25 ℃，且不低于40 ℃。沥青胶结材料的加热温度，应符合国家相关标准的规定。耐酸沥青胶采用角闪石粉、辉绿石粉、石英粉或其他耐火碱性矿物粉为填充料。

底板卷材的防水层用垫层混凝土侧墙作为基层。层必须牢固、平整、洁净；铺贴卷材前应尽量干燥；基层表面的阴阳角处，均应做成圆弧形或钝角。

铺贴卷材前，表面应用冷底子油满涂铺匀，待冷底子油干燥后方可铺贴卷材。卷材铺贴应符合下列规定：

(1)卷材铺贴前应保持干燥，并将表面的云母、滑石粉等清除。

(2)卷材搭接长度：长边不应小于10 cm，短边不应小于15 cm。上下两层与相邻两幅卷材的接缝相互垂直。

(3)粘贴卷材的沥青胶厚度一般为1.5～2.5 mm，不得超过3 mm。

(4)在转角处，卷材的搭接缝应留在底面上距侧墙不小于60 cm处。

(5)在底板和墙角面处的卷材防水层，应在铺设前先将转角抹成钝角或圆弧形，铺设时应在防水层上加铺附加层。附加层一般可采用两层同样的油毡或一层沥青玻璃布油毡或金属片予以加固。

(6)粘贴卷材应展平压实，卷材与基层和各层卷间必须黏结紧密，并将多铺的沥青胶结材料挤出；搭接缝必须封缝严密，防止出现水路；粘贴完最后一层卷材后，表面应再涂一层厚为 1～1.5 mm 的热沥青胶结材料。

2. 涂料防水层

涂料防水层是在混凝土结构表面上涂刷防水材料以形成防水层或附加防水层。防水涂料可使用沥青胶结材料或合成树脂、合成橡胶的乳液或溶液。在较潮湿的基面上涂刷防水涂料时，应采用湿固型涂料或乳化沥青、阳离子氯丁乳化沥青等亲水性涂料。涂料防水层施工前的基层表面必须平整、密实、洁净。

沥青胶结材料防水层施工的规定：

(1)基层表面应涂满冷底子油，并使其干燥。

(2)沥青胶结材料防水层一般涂两层，每层厚 1.5～2.0 mm。

(3)沥青胶结材料所用沥青的软化点、加热温度和使用温度，可参照卷材防水层。

(4)沥青胶结材料防水层施工温度不得低于－20 ℃，如温度过低，必须采取保温措施。在炎热季节施工时，应采取遮阳措施，防止烈日暴晒及沥青流淌。

合成树脂或合成橡胶乳液、溶液防水涂料施工的规定：

(1)乳液或溶液防水涂料的配合比应按照设计规定或涂料说明书办理，配制时应搅拌均匀。

(2)防水涂料可用手工抹压、涂刷或喷涂，厚度应均匀一致，每道涂料厚度应按不同涂料确定，一般为 1.0～3.0 mm。

(3)第一层涂料涂刷完毕，必须干燥结膜后方可涂刷下一层，一般涂刷 2～3 层。涂刷第一层时必须与混凝土密实结合，不得夹有空隙。

(4)涂料中配合有挥发性溶剂时，应在 3～4 h 内完成。

(5)涂料防水层中夹有玻璃丝布等夹层时，应在涂刷一遍涂料后，逐条紧贴玻璃丝布并扫平、压紧，使胶结料吃透布面。涂贴应均匀，不得有起鼓、翘边、皱褶、流淌等现象。玻璃丝布搭接要求，可参照卷材防水层办理。

(6)当采用水乳型橡胶沥青时，施工时最低气温不低于 5 ℃。雨天及大风天不得施工。

3. 水泥砂浆防水层

水泥砂浆防水层分为掺外加剂的水泥砂浆防水层、刚性多层作法防水层两种。

水泥砂浆防水层材料应符合的规定：

(1)水泥宜采用普通水泥或膨胀水泥，亦可采用矿渣水泥，侵蚀性环境中的水泥砂浆防水层，应按设计规定选用水泥，严禁使用过期、结块、失效水泥。

(2)外加剂宜采用减水剂或氯化物金属盐类防水剂。

(3)砂宜用中砂。

(4)水宜用不含有害物质的纯净水。

水泥砂浆中水泥和砂的配合比一般可采用 1∶2～1∶2.5(体积比)；水灰比可采用

0.4～0.45；坍落度可用7～4 cm；纯净水泥浆水灰比可采用0.4～0.6。采用外加剂的水泥砂浆，配合比应按有关技术规定执行。

水泥砂浆防水层的铺设应符合的规定：

(1)底层表面平整、粗糙、干净和湿润，不得有积水。

(2)刚性多层作法的防水层，各层宜连续施工，紧密贴合，不留施工缝。

(3)水泥砂浆应分层铺设，每层厚度5～10 mm，前层初凝后再铺设后一层，总厚度不宜小于20 mm。

(4)铺抹的最后一层应将表面压光。

(5)采用水泥砂浆与纯水砂浆交替铺设的方法时，应先铺设纯水砂浆，再铺设水泥砂浆，可交替铺设4～5层。

(6)水泥砂浆在气温不低于5 ℃的条件下施工和养护，养护期不少于7～10 d；水泥砂浆强度达到设计强度后方可承受水压。

4. 石灰三合土或胶泥防水层

在非冰冻区，中、小拱桥可采用三合土防水层，其厚度可在10 cm左右。在铺设之前应先将拱背按排水方向做成一定的坡度，并砌抹平整以确保防水效果，最好涂抹一层沥青。

三合土中的石灰应使用石灰胶或熟石灰粉。胶泥宜采用塑性指数大于15者，石灰和土应用5 mm的筛子过筛，砂一般采用细砂。石灰、胶泥和细砂的比例可根据胶泥成分采用2∶1∶3或2∶1∶4.

配好的混合料应在使用前7 d拌和均匀并加水储存。使用时应再次拌和，使用稠度均匀适宜。其用水量不宜过多，以达到塑性为止。

铺设时应注意拍打平整、密实。铺设完成后应覆盖养护，防止日晒、雨淋。发现裂缝时，应及时拍打密实。等表面不再发生裂缝后，才能在其上铺筑填充料。非冰冻地区的小跨径拱桥，也可采用胶泥做防水层，但必须严格控制胶泥的含水量，以防干裂。

梁式桥的桥面防水，以往一般用1～3层沥青防水卷和2～3层防水涂料。这种体系的主体即是石油沥青。其适应性和耐久性差，施工条件苛刻，故逐渐不被采用而改用防水混凝土。路面为水泥混凝土的高等级公路上，桥面防水采用防水混凝土成为较通用的方式。防水混凝土的施工，按《公路桥涵施工技术规范》(JTG/J 3650—2020)的有关规定办理。

5. 桥面排水

泄水管施工中的泄水管主要有金属管、钢筋混凝土管、陶粒和瓦管等多种形式。其中以金属管和钢筋混凝土管用得较多。金属管主要用铸铁管和钢管，也有少数用铝管和其他合金管的。安装前，应事先在桥面板内留竖孔，让管端能伸出到板下15～20 cm，且平面距主梁应留一定的距离以免管内排水冲击梁肋。泄水管与防水层密合，边缘要夹紧在管顶与泄水漏斗之间。钢筋混凝土管主要用于不设防水层的混凝土桥面，其他安装方法与金属管相同。泄水管的位置、数量、材料要按设计要求实施，如图8.8所示。

(1)桥面纵坡小于2%时，可沿行车道后侧每隔4～6 m设一个，并使每平方米桥面上不少于2～3 cm^2的泄水管面积。

(2)桥面纵坡大于2%，桥长小于50 m时，若能保证水从桥头引道排走可不设泄水孔，但必须在引道两侧设置水槽，以免雨水冲坏路基。

(3)桥面纵坡大于2%,桥长大于50 m时,应每隔12～15 m设置一个,可沿行车板两侧左右对称排列或交错设置。

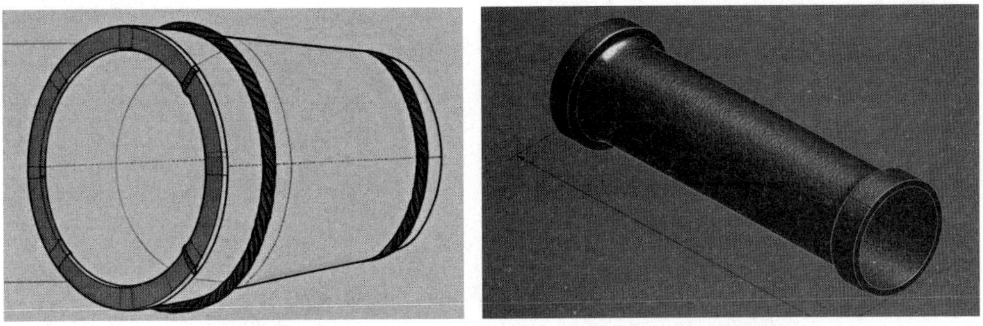

(a) 钢筋混凝土管　　(b) 铸铁管

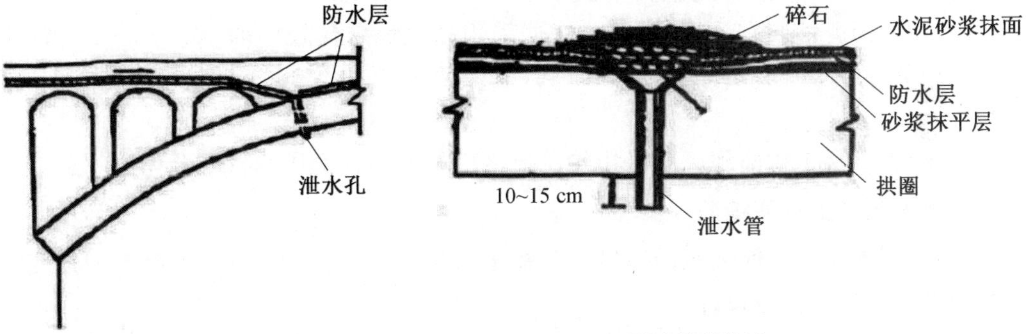

(a) 泄水管的位置　　(b) 泄水管的构造

图8.8　泄水管

泄水管施工时应注意下列事项:

(1)水泥混凝土桥面的泄水管道面标高,宜略低于该处的桥面标高,以便雨水汇入。

(2)沥青混凝土桥面,采用防滑层结构时,泄水管顶面的标高略低于防滑层的顶面标高,但在防滑层厚度范围内的泄水管宜钻孔,使渗入防滑层的水排入泄水管。

(3)泄水管的顶盖应与泄水管及周围的桥面牢固连接。

(4)城市立交桥或跨河桥梁的岸边引桥的泄水管有导流设施,并且泄水管与附近桥墩(台)处的排水管接通时,宜留有一定的伸缩余量,使梁在伸缩时不会拉断泄水管。

8.6　桥面铺装

1.沥青混凝土桥面铺装

沥青混凝土桥面铺装如图8.9所示。

(1)沥青混凝土铺装前应对桥面进行检查,桥面应平整、粗糙、干燥、整洁。桥面横坡应符合要求,不符合时应予以处理。铺筑前应洒布黏层沥青,石油沥青洒布量为0.3～0.5 L/m²。

(2)沥青混凝土的配合比设计、铺筑、碾压等施工程序,应符合现行《公路沥青路面施工技术规范》(DB62/T 3136—2023)的有关规定。

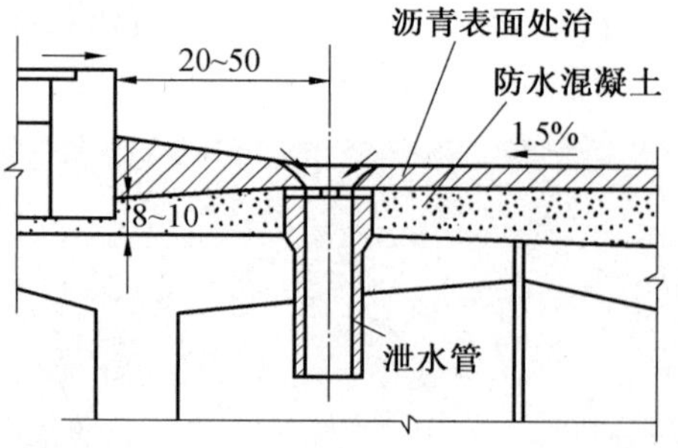

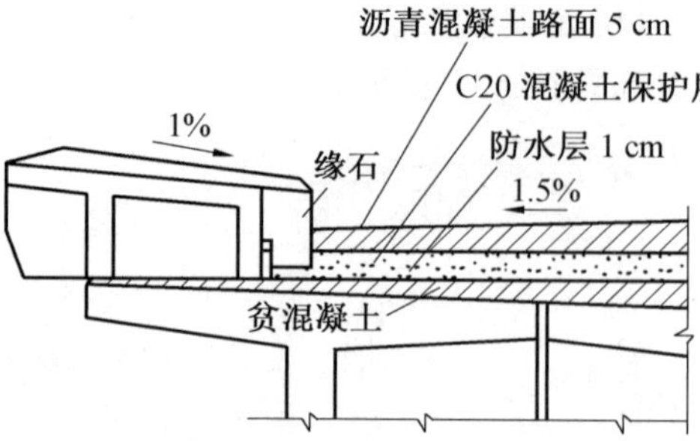

图 8.9 沥青混凝土桥面铺装

(3)为保护桥面防水层，宜先铺保护层。保护层采用 AC—5 型沥青混凝土，厚 1 cm，用人工铺洒均匀，用 6 t 轻碾慢速铺平。

(4)桥面沥青铺装宜采用双层式，底层采用高温稳定性较好的 AC—2—I 中粒式、热拌密实型沥青混合料，表层采用防滑面层，总厚度宜在 6～10 cm 之间，表层厚度不宜小于2.5 cm。

(5)沥青混凝土桥面施工宜采用轮胎压路机和钢轮轻型压路机配合作业。

2. 水泥混凝土桥面铺装

(1)水泥混凝土桥面铺装的厚度及其使用的材料、铺装层的结构、混凝土的强度等级、防水层的设置等均应符合设计。

(2)必须在横向连接钢板焊接工作完成后，才可进行桥面铺装工作，以免后焊的钢板引起桥面水泥混凝土在接缝处发生裂纹。

(3)浇筑桥面水泥混凝土前应使预制桥面板表面粗糙，清洗干净，按设计要求铺设纵向接缝钢筋网或桥面钢筋网，混凝土浇筑由桥一端向另一端连续浇筑。

(4)水泥混凝土桥面铺装做面应采取防滑措施，做面宜分两次进行，第二次抹平后，应沿横坡方向拉毛或采用机具压槽，拉毛或压槽的深度为 1～2 mm。

(5)混凝土浇筑宜自下坡向上坡进行。混凝土面层必须平整和粗糙，路拱符合设计要求。

8.7 人行道、安全带、栏杆、灯柱施工

桥面的安全带、路缘石、人行道梁、人行道板、栏杆、扶手、灯柱等，在安装完工后，其竖向线形或坡度、断缝或伸缩缝必须符合设计规定。

1. 安全带和缘石施工

(1)悬臂式安全带构件必须与主梁横向连接。

(2)安全带梁必须安放在未凝固的 M20 稠水泥砂浆上，以便形成顶面设计的横向排水坡。

(3)为了减少从缘石与桥面铺装缝隙中渗水，缘石宜采用现浇混凝土，使其与桥面铺装的底层混凝土结合为整体。

2. 人行道施工

城市桥梁一定要设人行道，如图 8.10 所示，一般有悬臂式和非悬臂式。人行道顶面应高出桥面 15～25 cm。有的城市桥根据交通的特殊需要可更高些，人行道宽可根据实际需要设置，至少不得窄于 0.75 m。1 m 以上者，常规下可按每 0.25 m 一级倍增。人行道应在桥面断缝处做成伸缩缝。悬臂式与安全带的构件必须在主梁连接完成后才安装，人行道板和梁做成小型构件，拼装成整体之后，悬砌出边梁之外，将人行道板部分悬出边梁之外能减少墩台宽度及主梁根数。操作时，需要注意将构件上设置的钢板与桥面板内的锚栓焊牢后，才安砌或浇筑人行道板，且必须在人行道梁锚固后才能进行。无锚固梁时应从里向外铺设，并按设计要求设置排水横坡。过江管线从其下通过时，可在板下预留孔洞或在主梁梁肋位置设置固定管线的设备。在预制或浇筑人行道板时，要注意预留安装灯柱、栏杆的位置。

(a) 非悬臂式

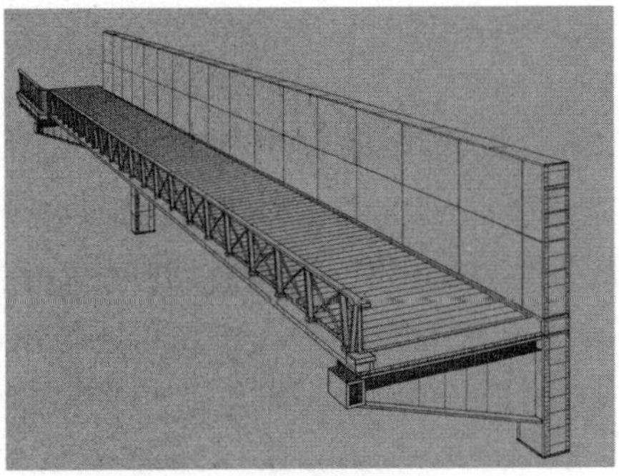

(b) 悬臂式

图 8.10　人行道

施工时应注意下列事项：

(1) 人行道构件必须与主梁横向连接，同时应铺垫 M20 的水泥砂浆，人行道面应有横向排水坡度。

(2) 人行道板必须在人行道梁锚固后才可铺设，对设计无锚固的人行道梁设计，应按照由里到外的次序。

(3) 在安装有锚固的人行道梁时，应对焊缝认真检查，必须注意施工安全。

(4) 人行道板接缝处应用水泥砂浆嵌填，按规定绑扎钢筋网浇筑细石混凝土，初凝前抹平。人行道面须画线分格，应在混凝土初凝前完成。

3. 栏杆施工

安设灯柱时，必须在全桥对直和校平，弯桥、斜桥要求平顺。灯柱立直后，用水泥浆填缝固定。灯柱可设在栏杆柱上或单独立在人行道的内侧，可同时照亮行车和行人的空间。照亮灯一般高出桥面 5 m 左右。灯柱用钢管或钢筋混凝土管架立，并用钢筋固定在预埋的锚拴上(桥面)，铸铁灯柱的柱脚也可以固定在锚栓上。

安装时应注意下列事项：

(1) 栏杆块件必须在人行道板铺设完毕后才可安装，安装栏杆柱时，必须全桥对直、校平(弯桥、坡桥要平顺)，竖直后用水泥砂浆填缝固定。

(2) 钢筋混凝土墙式护栏的高度必须在纵坡变化点处调整，以便线形顺畅、美观。

(3) 钢筋混凝土柱式护栏、金属制护栏放栏前应选择桥梁伸缩缝附近的端部立柱等作为控制点，当距离出现零数时可用分配法使之符合规定的尺寸，立柱宜等间距设置。

(4)轮廓标的安装高度宜尽量统一，连接要牢固。

(5)防撞护栏与栏杆的伸缩缝应同桥面的伸缩缝在同一直线上。

4.灯柱安装注意事项

(1)灯柱应按照设计位置安装，必须牢固、线条顺直、整齐美观。

(2)灯柱由钢管或钢筋混凝土管架立，并用钢筋固定在预埋的锚栓上。

(3)灯柱的竖直度，横、顺桥向均不得大于 10 mm。

(4)灯柱线路必须安全可靠。

(5)大型桥梁须配置照明控制配电箱，固定在桥附近安全场所。

8.8 墩台附属工程施工

1.桥台翼墙、锥坡施工有哪些施工要点

(1)石砌锥坡、护坡和河床铺砌层等工程，必须在坡面或基面夯实、整平后，方可开始铺砌，以保证护坡稳定。

(2)护坡基础与坡角的连接面应与护坡坡度垂直，以防坡角滑走。片石护坡的外露面和坡顶、边口，应选用较大、较平整并略加修凿的块石铺砌。

(3)砌石时拉线要张紧，砌面要平顺，护坡片石背后应按规定做碎石倒滤层，防止锥体土方被水冲蚀变形。护坡与路肩或地面的连接必须平顺，以利排水，并避免背后冲刷或渗透坍塌。

(4)锥体填土应按设计高程及坡度填足，填土应按高程及坡度填足。砌筑片石厚度不够时再将土挖去，不允许填土不足，临时边砌石边填土。锥坡拉线放样时，坡顶应预先放高 2～4 cm，使锥坡随同锥体填土沉降后，坡度仍符合设计规定。

(5)锥坡、护坡及拱上等各项填土，宜采用透水性土，不得采用含有泥草、腐殖物或冻土块的土。填土应在接近最佳含水量的情况下分层填筑和夯实，每层厚度不得超过 0.30 m，密实度应达到路基规范要求。

(6)在大孔土地区，应检查锥体基底及其附近有无陷穴，并彻底进行处理，保证锥体稳定。

(7)干砌片石锥坡，用小石子砂浆勾缝时，应尽可能在片石护坡砌筑完成后间隔一段时间，待锥体基本稳定再进行勾缝，以减少灰缝开裂。

浆砌砌体应在砂浆初凝后，覆盖养生 7～14 d。养生期间应避免碰撞、振动或承重。

5.导流建筑物施工要点

(1)导流建筑物应和路基、桥涵工程综合考虑施工，以避免在导流建筑物范围内取土、弃土破坏排水系统。

(2)砌筑用石料的抗压强度不得低于 20 MPa。砌筑用砂浆标号，在温和及寒冷地区不低于 M5，在严寒地区不低于 M7.5。

(3)导流建筑物的填土应达到最佳密度的 90%以上，坡面砌石按照锥体护坡要求办理。若使用漂石时，应采用栽砌法铺砌；若采用混凝土板护面，板间砌缝为 10～20 mm，并用沥青麻筋填塞。

(4)抛石防护宜在枯水季节施工。石块应按大小不同规格掺杂抛投,但底部及迎水面宜用较大石块。水下边坡不宜陡于 1∶1.5。顶面可预留 10%～20%的沉落量。

(5)石笼防护基底应铺设垫层,使其大致平整。石笼外层应用较大石块填充,内层则可用较小石块码砌密实,装满石块后,用铁丝封口。石笼间应用铁丝连成整体。在水中安置石笼,可用脚手架或船只顺序投放,铺放整齐,笼与笼间的空隙应用石块填满。石笼的构造、形状及尺寸应根据水流及河床的实际情况确定。

任务9　涵洞施工工作标准

9.1　涵　洞

1.涵洞开工前应根据设计资料进行现场核对,核对时还需注意农田排灌的要求,如确需变更设计时,可按有关变更设计的规定办理。

2.地形复杂处的陡峻沟谷涵洞、斜交涵洞、平曲线和纵坡上的涵洞,应先绘出施工详图,然后再依图放样施工。

3.涵洞中线和墩台位置的测定应按有关规定办理。

4.涵洞(基础和墙身)沉降缝处两端面应竖直、平整、上下不得交错。填缝料应具有弹性和不透水性,并应填塞紧密。沉降缝宽度应符合设计规定,设计无规定时,可采用20～30 mm。预制涵管的沉降缝应设在管节接缝处。

5.防水层的设置应按设计规定进行。防水层的材料可用沥青、油毛毡、防水布、水泥砂浆、三合土等,应按设计要求和工地具体情况选用。

6.涵洞完成后,当涵洞砌体砂浆或混凝土强度达到设计强度的75%时,方可进行回填土。涵洞处路堤缺口填土应从涵洞洞身两侧不小于2倍孔径范围内,同时按水平分层、对称地按照设计要求的压实度填筑、夯(压)实,填土的具体方法应按照现行《公路路基施工技术规范》(JTG/T 3610—2019)的有关规定办理。

用机械填土时,除应按照上述规定办理外,涵洞顶上填土厚度必须大于0.5～1 m时,才允许机械通过。

7.涵洞进出水口的沟床应整理顺直,与上下游导流排水系统(天沟、侧沟、排水沟、取土坑等)的连接应圆顺、稳固,保证流水顺畅,避免水流损害路堤、村舍、农田、道路等。

9.2　管　涵

1.钢筋混凝土圆管成品要求如下。

(1)管节端面应平整并与其轴线垂直。斜交管涵进出水口管节的外端面,应按斜交角度进行处理。

(2)管壁内外侧表面应平直圆滑,如有蜂窝,每处面积不得大于30 mm×30 mm;深度不得超过10 mm;总面积不得超过全面积的1%,并不得露筋。蜂窝处应修补完善后方可使用。

(3)管节各部尺寸不得超过表9.1规定的允许偏差。

表 9.1 钢筋混凝土圆管成品允许偏差

项目	允许偏差/mm	项目	允许偏差/mm
管节长度	0～10	管壁厚度	−3,正值不限
内(外)直径	不小于设计值	顺直度	矢度不大于0.2%

(4)管节混凝土强度应符合设计要求。

(5)管节外壁必须注明适用的管顶填土高度,相同的管节应堆置在一处,以便于取用,防止弄错。

2. 管节在运输、装卸过程中,应采取防碰措施,避免管节损坏。

3. 当管涵设计为混凝土或砌体基础时,基础上面应设置混凝土管座,其顶部弧形面应与管身紧密贴合,使管节受力均匀。基底处理和混凝土浇筑应分别按本教材任务 2 和任务 8 有关规定办理。当管身直接搁置在天然地基上时,应按照设计要求将管底土层夯压密实,并做成与管身弧度密贴的弧形管座,安装管节时应注意保持完整。若管底土层承载力不符合设计要求,应按照任务 2 有关规定进行处理或加固。

4. 安装管节时应注意下列事项:

(1)应注意按涵顶填土高度取用相应的管节。对管节应按第 1 条检查合格后方可使用。

(2)各管节应顺流水坡度安装平顺,当管壁厚度不一致时应调整高度使内壁齐平,管节必须垫稳坐实,管道内不得遗留泥土等杂物。

(3)对插口管,接口应平直,环形间隙应均匀,并应安装特制的胶圈或用沥青、麻絮等防水材料填塞,不得有裂缝、空鼓、漏水等现象;对平接管,接缝宽度应不大于 10～20 mm,禁止用加大接缝宽度来满足涵洞长度要求。接口表面应平整,并用有弹性的不透水材料嵌塞密实,不得有间断、裂缝、空鼓和漏水等现象。

9.3 盖板涵

1. 盖板涵施工时,除应符合有关规定外,还需符合下列要求:

(1)涵身直顺,盖板平直,混凝土表面平整坚实,无蜂窝、麻面。

(2)沉降缝应设在盖板的接缝处,直顺、整洁无渗漏。盖板不得搭压边墙的沉降缝。填缝材料应具有弹韧性、不透水性和耐久性,并应连续填塞密实。

(3)进、出口流水顺畅,整洁美观。防水层类型应符合设计要求。

2. 钢筋混凝土和盖板混凝土的现场浇筑施工宜连续进行,避免施工接缝,当涵身较长时,可沿长度方向分段进行,接缝应设在涵身沉降缝处。

3. 就地浇筑的盖板涵,宜采用组合钢模板,在缺乏钢木材料的情况下,可采用全部土胎。

4. 采用土胎建造拱圈或盖板时,应注意下列事项:

(1)当用松散砂石料堆筑土胎时,表面应包 300 mm 厚黏土保护层。

(2)土胎填土应在涵台砌筑砂浆或现浇混凝土强度达到设计强度的 75%以后进行,应分层夯填,每层厚度宜为 0.2～0.3 m,土的压实度应在 90%以上。

有条件时,涵台外侧的填土可与土胎填土同时进行。涵台高度较高,采取土胎单侧填土时，应验算涵台的稳定性。

(3)填土宽度应伸出端墙外 0.5～1.0 m，并保持 1∶1.5 的边坡。土胎顶部应用样板拉线进行检查校正。

(4)土胎表面应设保护层，保护层应具有一定的强度和适当的光滑度，并易于脱模。

5. 施工时应防止土胎被水侵蚀。

(1)当河沟中有少量流水而采用土胎施工时，除采用木排架土胎外，亦可根据水流大小，在全填土胎下设渗水沟，埋设钢筋混凝土管、瓦管或用木料做成三角形泄水孔。

(2)预制钢筋混凝土涵洞盖板时，应注意检查上下面的方向，斜交涵洞应注意斜交角的方向，避免发生反向错误。

6. 盖板安装注意事项。

(1)成品混凝土强度达到设计强度的 70％时，方可搬运安装。

(2)安装后，盖板上的吊装孔，应以砂浆填塞，如系吊环应锯掉。

9.4 通道桥涵

1. 桥涵的顶进施工

当公路须从现有铁路、公路路基下面立交通过时，对原有路线采取必要的加固措施后，可采取顶进法施工通道桥涵。

(1)施工前应根据设计文件中提出的施工方案，结合现场情况、工期要求、工程量大小、机具设备情况选择合理的顶进方法，并应对顶进地点的工程地质、水文地质、埋置管路、电缆及其他障碍物等进行调查。

(2)顶进作业应在地下水位降至基底以下 0.5～1.0 m 进行，并宜避开雨季施工，必须在雨季施工时做好防洪及防雨排水工作。

2. 顶进工作坑及后背

(1)顶进的工作坑位置应根据现场地形、土质、结构物尺寸及施工需要确定，在保证排水和安全的前提下，工作坑边缘距公路、铁路和其他构筑物应有足够的安全距离。

(2)工作坑基底和顶推后背的承载力应能满足顶入桥涵的要求，边坡应稳定，否则应加固。

(3)工作坑滑板的中心线应与桥涵中心线一致。滑板应具有足够的强度、刚度和稳定性，必要时应在滑板上层配置钢筋网，并应防止顶进时滑板开裂。滑板的表面应平整，减小顶进时的阻力。底面宜设粗糙面或锚梁，增加抗滑能力。且宜将滑板做成前高后低的仰坡，坡度为 0.2％～0.5％，地基承载力较好时宜取小值，反之取大值。沿顶进方向的滑板两侧距桥涵外缘 50～100 m 处设置导向墩，以控制桥涵顶入方向。

3. 应符合的规定

通道桥涵预制除应符合本规范相应章节的规定外，还需符合下列规定：

(1)支模时应使两侧侧墙前端保持 10 mm 的正偏差，后端保持 10 mm 的负偏差，以减小顶进阻力。

(2)预制桥涵前端应按设计设置钢刃角。

4. 顶进作业

(1)桥涵顶进前应检查验收桥涵主体结构的混凝土强度、后背准备，应符合设计要求。应检查顶进设备并做预顶试验。

(2)千斤顶应按桥涵的中轴线对称布置。顶进法的传力设备安装时应与顶力线一致，并与横梁垂直。顶程较长时，顶柱与横梁应用螺栓固定。

(3)桥涵顶进挖土时应保持刃角有足够的吃土量，挖掘进尺及坡度应视土质情况确定。挖土必须与观测紧密配合，根据偏差随时改变挖土方法。

列车通过时不得挖土，施工人员应离开土坡 1 m 以外，发现有危险的坍方影响行车安全时，应迅速组织抢修加固。

(4)顶管施工应在工作坑内安装导轨，导轨高程允许偏差为±2 mm，中心线允许偏差为 3 mm。首节管节安放在导轨上，应测量其中线和前后两端高程，合格后方可顶进。

(5)顶管施工时，可在管前端先挖土，后顶进，一般轴向超挖量在铁路道砟下不得大于 100 mm，其余情况不得大于 300 mm，管节上部超挖量不得大于 15 mm，管节下部 135°范围内不应超挖。

(6)桥涵顶进中，应经常对桥涵中线和高程进行观测，发现偏差及时纠正。发生左右偏差时，可采用挖土校正法和千斤顶校正法调整；发生上下偏差时，可采用调整刃角挖土量或铺筑石料等方法调整。

(7)顶进作业应连续进行，不得长期停顿，以防地下水渗出，造成路基坍塌。出现事故时应立即停止顶进。

桥涵顶进时，对节间接缝及结构物应按设计要求进行防水处理。

5. 通道桥涵的防水与排水

(1)通道的防水设施应符合设计要求，并应在结构物验收合格后施工。

(2)通道桥涵地面以下结构和防、排水设施施工时，应防止周围地面水流入基坑，当基坑底低于地下水位时，应采取井点法或其他排水方法将地下水位降低至桥涵底部防水层以下不小于 0.3 m 处。严禁在带泥水情况下进行防水混凝土和其他防、排水设施的施工。

(3)排水工程应按设计要求设置，设计未规定时，集水井、排水管、水泵、总排水管(明渠)的排水能力应大于地面水设计流量的 1.5 倍。

通道桥涵内的集水井应符合下列要求：

①井口应设平篦盖，并应设深度不小于 0.3 m 的沉淀池。

②集水井的深度应考虑通道桥涵排水构造和冻胀的影响，宜为 1.5 m 左右。

③集水井的数量、尺寸应根据地面水流量和每个集水井的泄水能力确定。

(4)排水管和排水总管施工时，除应按照有关规定办理外，还应符合下列要求：

①排水管道应垫稳并连接平顺，管间承插口或套环接口应平直，环间间隙均匀。管道与集水井间应连接牢固，接缝处和结合处均应用弹性不透水材料充填密实。采用抹带接口，表面应平整，不得有裂缝、间断及空鼓等现象。

②排水管道或排水总管每隔 50 m 左右及转弯处均应设检查井，井底设沉淀池。管道的纵坡不应小于 0.5%。

③排水管道和排水总管应做闭水试验。

(5)通道桥涵排水泵站可用沉井法或现浇混凝土等法施工。施工时除应按照有关规定外,还应符合以下要求:

①采用沉井泵站的沉井就位后,其内壁和底板均不得有渗漏现象;采用现浇混凝土泵站时,混凝土的抗渗标号、强度等级均应满足设计要求。

②水泵房集水井的设计最高水位应低于通道桥涵地面最低点0.2 m以上;设计最低水位应按水泵运行时需要的最低水深确定。水泵的运行应按设计最高水位和设计最低水位设置自动开关。

(6)自流式盲沟排水或渗排水层排水。

①盲沟滤管基座应用混凝土浇筑,并与滤管密贴。纵坡应均匀,无反向坡。管节应逐节检查,不合格者不得使用。

②渗排水层可由粗细卵石和粗细砂分层构成,使之起过滤的作用。施工时,基坑如有积水,应将水位降到砂滤水层以下,不得在泥水层中做滤水层。

施工好的渗排水系统应保持畅通。

6.质量检查及质量标准

桥涵顶进允许偏差见表9.2。

表9.2 桥涵顶进允许偏差

检查项目		允许偏差/mm	
		箱涵(桥)	管涵
轴线偏位	涵(桥)长<15 m	100	50
	涵(桥)长15～30 m	150	100
	涵(桥)长>30 m	300	200
高程	涵(桥)长<15 m	+30,−100	±20
	涵(桥)长15～30 m	+40,−150	±40
	涵(桥)长>30 m	+50,−200	+50,−100
相邻两节高差		30	20

(1)通道桥涵排水设施质量应符合下列要求:

①排水管与排水管、排水管与集水井间应连接牢固,结合严密。排水管应连接平顺,纵坡均匀。

②盲沟和渗排水层应粒料铺填密实,排水通畅。

③水泵站的各种水泵、管道、电气线路、仪表应安装准确、牢固,工作有效。

④通道桥涵排水管道、集水井允许偏差见表9.3、表9.4。

表 9.3 集水井及检查井允许偏差

检查项目	允许偏差/mm
轴线偏位	不大于 50
圆井直径或方井长度	±20
井盖高程	±10
通道内检查井井盖与邻接路面高差	+4,0
集水井与邻接路面高差	0,−4

表 9.4 排水管道工程允许偏差

检查项目	允许偏差/mm
轴线偏位	50
管底高程	±20
基座宽度	+80,0
相邻管内底错口	5(下游低于上游)

评价反馈：

桥梁附属结构施工学习情境评价表

序号	项目	评分标准	满分	评价			综合得分
				自评	互评	师评	

教学项目5　桥梁工程进度控制

一、目的和要求

1. 教学目标

通过项目教学活动，培养学生具有桥梁工程对于进度控制方面的基本组织与管理能力，同时培养学生良好的职业道德、自我学习能力、实践动手能力和耐心细致的管理能力。使学生具备能够分析和处理问题的能力，以及锻炼团队合作、诚实、守信、善于沟通和吃苦耐劳的专业素养，胜任桥梁施工现场管理工作。

2. 职业能力目标

(1)能够团队完成桥梁施工组织设计编制。

(2)能合理地编制人工、材料、设备使用计划。

(3)能初步具备桥梁施工进度的管理能力。

3. 知识目标

(1)掌握桥梁施工组织设计编制。

(2)掌握桥梁人工、材料、设备使用计划。

(3)了解调整桥梁施工进度快慢的基本知识。

4. 社会和方法能力目标

在教学过程中，注重对学生职业道德的培养；提高学生观察、分析和判断问题的能力；培养学生团队合作精神、严谨的工作作风、实事求是的工作态度；以及诚实、守信、善于沟通合作的优良品质，使其能够胜任桥梁施工员管理工作。

二、任务书

1. 教师根据实际情况进行分组，学生自行填写学生任务分配表，如下。

学生任务分配表

<table>
<tr><td>任务名称</td><td colspan="2"></td><td>指导教师</td><td></td></tr>
<tr><td>班级</td><td colspan="2"></td><td>组别</td><td></td></tr>
<tr><td>姓名</td><td>角色</td><td colspan="3">任务分工</td></tr>
<tr><td></td><td></td><td colspan="3"></td></tr>
<tr><td></td><td></td><td colspan="3"></td></tr>
<tr><td></td><td></td><td colspan="3"></td></tr>
<tr><td></td><td></td><td colspan="3"></td></tr>
<tr><td></td><td></td><td colspan="3"></td></tr>
<tr><td></td><td></td><td colspan="3"></td></tr>
<tr><td colspan="5">备注：</td></tr>
</table>

2. 根据教师提供的图纸和相关资料，请各小组编写一份施工图纸识读与算量实训报告书。

班级：______________________ 组别：______________________

实训项目：______________________

实训时间：______________________

实训地点：______________________

指导教师：______________________

(一)实训内容

____

____

____

____

(二)实训过程描述

____

____

____

____

(三)总结与体会

____

____

____

____

任务10　工程管理知识

10.1　图纸会审管理规定

10.1.1　图纸会审的程序及要求

1.图纸会审应由项目总工主持，由有施工经验和相应能力的工程技术人员参加，对图纸审核进行分工。

2.明确会审内容、要求及完成时间等。

3.会审人员按照相关要求做好会审记录，对存在的问题记录清楚。

4.会审完成后，召开总结会议，由各会审人员汇报会审情况，会审结论形成书面报告，由参加会审的人员签字，上报业主及设计单位。

5.对于业主的反馈意见应留存书面记录。应将相关内容传递到执行人员，并将修改部分在图纸中标明，并由修改人签字。

6.已会审并对错误已纠正的图纸应标明已会审无误字样，交工程人员执行。

10.1.2　熟悉、审查设计图纸的内容

1.设计图纸是否完整、齐全，能否满足施工需要，是否需更加明确细化的图纸。

2.各项目的平、立、侧面图和纵、横断面图是否相符和准确。

3.设计图纸与说明书在内容上是否一致，以及设计图纸与其各组成部分之间有无矛盾和错误。

4.审查总平面图与其他结构图在几何尺寸、坐标、标高、说明等方面是否一致。

5.计算总工程数量表与结构图中的工程数量表，以及细部工程数量是否相符。

6.计算各部标高与结构尺寸是否相符。

7.临时工程数量是否充足，选项是否合理。

8.路线、构造物与农田、水利、铁路、电力、通讯及其他建筑物的相互间干扰情况，解决意见是否恰当。

9.对设计图纸的疑问和明显的错误及有关建议形成书面报告，提交给业主及设计部门。

10.1.3　现场核对内容

1.路线位置是否与图纸一致；填挖路基位置是否与地貌相符；工程数量计算、统计是否准确；构造物位置规模是否与地形地貌相符；结构设计是否合理；地面标高是否与实际相符。

2.对水文、气象、地质、土壤等资料进行初步调查，确定与设计资料是否相符。

3.路线、构造物与农田、水利、铁路、电力及其他建筑物的相互间干扰情况，解决意见是

否恰当，可否避免。

4. 沿线材料的来源、数量、加工厂位置及运输情况是否准确。

5. 当地可利用的交通运输工具、劳动力、水电、机具、半成品预制构件加工能力。

6. 临时工程的数量、标准是否与实际相符。

7. 核对中如发现疑义，应整理成书面报告，提出处理意见，上报业主及设计代表。

8. 现场核对应与恢复定线、复测结合进行。

10.2　技术交底管理规定

10.2.1　技术交底制度

技术交底实行层级交底制度，横向涵盖项目部各职能部门，纵向延伸到施工班组全体作业人员。总交底由项目总工对项目全体员工（管理人员）进行交底；分项工程交底由项目总工对全体参与施工人员进行交底，要求内容详细，人员齐全；班组交底由班组负责人对班组作业人员进行技术交底。

各级交底要求留存交底记录、照片、影像等，并由被交底人签字后存档。

10.2.2　分级交底要求

每级交底记录都应注明交底名称、时间、地点、主持人（交底人）、参加人员；交底内容根据具体交底部位去做，涵盖质量、进度、安全、环境等方面；最后附上所有参加交底人员签到表、照片或影像等。

1. 总技术交底

项目总体开工报告审批后，由项目总工主持召开总技术交底会议，会议要求项目经理、项目副经理及各部门相关管理人员参加，交底资料就是审批后的施工组织设计。重点针对项目施工总体部署、各分项工程进度工期、工区的划分、各工区的有效衔接、各工区资源的合理平衡配备、安全、环境保护以及要达到的安全、质量、进度、环保目标等。这个过程相当于开工动员会。

2. 分项工程技术交底

本级交底最重要，要求内容详细，人员齐全，具有极强的可操作性。分项工程开工报告审批后，项目总工组织召开分项工程技术交底会议，会议要求与该分项工程相关的所有人员参加，本级交底的内容主要有该分项施工部位、内容、工程量、工程特点和环境条件；工期安排、资源的配备、作业面划分、交叉施工部位的合理衔接；作业人员应掌握的相关现行标准规范，安全生产、文明施工规章制度和操作规程，安全防护、环境保护及文明施工技术措施；动态监控以及检查、验收的组织、要点、部位及节点等相关要求；潜在事故应急措施及相关注意事项等。本级交底要求参加人员齐全，包括所有管理及作业人员，包括机械手、民工连队队长、安全人员等。

3. 作业班组交底

班组长在班组开工前对班组作业人员进行交底。该级交底主要是针对桥梁工程的钢筋班组、木工班组、混凝土班组、模板班组等，对于只有路基、路面工程的项目可以取消此项交底。

4. 开工及试验段总结

分项开工报告审批后，项目部应选择在地质条件、断面形式具有代表性的路段进行试验段施工，确定需要控制的技术参数和施工方案，编制试验段施工总结，经项目总工审批后报监理和业主批准。试验段施工总结批准后，项目部按照已审批的试验段施工总结报告，对各分项施工人员再次进行分项工程技术交底，明确具体的施工方案、技术参数、资源配置、工序交接和验收准则等。

10.2.3 施工进度计划

1. 文字说明部分

包括施工准备、各分项工程进度计划(分项工程工期、工程量、有效施工天数、日进度、人、机配备等)。

2. 进度计划表

采用网络图或横道图，并附必要的文字说明。

3. 各项资源配置计划

分别以图表形式表示资金使用计划、劳动力使用计划、施工机械设备和检试验、测量、监视装置的配置计划、主要原材料需用计划、检试验计划表(包括施工过程和原材料两个表)等。

10.3 进度管理

10.3.1 计划编制

项目经理组织项目管理人员结合本项目工程特点及业主和公司相关要求制定项目总体施工计划，《施工组织设计》审批通过后，3日内项目部根据项目的总体施工计划编制具有可操作性的《年度施工进度计划》，通过信息化平台报公司审批，并引用至项目综合管理主线。因特殊原因，年度施工进度计划需要调整时，项目部需重新上报审批。

10.3.2 计划执行

项目部根据批复的《年度施工进度计划》分解成旬计划、月计划。项目部须每月召开一次生产例会，总结本月完成情况，分析不足，布置下月生产计划，落实生产要素的配置，并做好会议记录。

10.3.3 检查

项目总工负责检查旬计划及月计划完成情况，并认真填写《旬工程进度报表》及《月工程进度报表》，发起审批流程。公司工程技术部根据项目部的《旬工程进度报表》及《月工程进度报表》，发现主体工程进度偏差超过30%时，公司工程副总经理需委派工程技术部部长进驻项目施工现场，分析原因，指导施工。

10.3.4 分析与纠偏

根据《旬工程进度报表》，公司工程技术部部长须每月对比项目部每旬的原因分析及纠偏措施，分析项目部的纠偏措施是否合理，进度是否得到有效纠偏，形成《项目部进度纠偏分析报告》，发起审批流程，并根据批示意见结合项目《月工程进度报表》，对项目部提出月份施工进度调整意见。

10.3.5 案例教学：施工组织设计的编制规定

《施工组织设计》作为指导施工各项活动的组织、技术、经济的纲领性文件，是"施工技术和施工思路"与施工现场管理有机结合的产物，是工程开工后，施工活动能有序、高效、科学合理实施的保证。

为了使项目《施工组织设计》既满足公司"四标一体"关于《施工组织设计》的编制要求，又能起到真正指导施工的作用，为提高《施工组织设计》的编制质量，规范、统一《施工组织设计》的编制格式，特制定本规定。

一、编制内容要求

（一）封面

项目全称：××工程建设项目、里程桩号、项目部名称齐全，内封页要有编制人、审核人（项目经理）、审批人（中标单位总工程师）的签字和日期。

（二）目录

规范格式共分十六章，如业主另有规定，可增加。目录的页码一定要与内容相对应。

（三）施组主要内容

施工组织设计的内容要结合工程对象的实际特点、施工条件和技术水平进行综合考虑，共分十六章内容，下面节选部分见容。

第一章 工程概况及施工特点

包括工程概况、设计标准、沿线地质情况、地层情况描述、工程特点、工程结构与规模、主要工程量、建设、设计、施工、监理、质量安全监督单位内容。

要求用文字简单介绍该项目的主要工程量，以前年度完成的工程量，本年度计划完成工程量。以表格形式列出，如下例：

主要工程数量表

工程项目	单位	合同工程量	以前年度完成工程量	本年计划完成工程量
…	…	…	…	…
工作量（万元）				

第二章　编制依据

依据要求齐全，包括设计图纸、招标文件、业主规定、项目所在地的气象水文、地质条件、项目工程特点、公司综合施工能力和技术水平及相关规范、标准、试验规程、工程量清单、定额及预算编制办法、四个标准体系及程序文件、公司相关规定等（必须包含设计图纸、工程量清单、本项目内容施工技术、质量检验评定标准、安全施工管理规范）。

第三章　指导思想和各项管理目标

包括质量、进度、安全、环境等目标。

要求目标要根据本项目特点细化。

第四章　施工组织

1. 项目组织机构设置

注意：组织机构框图项目经理和项目书记并列，但财务部只隶属于项目经理直管。

2. 人员及其职责划分

以表格形式表示。

3. 施工段落及班组划分

要求附详细的路线平面布置图，把完成和剩余工程情况、工段及作业面划分、分项工程内容、工期安排等全部展现在图上，并配以简略文字说明，要形象直观反映出各分项工程的施工组织安排。

施工组织安排要求达到保证质量、加快进度、降低成本的目标。

第五章　施工进度计划

1. 文字说明部分

包括施工准备、各分项工程进度计划（分项工程工期、工程量、有效施工天数、日进度、人、机配备等）。

2. 进度计划表

采用网络图或横道图，并附必要的文字说明

3. 各项资源配置计划

分别以图表形式表示资金使用计划、劳动力使用计划、施工机械设备和检试验、测量、监视装置的配置计划、主要原材料需用计划、检试验计划表（包括施工过程和原材料两个表）等。

评价反馈：

桥梁施工进度调整学习情境评价表

序号	项目	评分标准	满分	评价			综合得分
				自评	互评	师评	

参考文献

[1] 中华人民共和国交通运输部. 公路工程技术标准：JTG B01—2014[S]. 北京：人民交通出版社，2015.
[2] 中华人民共和国交通部. 公路桥涵设计通用规范：JTG D60—2015[S]. 北京：人民交通出版社，2004.
[3] 中华人民共和国交通运输部. 公路桥涵地基与基础设计规范：JTG 3363—2019[S]. 北京：人民交通出版社，2020.
[4] 中华人民共和国交通运输部. 公路桥涵施工技术规范：JTG/T 3650—2020[S]. 北京：人民交通出版社，2020.
[5] 邵旭东. 桥梁工程[M]. 6 版. 北京：人民交通出版社，2023.
[6] 李宝昌，高世明. 市政桥梁工程施工[M]. 北京：中国建筑工业出版社，2011.
[7] 蒋平江. 桥梁施工[M]. 北京：高等教育出版社，2022.